一般否認規定と租税回避判例の各国比較 第2版

「事後的対処法」と「予防的対処法」

矢内一好［著］

財経詳報社

第2版　は　し　が　き

本書は，2015（平成27）年２月に初版が発刊され，その後約５年を経過した現在，一般否認規定（General Anti-Avoidance Rules：以下「GAAR」という。）創設問題が初版当時と比較して新たな段階に入ったという認識の下で，GAAR総論部分を全面的に書き換え，それ以外の部分についても初版時の内容のアップデーティングを図ったものである。

租税回避が国内及び国際的な税務の領域において，中心的な問題であることは６年前と変化はない。また，OECDを中心としてBEPS（税源浸食と利益移転：Base Erosion and Profit Shifting）行動計画に基づく各国の法整備等が徐々に進展していることも事実である。

結局のところ，議論の焦点は，租税回避を防止して適切な納税環境を整備することであるが，最近の動向としては，２方面からの対策が行われるようになったことである。これまでは，租税回避が行われた場合，その対策として，租税回避に利用された取引等を税務調査において否認するという「事後的対処法」が議論の主流であり，GAARは，その対処法の一環であった。

しかし，この「事後的対処法」との対極から「予防的対処法」という領域が拡充発展してきているのである。この「予防的対処法」には，金融口座情報自動的交換報告制度（AEOI），BEPS行動計画にある「義務的開示制度（MDR）」等が含まれ，日本は，前者のAEOIについては既に施行しているが，後者のMDRについては，今後導入が予定されている。この「予防的対処法」は，これまで税務調査により判明した租税回避スキームについてどのように処理するのかという視点ではなく，租税回避を計画する者に対して，事前に行き過ぎた租税回避を間接的に規制する効果を持つものである。このように，租税回避については，「事前の予防」と「事後の対処」の２方面からの規制が行われるようになった。

また，これまでにない動きとしては，EUの欧州委員会では，EU加盟国により発遣されたタックス・ルーリングに基づく差別的租税優遇措置がEU機能条約第107条第１項に規定する国家補助に該当するという決定を行い，その優遇措置相当額の回収を加盟国に指示しているのである。このEUの活動は，EU以外の国では行うことができないが，ある国が，特別な優遇措置を特定の企業に与えることは，その国が租税回避を容認したという意味になる。例えば，日本企業がある国でその日本企業の子会社だけに特別な租税優遇措置が与えられ，現地に少額の納税をし，外国子会社合算税制，移転価格税制等の適用がなければ，この子会社は，優遇措置の便益により大幅な税負担の軽減を受けることになる。

このことは何を意味するのかということであるが，これまでの租税回避は，納税義務者側が税負担の軽減により便益を受け，国側は税収減という結果になっていた。上記のEUにおける国家補助は，納税義務者側の税負担の軽減という点では従来からの租税回避と同じパターンであるが，国側は新たな投資を引き受けることで低いながらも税収増がプラスとなる新たな現象を引き起こしたのである。このようなウィン・ウィンの関係にある租税回避という事態に対して，具体的な対処法については，今後の課題として，このような差別的優遇措置に関する国際的情報交換は今後可能となろう。

上記のEUの国家補助規制を新事実の第1とすると，第2には，米国の2017年12月の税制改正による国際税務分野の改正，及び2016年1月28日に公表された欧州委員会のEU版BEPSである租税回避対策指令（Anti-Tax Avoidance Directive：ATAD）等による国内法の強化整備がある。この後者のEU指令により，EU加盟国は，GAARを国内法に導入することになる。さらに第3として，2019年6月に開催されたG20財務相・中央銀行総裁会議等においてGAFA（グーグル，アップル，フェイスブック，アマゾン）等を対象とした「デジタル課税」が検討され，2021年中頃までには，OECDにおいて一定の方向性が打ち出される予定である。ここでは，対象企業の領域が限定的ではあるが，新しい原則に基づく国際的課税が実行されることになる。

特に，デジタル課税の第2の柱である「最低税率制度」が導入されると，タックスヘイブンを利用している企業等は，これまでのように軽課税を享受できなくなることから，租税回避のあり方に変化が生じる可能性がある。

以上の動向は，租税回避を巡る多面的状況の変化と表現できるものである。今後の注目点としては，以下のものが想定できる。

① 「事後的対処法」と「予防的対処法」

② BEPS行動計画，EUの国家補助規制等による国際的規制強化

③ デジタル課税という新領域における新原則に基づく規制強化

④ 義務的開示制度導入とセットのGAAR導入

GAAR創設が遅れている日本は，租税回避防止策が弱いと外国の税務専門家により評価されれば，日本で新たな租税回避事案が生じる可能性もある。日本は，今後，事前の対策及び事後の対策をどのように組み合わせて租税回避対策とするのかという税制上の転換点を迎えている。

初版の段階では，GAAR導入の可否ということで，論点はシンプルであったが，初版以降の５年間における状況の変化は，上記のように多面的な争点を組み合わせたハイブリッド型の租税回避規制策を検討する段階に至っている。

以上のような認識に基づいて初版を改訂し，副題も変更した。本書がこの方面の議論に多少でも貢献できるのであれば，望外の喜びである。

第２版出版に際してご助力を頂いた方々及び本書の出版を引き受けて戴いた財経詳報社社長の宮本弘明氏に厚くお礼を申し上げる次第である。

令和３年３月

矢内一好

初版　は　し　が　き

本書を企画したのには３つの理由がある。

第１は，筆者が米国，英国の税務会計史の研究を通じて，両国の租税回避に係る判例の動向に注目しているときに，OECDを中心として「税源浸食と利益移転（BEPS：Base Erosion and Profit Shifting）」の問題が顕在化したことである。このBEPSの活動の結果として，租税回避に対する一般否認規定（General Anti-Avoidance Rules：以下「GAAR」という。）が普及し，共通化する流れになるのではないかというのが筆者の見通しである。そこで，日本では比較的研究の多い英米・ドイツを除くと，その他の国のGAARの状況が不明であった。そこで，各国のGAARについて基礎データとなるような資料を整備することが，今後各方面で役立つのではないかと考えたのである。

第２は，学部，大学院の学生の卒業論文，修士論文等に租税回避をテーマにしたものが増えていることである。学生の立場からすると，租税回避について研究を行う場合，どのような文献或いは判例があるのかという予測ができ，かつ，資料収集に資するものが必要と思われる。本書が少しでもこの点に役立つことがあれば幸いである。

第３は，第１の点と関連するのであるが，BEPSにおける活動プラン等が具体化するにつれて，日本においても一般否認規定の導入について検討を行う時期が来るものと思われる。これに関する従来の議論は，国内法の枠内におけるものが主であったが，今後は，ステージが変わり，国際的な各国比較の観点，GAARの各国共通化，共通化のためにGAARに係る協定の制定等，これまでとは異なる視点が必要になろう。各国のGAARは，分類すると，その特徴からグルーピングが可能であるが，共通化するには困難がある。

そこで，本書では，GAARに関する一般的な規定を置く多国間モデル租税協定を制定し，各国がこの協定に基づいて国内法としてのGAARを整備するという「GAARの法制度」という側面と，GAARを執行するに当たり，課税当局の権限と納税義務者の権利のバランスをどうとるのかということが問題となることから，この後者の問題「GAARの執行の側面」を１つのパッケージにして検討する必要があると考えている。本書では，GAAR導入ありきという前提に立ち，その際に，GAARを採用している諸外国にみられる「GAARパッケージ」のどのような特徴を組み合わせて，国際的なコンセンサスとして，或いは，受入可能な国内法となるのかを検討すべきと考えている。本書がこの方面の議論に多少でも貢献できるのであれば，望外の喜びである。

本書の作成には，税理士・高橋里枝氏から多大なご協力を戴いた。また，本書の出版を引き受けて戴いた財経詳報社社長の宮本弘明氏に厚くお礼を申し上げる次第である。

平成27年２月

矢内一好

目　　次

Ⅲ 英国の租税回避判例とGAARの導入

Ⅳ 日本の租税回避判例

V 世界各国のGAAR

（略語例）

・AEOI　：金融口座情報自動的交換報告制度（Automatic Exchange of Financial Account Information）
・ATAD ：EU租税回避対策指令（Anti-Tax Avoidance Directive）
・BEAT　：税源浸食濫用防止税（Base Erosion and Anti Abuse Tax）
・BEPS　：税源浸食と利益移転（Base Erosion and Profit Shifting）
・CFC　　：外国子会社合算税制（Controlled foreign company rules）
・CRS　　：共通報告基準（Common Reporting Standard）
・CSA　　：費用分担契約（Cost Sharing Arrangement）
・CTB　　：チェック・ザ・ボックス・レギュレーション（Check-the-Box Regulations）
・FBCSI ：外国基地会社所得（foreign base company sales income）
・FPHCI ：外国同族持株会社所得（foreign personal holding company income）
・GAAR ：一般否認規定（General anti-abuse rule）
・GILTI　：グローバル無形資産軽課税所得（Global Intangible Low-taxed Income）
・IP　　　：無形資産（Intellectual Property）
・LTR　　：ルックスルールール（Look Through Rule）
・MLI　　：BEPS防止のための租税条約関連措置の実施に係る多国間条約（Multilateral Instrument）
・MDR　 ：義務的開示制度（Mandatory Disclosure Rules）
・PPT　　：主たる目的テスト（Principal Purpose Test）
・TNMM：取引単位営業利益法（Transactional Net Margin Method）

I
租税回避対策を巡る新たな動向

1　国際税務の現状

以下の表は，2020年末現在の国際税務の現状をまとめたものである。

日本においても，昭和28年に外国税額控除制度の導入，昭和53年にタックスヘイブン対策税制（現在の外国子会社合算税制）の導入，昭和61年に移転価格税制の導入と国際税務関連の税制が整備され，これらの動向と併せて，租税条約網が拡充したのであるが，平成12（2000）年以降，国際税務はOECD等を中心とした各国の税務当局が連携する一方，自国の課税権を守るという，相反する動きが交錯する時代となった。

本書は，平成12（2000）年を一応の区分として，それ以前を過去の国際税務体系とし，それ以降を現在の国際税務体系と分けている。

過去の国際税務体系 （主たる目的） ・二国間の所得配分 ・国際的二重課税の排除	・国内法（非居住者・源泉徴収） ・移転価格税制（独立企業間価格・APA・OECDのTPガイドライン） ・二国間租税条約 ・個別否認規定と一般否認規定
現在の国際税務体系 ・内容の多元化 ・多国間調整 ・情報交換の拡大（AEOI等） ・義務的開示制度（MDR）の導入 ・領域の拡大 （租税回避） ①予防的対処法の拡充（AEOI等情報交換，MDR等） ②事後的対処法の導入（GAAR創設），MDRとリンクするのか？ ③ATADのような国内法の課税強化（2018年末にEU加盟国はGAARを導入）	（内容の多元化） ・PE概念の変遷 ・外国税額控除（間接控除の廃止傾向） ・タックスヘイブン税制（外国子会社合算税制），過少資本税制，過大利子課税等 ・移転価格税制（無形資産を巡る税務，取引単位営業利益法，所得相応性基準，DCF，仲裁制度の導入） ・LPS等のハイブリッド事業体の利用 （多国間調整） ・BEPS行動計画（多国間協定：MLI） ・MLIの適用開始による既存の租税条約の規定の置換え等 ・税務行政執行共助条約

④2017年12月の米国の税制改正 ⑤税法以外の分野の法律による規制（EUのおける国家補助規制） ⑥デジタル課税の検討（ネクサス概念の浮上・市場国への利益配分・最低税率課税方式の導入等）	・EUの租税回避対策指令（ATAD）がEU理事会で採択（EU）2016/1164（BEPSのEU版） ①　利子損金算入制限ルール（Interest limitation rules） ②　出国課税ルール（Exit taxation rules） ③　GAAR（General anti-abuse rule） ④　外国子会社合算税制（CFC：Controlled foreign company rules） ⑤　ハイブリッド・ミスマッチ（Rules on hybrid mismatches） （情報交換の拡大） ・FATCA ・金融口座情報自動的交換報告制度（Automatic Exchange of Financial Account Information：AEOI） ・CRS（2014年） （税務関連条約の重層化） ・仲裁条項の拡大 ・国際的徴収共助 ・社会保障協定の締結の拡大 （国内法の強化） ・2017年12月の米国の税制改正 （領域の拡大） ・電子経済・仮想通貨 ・EUのおける国家補助規制

2　租税回避に対する予防的対処法と事後的対処法

(1)　予防的対処法の領域拡大

合法の範囲内において通常の取引等ではあり得ない取引を行う等をして，多額の税の軽減を受けることを一般に租税回避というが，これまでの租税回避に対する税務当局の対応は，訴訟等を通じて明らかになった事例によれば，納税義務者が無申告或いは租税回避を含む納税申告を行い，税務当局による実地調査等によりその実態が解明されて，課税当局から処分を受けて訴訟等により争うものが多く見られた。税務当局にとって，このように調査により明らかにするケースが多く，租税回避に対して事後に気付いてその対策を講じるというのが通常であった。このような事態では，ある意味，租税回避について，税務当局が後手に回る事例が多くあったのである。

訴訟等に持ち込まれる租税回避は，税務に精通した専門家が，国内税法或いは外国の税法等にある税制上の抜け道を探し出し，これらを利用して租税負担を軽減できる仕組み取引等を考案し，それを顧客に利用させるというパターンであった。税務当局としては，個別的否認規定の適用が難しい事案であることから，租税法律主義の範囲内でいかに否認理由を正当化するのかに腐心するところで，個別否認規定の限界という事態に対しては，包括的な一般否認規定（GAAR）を創設すべきという意見も出たのである。

しかし，租税回避に対する事前の予防的措置として，OECDは，BEPS（税源浸食と利益移転）の行動計画12に示された所定の租税計画を税務当局に開示する義務的開示制度（Mandatory Disclosure Rules：以下「MDR」という。）或いは行動計画13に示された移転価格文書化等の他，金融口座情報自動的交換報告制度（Automatic Exchange of Financial Account Information：以下「AEOI」という。）の導入を図ったのである。これらの措置は，租税回避の取引等が起こる前にその手段を公表或いは国外の資産について税務当局に開示するというものである。この予防的手段が拡大するということは，租税計画を作成してこれを商品としていた者にとっては，計画を設定することに抑制的になり，租税回避の規制という結果になるものといわれている。

ここで問題視されることは，租税回避の予防的措置が拡大した場合，税務当局にとってプラスになり，納税義務者にとっては情報開示等の負担増になるのではないか，という点である。

現在多く論じられている租税回避は，特定の者が特定の方法を利用することで税負担の軽減という便益を得ている状況をいうことから，通常の形で税負担をしている者から見ると，著しい不公平ということになる。このような状況を放置すれば，納税道徳の荒廃を招くことになり，より強力な手段を税務当局に与える口実ともなるのである。

外国で，租税回避が横行した事例として，英国における租税回避事例がある。そこでは，取引全体から判断した税務当局の処分が支持された1981年のラムゼイ事案貴族院判決は有名であるが，この判決が出る前の実務では，租税回避が横行していたといわれている。英国では，2004年に租税回避スキームの開示制度であるDOTASが導入され，2013年には，一般否認規定が導入されている。予防的対処法の拡大は，税務当局と納税義務者が相互に歩み寄り，租税回避の限界を策定する意味でも今後重視される領域といえよう。

⑵　AEOIの展開

AEOIは，OECDにより進められたもので，脱税及び租税回避の防止を目的として，日本の金融機関にある非居住者の口座情報をその者の居住地国の税務当局に通知し，外国から当地所在の金融機関から日本居住者の口座情報が提供されることになる。国税庁及び日本の金融機関におけるAEOIの検討は，日本から外国居住者の金融口座情報を出すことに集中している。これは，国内から国外の視点である。

他方，外国の金融機関に預金等をしている日本居住者（内国法人及び個人富裕層）にとっては，AEOIにより，外国からどのような金融口座情報が日本に報告されてくるのかに関心がある。これは，国外から国内の視点である。AEOIの執行については，OECDが定めた共通報告基準（Common Reporting Standard：以下「CRS」という。）に基づいて行われることから，日本の金融機関が行う処理は，外国の金融機関でも行われることになるが，細部にわたり全く同じとはいえないのである。そこで，関心は外国におけるCRSの執行ということになる。

3　GAAR，脱税，節税，租税回避の定義

(1)　GAARの定義

GAARの特徴は，次のとおりである。なお，GAARについては，制定法の他に，判例におけるドクトリン（公理）として確立している国もある。

① 国内法として規定され，課税当局にとって租税回避の対抗立法であると共に，租税回避を抑制する効果を持つ。

② その目的が租税上の便益を得ることのみである取引に対して租税上の便益を否認する権限を課税当局に与える規定である。

③ その適用対象が広く，所得税，法人税，相続税等に止まらず，その他の税目にも適用される一般原則である。

④ GAARの規定自体は，比較的簡素であり，その適用に関して委員会制度，アドバンス・ルーリング制度等を設けている国もある。

⑤ GAARの規定自体が課税当局の判断で執行される場合と，事前に外部委員会等の審査を要する等，その適用を巡っては国により異なるが，GAARに関しては，法律的見地と執行上の手続きの２つの側面から議論が必要である。

また，GAARと近い概念として，限定的租税回避否認規定（Specific Anti-Tax Avoidance Rules：以下「SAAR」という。）がある。また，税法における特定の税目或いは適用範囲における特定目的型租税回避否認規定（Targeted Anti-Avoidance Rule：以下「TAAR」という。）という用語が使用されている場合もある。日本の同族会社の行為計算否認規定（法人税法第132条）は，上記の分類からすると，SAARに近く，連結納税，組織再編及びPE帰属所得に係る行為計算否認規定は，TAARとして分類できるものと思われる。

以上をまとめると，租税回避の対抗策としての各国の比較では次の４つの用語が使用されることになる。

① 一般否認規定（GAAR）

② 限定的租税回避否認規定（SAAR）

③ 特定目的型租税回避否認規定（TAAR）

④ 判例法により確立した公理（doctrine）

なお，日本では，個別否認規定という用語と包括的否認規定という用語が使

用されている。

⑵ 脱税，節税，租税回避の定義

標題の３つの概念については，国ごとに様々な定義が行われているが，以下は，インドにおけるGAAR導入を検討した専門委員会における最終報告書[(1)]にある，脱税（tax evasion），節税（tax mitigation），租税回避（tax avoidance）の定義を参照する。

節税については，経済特区（Special Economic Zone）の利用を例として，納税義務者が，所得税法にある経済特区に係る規定における租税法上の便益を享受することであり，租税法上認められる行為であると最終報告書は記述している。また，脱税は，不法な法律上禁止されている行為である。

租税回避は，税負担の軽減のみ或いはこれを主たる目的として行われる一連の取引等であるが，英国のウエストミンスター事案最高裁判決（本書Ⅲ参照）にみるように，取引等を調整して税負担を軽減する権利が納税義務者にあるとする見解がある一方，税務当局は，自国の課税ベースを浸食する濫用型の租税回避に対して，対抗措置を講じている。

租税回避については，金子宏名誉教授の『租税法第18版』[(2)]に記述されている次の規定が最も引用される頻度が高い。

「私法上の選択可能性を利用し，私的経済取引プロパーの見地からは合理的理由がないのに，通常用いられない法形式を選択することによって，結果的には意図した経済的目的ないし経済的成果を実現しながら，通常用いられる法形式に対応する課税要件の充足を免れ，もって税負担を減少させあるいは排除すること」

⑴ Final Report on General Anti Avoidance Rules（GAAR）in Income-tax Act, 1961, pp19-21.（http://finmin.nic.in/reports/report_gaar_itact1961.pdf#search='Final+Report+on+General+Anti+Avoidance+Rules+%28GAAR%29+in+Income+tax+Act%2C1961'）（2014年８月５日ダウンロード）

⑵ 同書 121-122頁（弘文堂）。

4　BEPSの概要動向

BEPSを理解するためには，３つの段階に分ける必要がある。第１は，BEPSに至るまでの時期の動向（BEPS以前），第２は，BEPS自体の内容，第３は，BEPS以後に予測される動向である

⑴　BEPS以前

BEPS以前では，OECDにより1996年以降行われた「有害な税競争」の除去活動がある。これは，各国の経済及び税制に悪影響を及ぼすタックスヘイブンと各国の租税優遇措置を有害な税競争として，この有害性を除去する活動のことである。

この活動の結果として，タックスヘイブンにおける税務情報の透明化の一環としての情報交換協定の締結と，各国の租税優遇措置の廃止が行われた。

⑵　BEPSの概要

BEPSという用語は，「税源浸食と利益移転（BEPS：Base Erosion and Profit Shifting）」の略語である。BEPSは，税制のループホールを利用した租税回避或いは低税率国等への利益の移転を防ぐために，OECD等が中心となって行っている活動のことである。

BEPSへの対策は，2012年６月開催の第７回G20メキシコ・ロスカボス・サミット首脳宣言における，租税分野では，情報交換の強化，税務行政執行共助条約署名への奨励と共に，所得浸食と利益移転を防ぐ必要性を再確認し，OECD租税委員会は，BEPSプロジェクトを開始した。そして，2013年７月19日に，OECDは，BEPS行動計画（Action Plan on Base Erosion and Profit Shifting）15項目を公表した。2015年10月５日にBEPSのFinal Reportsが公表されている。

⑶　BEPSへの日本の対応

BEPSへの日本の対応は次のとおりである。政府税制調査会等において検討されたが，令和３年度改正に盛り込まれることのなかった行動12は近い将来改正見込みである。

⑴　電子経済の発展への対応
・行動１：平成27年改正で対応

(2)　各国制度の国際的一貫性の確立
・行動２（ハイブリッド・ミスマッチ）：平成27年改正で対応
・行動３（外国子会社合算税制の強化）：平成29年度改正で対応
・行動４（利子制限控除）：平成31年度改正で対応
・行動５（有害税制への対応）：既存の枠組みで対応
(3)　国際基準の効果の回復
・行動６（条約濫用の防止）：租税条約の拡充の中で統合
・行動７（人為的なPE認定回避）：租税条約の拡充の中で統合
・行動８-10（移転価格税制と価値創造の一致）：今後の法改正の要否を含めて検討
(4)　透明性の向上
・行動５（ルーリングに係る自発的情報交換）
・行動11（BEPS関連のデータ収集・分析方法の確立）
・行動12（タックス・プランニングの義務的開示）
・行動13（多国籍企業情報の報告制度）：移転価格税制に係る文書化（平成28年度税制改正で対応）
(5)　法的安定性の向上
・行動14（より効率的な紛争解決メカニズムの構築）：対応済み
(6)　BEPSへの迅速な対応
・行動15（多国間協定の開発）：平成29年６月に参加署名済み

(4)　BEPS以後に予測される動向

国際税務の領域において，BEPS行動計画の各国税制への浸透が当分の間，中心的な課題となるが，AEOIの進展，行動計画15の多国間協定（MLI）の租税条約への影響，EUにおけるATADによる加盟国へのGAAR等の導入，EUにおける国家補助規制による多国籍企業への影響，米国等の国際税務関連規定の強化，デジタル課税の進展等租税回避防止という目標に向かって，同時並行的に，複数の動きがある。

今後，租税回避対策が強化されるという方向性は確かなものといえるが，強化のポイントが国内法，国際間の協定等，どのようなバランスで進展するのかを見守る必要がある。

問題は，日本がこのような動きに遅れないという消極的な姿勢ではなく，どこまで意欲的にこの問題に取り組むのかという点であろう。

5　義務的開示制度

(1)　義務的開示制度の概要

義務的開示制度（MDR）は，納税義務者側から所定のタックス・プランニング等の情報を税務当局に開示する制度のことである。情報開示を受けた税務当局は，そのスキームの是否認を開示者に通知することはしない。

政府税制調査会説明資料［国際課税］［平29. 11. 1　総14−1］では，MDRについて次のように説明している。

BEPSプロジェクトでは，「企業の活動に関する透明性向上」の観点から，会計士や税理士等のプロモーター及び利用者が租税回避スキームを税務当局に報告する制度を勧告している。この制度の目的には，リスク評価のために潜在的に行き過ぎた又は濫用的な租税回避スキームの早期の情報取得，租税回避スキームやその利用者・プロモーターの適時の特定，租税回避スキームの牽制・抑止が挙げられている。

(2)　MDR導入の先進国

各国におけるMDRの導入状況は次のとおりである。

1984年	米国	The Deficit Reduction Act of 1984（P.L.98-369）においてMDRが導入され，2004年に大幅に改正されている。
1989年	カナダ	1989年にタックスシェルター対策としてMDRを導入し，2013年には，租税回避取引報告法制（Reporting of Tax Avoidance Transactions）が立法されている。
2003年	南アフリカ	MDRが2003年に導入され，2008年に改定されている。
2004年	英国	2004年にMDR（DOTAS：Disclosure of Tax Avoidance Schemes）制度が導入され，2006年と2011年に抜本的な改正が行われた。
2008年	ポルトガル	MDR導入
2011年	アイルランド	MDR導入
2013年	OECD	「BEPS行動計画」（Action Plan on Base Erosion and Profit Shifting）を公表

上記の表からも明らかなように，租税回避スキームであるタックスシェルターの横行に手を焼いた税務当局が，租税回避対策の一環として，税務当局に対して事前に所定のタックス・プランニングを報告することをその計画を立案した者或いはその利用者に課すもので，すでに米国をはじめとして数か国では，この制度が実施されている。

⑶　MDR導入の効果

MDRに関する事項は，次のようなこととなる。

① 開示義務者：プロモーター或いは納税義務者

② 開示対象の範囲：どのような基準を設定するのかが焦点になる。

③ 開示する情報：スキームの詳細，利用者リスト等

④ 罰則：罰則を定額にするのか，スキームの金額をベースにするのか等の選択

⑤ 税務当局の対応：開示された情報を国税庁HPで公開する等の措置

MDR導入は，租税回避を商品化して利用者に広く販売するプロモーターに対する牽制効果がある。また，それまでは，納税義務者の確定申告等を通じてスキームの情報を得ていた税務当局にとって，事前に検討することが可能となる。

⑷　MDRの日本導入

導入に際しての問題点の第１は，どのようなMDRの制度設計をするのかという点であるが，それについては，上述した政府税制調査会会議資料に示された概要でアウトラインを知ることはできるが，どのような点に留意するのかを検討する。第２は，これまでのMDRの検討において対象とされていない税務当局側の対応である。開示対象取引は，署所管分と国税局所管分に分かれる可能性もあり，税目別でも所得税，法人税，相続税，消費税等に分類されることになろう。国税側の組織では，その対応と開示後の事案の処理について一括管理が必要になろう。令和３年以降にこの制度導入が見込まれることから，GAAR等との関連については，本書Ⅰの14において後述する。

6　金融口座情報自動的交換報告制度（AEOI）

⑴　概　要

金融口座情報自動的交換報告制度（AEOI）は，OECDにより進められたもので，脱税及び租税回避の防止を目的として，日本から非居住者の金融口座情報をその者の居住地国の税務当局に通知し，外国から当地所在の金融機関から日本居住者の金融口座情報が提供されることになるAEOIの執行については，OECDが定めた共通報告基準（CRS）に基づいて行われることから，日本の金融機関が行う処理は，外国の金融機関でも行われることになる。

⑵　AEOIの根拠

2020年末現在のAEOIの参加国は100以上である。この根拠となるのは，「多国間の権限のある当局によるAEOIに関する協定（Multilateral Competent Authority on Automatic Exchange of Financial Account Information：MCAA)」である。この協定は，法的には，条約として国会の承認手続きが必要なものではなく，税務行政執行共助条約第６条を根拠とする行政協定ということになる。

国内法として，日本は，AEOIの法的根拠として，平成27年度税制改正において，「租税条約等の実施に伴う所得税法，法人税法及び地方税法の特例等に関する法律」，同施行令，同省令を整備して平成30年が初回の情報交換初年度となった。

従来から活用されている租税条約による情報交換とAEOIの相違点であるが，租税条約に基づく情報交換は，「要請に基づく情報交換」，「自発的情報交換」，「自動的情報交換」という３つの形態があり，平成30事務年度における外国からの情報交換件数は，「要請に基づく情報交換」が191件，「自発的情報交換」が9,606件，「自動的情報交換」が162,000件である。しかし，例えば，日本居住者が外国で利子所得を得た場合，その情報が，日本において日本居住者の所得として突合できる「自動的情報交換」であるとは限らない。条約相手国における処理方法等がどの程度精度を持っているかどうかという問題もあり，AEOIの精度にはかなわないことになる。また，AEOIは，所得のみならず，預金等の資産の全貌が明らかになる。

⑶　AEOIに各国が参加するまでの経緯

AEOI制定のきっかけとなった事件は以下のとおりである。

①　2008年に米国において，スイス最大手の銀行であるUBSの社員が米国人の顧客に対して脱税のほう助をしたことで起訴された事件を契機に米国は同行に米国人口座情報の提供を要請したが，最終的には，UBSは，2009年８月に4,450口座の所有者名を公表することになった。

②　UBS事件に関する米国国内の批判を受けて法案（H.R. 2847：the Hiring Incentives to Restore Employment Act）の一部である「外国口座税務コンプライアンス法（Foreign Account Tax Compliance Act：FATCA）が2013年１月より施行された。FATCAは，外国金融機関に対して米国人等の口座情報を米国財務省に報告することを規定したものであることから，米国はAEOI不参加である。このFATCA創設が金融情報の交換に風穴を開けた結果，AEOIの作成に至ったのである。

⑷　AEOIの概要

AEOIは，このBEPS行動計画の目指す脱税及び国際的租税回避対策と目的が共通することから，一連のBEPS行動計画の実施と並行して整備が進められ，CRSが策定されたことで，各国が共通のルールの下で，金融口座情報を税務当局に相互に提供することとなった。

国税庁のHPにあるCRSの概要は，要約すると次のとおりである。

①　報告義務のある金融機関の範囲
②　報告対象となる金融口座
③　報告の対象となる情報
④　金融機関の手続
⑤　CRSにおける口座特定手続（新規）
⑥　CRSにおける口座特定手続（既存）

また，MCAA（Multilateral Competent Authority Agreement）は全８条から構成されている。各条の見出しは次のとおりである。①第１条（諸定義），②第２条（報告対象口座に関する情報交換），③第３条（情報交換の時期及び方法），④第４条（コンプライアンスと執行の協調），⑤第５条（守秘義務と情報の保全），⑥第６条（相互協議と訂正），⑦第７条（協定の用語）⑧第８条（共同事務局）である。

⑸ 香港におけるAEOI

イ 概 要

香港は日本に近く，アジア有数の金融センターであることから，現地の金融機関を利用している内国法人或いは日本居住者も多いと推測できる。日本では，平成24年の法改正により平成26年１月１日から適用を開始した「国外財産調書」という制度がある。この制度は，国外に5,000万円を超える国外財産を保有する居住者は，この調書を平成26年１月以降，提出することが義務付けられている。

仮に，香港の銀行に夫婦で合計して１億円を預金している日本居住者がいるとすると，国税庁がこの預金の存在を知るには次の３つの方法が考えられる。

① 「国外財産調書」の提出（夫婦で5,000万円ずつの預金であれば提出義務はない。）

② 日本・香港租税条約による情報交換規定（同条約第25条）

③ AEOIにより，香港の内国歳入庁（Inland Revenue Department：以下「IRD」という。）から日本の国税庁にこの預金情報が伝えられる。

問題は，日本居住者或いは内国法人等が，香港の預金口座を名義人（ノミニー）にしている場合，この預金口座情報は，CRSにより捕捉されるのかという問題がある。この場合，金融機関が署名権限のある者の登録を求めた場合，その全権を第三者に委任するのかの判断を要する事項であり，また，CRSに規定する受動的非金融機関事業体に該当するときはその支配者の居住地国が特定されることになる。

この件にどのような影響を及ぼすのかは定かではないが，香港では，2018年に会社法が改正され，本年３月１日から適用が開始されている。この改正では，Significant Controllers Register制度が導入されて，実質的な所有者（beneficial ownership）を明らかにすることになった。

ロ IRD発行のFAQ

IRDは，OECDが進めたAEOIに関する質疑応答集（FAQ）を2018年７月12日に公表した。ちなみに，日本の国税庁は，2016年７月（2018年７月最終改訂）のFAQを公表している。香港は，国内法として2016年６月30日にIRD命令NO.3の適用を開始している。なお，IRDは，上記のFAQ以外にCRSのガイダンス等の文書を公表している。

アジア地域では，日本，シンガポール，中国本土，香港，マカオ等がAEOI

について2018年までに初回交換をする参加国になっている。また，シンガポールの内国歳入庁は，2016年12月7日に最初のFAQを公表し，その後，何度か改訂して現在に至っている。香港とシンガポールの非居住者に対する利子に関する源泉徴収の相違は，香港では課税がないのに対して，シンガポールは源泉徴収があり，日本との間の租税条約により限度税率は10%に軽減されている。

IRDのFAQのうち，本稿と関連ある事項を抜粋すると以下のとおりである。

① 報告義務のある金融機関は，口座保有者に対して自身の税務上の居住形態の検証のために自己宣誓書（self-certification）の作成を行うことを要請し，その記録は金融機関に6年間保存される。

② 自己宣誓書は，2017年1月以降開設の新規口座から適用となり，それ以前に口座を開設していた者については，金融機関に口座保有者に疑義のある時は，自己申告書の作成が必要になる。

③ 報告義務を負う金融機関は，保管機関（custodial Institutions：証券会社等），預金機関（depository Institutions：銀行等），投資事業体（investment entities：投資信託等），特定保険会社（specified insurance companies：生命保険会社等）であり，香港居住或いは外国金融機関の香港支店が該当する。

④ 報告対象となる金融口座は，証券口座等，普通預金，定期預金等の預金口座，信託等の投資持分，キャッシュバリュー保険契約，年金保険契約，である。

⑤ 日本では，2008年3月から施行された「犯罪による収益の移転防止に関する法律」により，マネーロンダリング等の犯罪に利用されることを防止するために，公的証書により本人特定事項を確認することになった。これに対応する香港の精度は何かということになる。金融機関が口座保有者により提出された自己宣誓書をどのように検証するのかということになるが（FAQ・Q21），基本的に，口座開設時に金融機関の保有する情報を基礎とする正常な判断テスト（reasonableness test）を満たすのであれば，金融機関は自己宣誓書に依存することが期待されている。

⑥ タックスヘイブンである英領バージン諸島，ケイマン諸島もAEOIの参加国であることから，これらの地域に預金等を移しても自動的交換の対象となる。

7　EUのATAD

⑴　ATADの動向

EUのATADに関する動向は以下のとおりである。

2016年1月28日	欧州委員会：proposed anti-tax avoidance package （パッケージの内容） ・租税回避防止指令（Anti-Tax Avoidance Directive） ・租税条約の濫用防止に関する勧告（Recommendation on Tax Treaties→BEPS行動計画6（PPT），7（PE認定） ・加盟国間でEU域内の多国籍企業の税務情報の共有（Administrative Cooperation Directive）：欧州委員会は，全世界での年間売上高が7億5,000万ユーロを超える多国籍企業にEU加盟国ごとの納税額や財務状況などの開示を義務付けることを欧州議会に提案した。日本の経団連は欧州委の提案に反対（2016年4月）。 ・税に関するガバナンスを国際的に向上させる行動（External Strategy for Effective Taxation）：EU企業に公平な競争環境を与えるために域外各国にガバナンス向上と租税回避対策を促すもの。
2016年7月12日（ATAD1）	租税回避対策指令（Anti-Tax Avoidance Directive：ATAD）がEU理事会で採択（EU）2016/1164 ①　利子損金算入制限ルール（Interest limitation rules） ②　出国課税ルール（Exit taxation rules） ③　GAAR（General anti-abuse rule） ④　外国子会社合算税制（CFC rules） ⑤　ハイブリッド・ミスマッチ（Rules on hybrid mis-matches） （注）　上記②，③はBEPS行動計画に含まれていない。
2017年2月2日	EU加盟国ATAD1について合意
2017年5月29日（ATAD2）	ATAD1の一部改正（EU）2017/952

⑵　ATAD1の概要

ATADは，2016年１月のパッケージの主要部分をなすものであり，2016年７月12日のEU理事会で採択済みである。各規定は，１つ，又は複数のEU加盟国において法人税の対象となるすべての納税者（EU域外法人のEU内支店も含む。）に適用される。

対策指令の内容は，①「利子損金算入制限」（BEPS行動計画４），②「出国課税ルール」，③「GAAR」，④「外国子会社合算税制（CFC）」（BEPS行動計画３），⑤「ハイブリッド・ミスマッチ」（BEPS行動計画２）である。

ここにおいて注目すべき事項は，BEPS行動計画にない上記②と③である。さらに，注意すべきは，EU加盟国は，2018年12月31日までに出国課税規定を除くATADを国内の法律に置換することを義務付けられており，出国課税ルールについては，2019年12月31日が期限である。すなわち，EU加盟国は，2018年末までに，各国が国内法においてGAARを導入するということである。

また，利子損金算入制限規定と同等の効果のルールを持つ加盟国については，OECDが最低基準で合意に達するまで，或いは2024年１月１日までに利子損金算入制限ルールを導入することが義務付けられている。

ATAD1では，GAARは次のように説明されている。

GAARは，課税上，個別否認規定等により対象とならない濫用的な租税実務を攻撃するという特徴がある。それ故に，特別な否認規定の適用が影響しない税法上の抜け道をふさぐことが目的である。EUにおいてGAARの適用は，すべてが人為的で真正ではない仕組み取引が対象となることから，この対象にならなければ，納税義務者はその営利活動において最も税負担の少ない取引等を選択することができる。さらに，GAARはEU内も第三国も同様に国内法として適用になることから，適用になる範囲及び成果について国内の場合と国際的な場合とは異ならない。

要するに，GAARの役割は，個別の租税回避対策に関する規定がない場合に，GAARで対応することにしたのである。

イ　利子損金算入制限規定（Interest limitation rules）

EU加盟国では，一般的に利払いが控除対象となる。この制度の下，各国の税率の差異を利用して多国籍企業全体の納税額を圧縮できるという状況がある。一定の利益を生み出すために通常必要な資金調達コストを超える利払いを行っている企業については，支払利子の損金の上限を，課税年度の調整所得金額（EBITDA）の30%までに制限される。

ロ　出国課税規定（Exit taxation rules）

通常，知的財産或いは特許のような資産は，予測される将来の収益で評価され，EU加盟国から第三国へ移転した際には，課税されないケースもある。この資産の売却により発生した利益に対するEU内での課税を回避するため，高価値の資産をEU加盟国から，無税或いは低税率の国に移転させる企業もある。

指令では，全加盟国に対して，自国から移転された資産に関する所得への課税権を失う場合，企業のバランスシートの情報を基に，その未分配の利益剰余金に対し課税しなければならないとしている。

ハ　GAAR

野心的な税金対策として，企業は支払う義務のある税金を最小限に抑えるために，租税の規定を回避する方法，或いは個別のルールによってカバーされていない新たな租税回避の方法を見つけようとしている。ATADでは，個別の租税回避対策に関する規定がない場合は，GAARで対応することにしている。このGAARの性格付けは，いわゆる最後の手段（Last Resort）として，個別否認規定との対比としてのGAARではなく，パッケージ化された否認規定の一部にGAARが含まれるという形態である。

ニ　外国子会社合算税制（CFC：Controlled foreign company rules）

多国籍企業は，グループ会社の租税債務を圧縮するために，高い税率の国の親会社から，低い税率或いは非課税の国々の子会社へ利益を移転し，租税回避を行うケースがある。CFCルールは，EUの加盟国に拠点を置く企業が，加盟国の実効税率に比べ40%未満の第三国や地域に設立した子会社に利益を移転した場合に課税することになる。移転先で同企業が支払った税金に関しては控除の対象になる。

ホ　ハイブリッド・ミスマッチ規定（Rules on hybrid mismatches）

この規定は，加盟国間において，組織形態に応じて税務上の取り扱いに差異（ハイブリッド・ミスマッチ）があることを利用して課税を免れることを防止する。こうした差異が生じた場合，所得源泉地の加盟国における設立形態や収益などの税務上の性格を，移転先の加盟国でも適用するようにする。「二重課税」に対しては，源泉地の加盟国のみで控除することが認められる。

これら５つの租税規定のうち,「利子損金算入制限規定」,「外国子会社合算税制（CFC)」,「ハイブリッド・ミスマッチ規定」の３つの規定については，OECDにおけるBEPSの勧告をEUに導入するものとなっている。

⑶　**2016年７月12日指令（(EU）2016/1164).**

2016指令の構成は以下のとおりである。

第１章　総論 　第１条：範囲 　第２条：諸定義 　第３条：租税回避規定の最低規定の引き上げ 第２章　租税回避対策（ATAD) 　第４条〜第９条（ATADの５項目) 第３章　最終章 　第10条：検証，第11条：移行期限，第12条：発効，第13条：対処法

2016指令の目的は，OECDが租税回避防止を目的としたBEPS行動計画の最終報告書が2015年10月に公表され，EUは，2015年12月８日に閣僚理事会がこれを歓迎することを表明している。EUは，このBEPS行動計画最終報告書を尊重しつつ，EU域内で共通，かつ柔軟な解決法を重視した。そこで，EUは，BEPS行動計画の改良版を考案したが，これは，加盟国が最低限，BEPS行動計画に参画し，より強力な租税回避対策を採り，効率的な課税をするために必須とした。

⑷　**ATAD2**

ATAD2は，ATAD1の第９条のハイブリッド・ミスマッチ規定を改正して，関連会社間（原則25％以上の資本関係）の①financial instrument mismatches, ②hybrid entity mismatches, ③reverse hybrid mismatches, ④permanent establishment mismatches, ⑤tax residency mismatches, ⑥imported mismatches. について規定し，③を除いて2020年１月以降の適用としている。

8　米国の2017年税制改革法

(1) 概　要

米国税制改革法（P.L. 115-97：以下「改正法」という。）は2017年12月22日に成立した。改正法は，トランプ政権にとって選挙公約の実現を図った画期的な税法改正のことで，略称は，Tax Cuts and Jobs Actであるが，正式名称は，An Act to provide for reconciliation pursuant to titles II and V of the concurrent resolution on the budget for fiscal year 2018である[1]。

トランプ前大統領は，国境調整税の創設と連邦法人税率を15％まで引き下げることを公表していたが，2017年７月に，ホワイトハウスと上下院の共和党幹部が国境調整税の棚上げを発表したことで，国境調整税の創設は見送りになった。その後，同年９月に，政権側と議会共和党による税制改革案（Unified Framework for Fixing Our Broken Tax Code)」が公表され，同年11月に，議会下院と上院でそれぞれ税制改革法案が提出，審議されて同年12月に両院協議会が最終案を公表して，それぞれの本会議で可決し，同年12月22日に大統領が署名をして改正法が成立した。

改正法は，現行の内国歳入法典が全文改正された1986年のレーガン大統領による税制改革法（TRA）以降，約30年後に行われた大規模な法改正である。

改正法の最も注目された項目は，連邦法人税を2018年１月以降改正前の35％から21％に引き下げたことである。これまで，米国の法人の実効税率は，1986年のTRA以降，先進諸国の中でも高止まりといわれてきたが，改正法により，州税等を加えた実効税率で30％を下回ることになった。

この法人税率引き下げの他の項目では，法人代替ミニマムタックスの廃止，2017年９月28日以降2022年末までに取得し，事業の用に供された適格資産である動産については100％の即時償却が認められ，繰越欠損金については，繰戻しは廃止，控除額は課税所得の80％に制限され，繰越期限は無制限となった。利子については，ネットの支払利子の損金算入制限として，事業上の支払利子から受取利子及び資産購入に係る借入金利子を控除した純額のうち，調整課税所得の30％を超える部分については，損金不算入となる等の改正が行われた。法人以外では，個人の所得税率が引き下げられ，これ以外に，標準控除の増額，項目別控除の廃止或いは縮小等の改正が行われた。

⑵　改正法における国際税務関連項目

改正法は，法人税率の引き下げ等の他に経済活動促進のための各種の改正が行われているが，国際税務の分野では，次のような改正が行われた。

イ　外国子会社配当免税制度

改正により，米国法人が10％以上の株式を保有する外国子会社からの受取配当を免税することになった。改正前には，米国法人の国外からの受取配当について，全世界所得課税と外国税額控除（間接控除）で処理していたが，米国も日本の外国子会社配当益金不算入制度と同様の制度を創設したのである。日米は外国子会社からの受取配当についての処理は若干異なるが，その効果という点では海外に留保された利益の本国還流ということでは同じ内容となる。この還流した資金は自社株購入或いは試験研究費等に役立てることになる。

ロ　強制みなし配当課税の創設

外国子会社配当免税制度が創設されたことに伴い，国外の子会社等から配当として米国に資金が還流することになる。この制度は，外国子会社配当免税制度創設前の未課税の外国留保利益に対して１度限りで課税するものである。適用税率は，金銭・金銭等価物の場合には15.5％，それ以外は８％である。

ハ　CFC（被支配外国法人）の範囲拡大

改正前には，米国法人の外国親会社が保有する第三国の兄弟会社については，CFCの対象外であったが，今回の改正で当該兄弟会社も当該米国法人により保有されているとみなされることになった。

米国のタックスヘイブン税制は1962年に創設され，その規定が内国歳入法典サブパートＦ条項（SUBPART F-Controlled Foreign Corporations（§951 to 965））に規定されている。この税制は，タックスヘイブンに所得を留保して米国への配当を遅らせることによる課税繰延べを阻止する観点から，CFCの株式を所有する所定の米国株主は，サブパートＦ所得に該当する留保所得の持分相当額を配当として受領していなくとも合算課税するものである。

本税制の課税要件であるが，CFCとは外国法人のうち，米国株主により直接又は間接に議決権株式又は株式の価値の50％超が所有されているものをいう。なお，この保有割合については，間接保有の場合，いわゆる掛け算方式により算定されることになる。

本税制の納税義務者は，CFCの議決権株式の10％以上を所有している米国市民，米国居住者，米国法人，米国パートナーシップ，トラスト及びエステートである。

合算対象となる所得は，保険所得，外国基地会社所得（Foreign base company income）等で，国際的ボイコット所得，政府高官に対する賄賂等の所得も含まれる。この外国基地会社所得には，外国人的持株会社所得，外国基地会社販売所得，外国基地会社役務提供所得が含まれるが，その中心となるのは，外国基地会社所得のうちの販売所得（Foreign base company sales income）である。この販売所得は，所定の関連者との間におけるCFC所在地国以外で製造等された動産の購入・販売取引であり，所定の関連者とは，CFCを支配又は支配されている個人，法人，パートナーシップ，トラスト及びエステート，又は，CFCを支配している同一の者により支配されている個人，法人，パートナーシップ，トラスト及びエステートである。

適用除外の要件としては，CFCが取得する米国実質関連所得である場合，CFCにおける外国基地会社所得等の占める比率が５％又は100万ドルのいずれか少ない金額を満たさない場合，米国の内国歳入法典第11条に規定する最高税率の90％超の税率が外国基地会社所得等に課されている場合等である。

なお，この改正に伴い，内国法人が米国法人と第三国法人の２社を完全子会社としている場合にも適用になるのかという問題であるが，米国法人は第三国法人の直接保有がないので，米国では，第三国法人はCFCの対象にならない。

ニ　グローバル無形資産軽課税所得（GILTI）

⑷　GILTIの概要

無形資産の軽課税国への移転を防止するために，米国においてグローバル無形資産軽課税所得（Global Intangible Low-taxed Income：以下「GILTI」という。）を合算対象となる所得となるように内国歳入法典第951条Ａを創設する改正を行った。

その後，米国財務省は2018年９月13日，GILTIの合算計算に関する財務省規則草案（Proposed Regulations）を公表し，同年11月28日にGILTIに係る外国税額控除に関わる規則草案を公表している。

GILTIは，CFC（Controlled Foreign Company）に無形資産を移転することで事業資産から通常生じる所得を超える部分（超過収益）があるときはこれを株主の所得と合算するというもので，無形資産の移転による租税回避を防止する措置である。他方，米国法人の国外源泉所得のうちの超過収益の国外源泉部分をFDIIと規定して，所得控除が認められるという納税義務者に対する恩典といえる措置である。

㈺　GILTIとサブパートＦ条項の相違点

米国のCFC税制は，CFCの留保利益すべてを合算課税という方式ではなく，合算対象となる所得が限定されている。なお基本的な用語としては，次の２つがある。

①　米国人株主：外国法人の株式（議決権或いは出資）で10%以上を所有している者

②　CFC：外国法人で米国人株主に50%超を所有されている法人

GILTIに係る条文は，内国歳入法典第951条Ａということは，CFC税制を規定しているサブパートＦに置かれた規定であるが，合同委員会文書では両者の相違を次のように説明している(2)。

①　GILTIは米国株主段階の所得金額であり，サブパートＦはCFC段階の所得金額である。

②　GILTIの課税対象となる所得はサブパートＦ所得ではないが，合算課税の方式は，サブパートＦのルールである。

③　GILTIの合算は，サブパートＦ所得の合算と同様に扱われる。

④　当該課税年度においてCFCが外国人的持株会社に該当する場合，当該外国法人のＥ＆Ｐ（earnings and profits）に該当するサブパート所得等は，再度当該米国株主の総所得に算入されない（内国歳入法典第951条(d)）が，GILTIの合算にはこのような制限はない。

なお，控除については，2018年１月１日以降，2025年12月31日以前開始となる事業年度の間，GILTI所得の50%が控除される。2016年１月１日以降開始となる事業年度からGILTI所得の37.5%が控除される。なお，個人について，GILTIの課税はあるが控除額はない。

㈻　デジタル課税

OECDが提唱しているデジタル課税の第２の柱である低税率国課税について，GILTI等が参考となっている。

ホ　税源浸食濫用防止税（BEAT）

BEATは，税源浸食濫用防止税（Base Erosion and Anti Abuse Tax）の略

称であるが，これを規定した内国歳入法典第59A条の見出しは，Tax on base erosion payments of taxpayers with substantial gross receiptsであり，同条(b)の見出しは基礎浸食ミニマム税額（BASE EROSION MINIMUM TAX AMOUNT）である。

BEATは，基礎浸食ミニマム税であり，本税の他に付加税として追加負担を求められる性格である。税源浸食とは，BEPS（税源浸食と利益移転）行動計画で使用され一般化しているが，法人が多額の支払使用料を損金算入することで課税所得を圧縮するような行為を示す用語である。BEATの対象法人は，RIC（規制投資会社：所定の要件を満たす証券投資信託），REIT（不動産投資信託），S法人（小規模法人）を除き，過去３年間に米国事業により生じた平均年間総収入が５億ドル（約550億円）を超え，かつ，税源浸食割合（海外グループ法人への支払）が３％以上となる法人である[(3)]。なお，上記の５億ドルは50％超の資本関係にあるグループ法人の売上金額を合計した数値である。

この税源浸食割合とは，国外関連者への当該年度の税源浸食的支払（分子）と，当該年度の損金控除額総額（分母）の割合で，税源浸食的支払には，国外関連者への使用料，役務提供料，利息，保証料等が含まれるが，米国において源泉徴収される支払利子は課税分（国内法30％，租税条約の限度税率10％）が含まれないことから対象金額は支払利子の３分の２となるが，使用料は日米租税条約免税であることから全額対象金額となる。また，国外関連者から購入する機械設備の減価償却費も分子の金額に含まれることになる。

(1)　改正法成立以前に，米国共和党下院のキャンプ議員案（2014年），下院共和党改革案（2016年６月）という法人及び個人の減税等を含む動きがあった（日向寺裕芽子，塩田真弓「トランプ税制改革」について『ファイナンス』2018年２月　20-22頁）。

(2)　Overview of the Taxation of Global Intangible Low-Taxed Income and Foreign-Derived Intangible Income: Section 250 and 951A, Prepared by the Staff of the Joint Committee on Taxation, May 2019, p5.

(3)　Joint Committee on Taxation, “Overview of the Federal Tax System as in effect for 2018” February 7, 2018 (JCX-3-18).

9　EUの国家補助規制の背景

⑴　概　要

国家補助について，1957年のEEC条約（ローマ条約）第92条～第94条（国家補助に関する規律）に規定されていたものが，現行では，EU機能条約第107条～第109条に規定されている。

国家補助の根拠条文は，EU機能条約第107条第１項である。以下はその翻訳と第２項及び第３項，第108条及び第109条の概要である。107条は，第１項が原則，第２項及び第３項は適用除外に係る規定である。

> 第107条第１項：諸条約に別段の定めのある場合を除き，形式にかかわらず，加盟国或いは国家の資源により与えられる補助であり，特定の事業者或いは特定の商品の生産を優遇することにより競争を歪め或いは歪める恐れがあるものは，加盟国間の通商に影響を与える限りにおいて域内市場では受け入れないものとする。
> 　第２項：適用除外規定（以下略）
> 　第３項：委員会の判断に基づいて適用除外とみなされる規定（以下略）
> 第108条：手続規定
> 第109条：閣僚理事会による規則制定

上記の国家補助の定義から適用となる要件は次のようになる。

① 「加盟国或いは国家の資源により与えられる補助」：その資源には，金銭による補助金，利子の無償化，租税優遇措置等が含まれる。

② 「特定の事業者或いは特定の商品の生産を優遇すること」：特定の事業者等が優遇されるという差別性・選択性があり，経済全体に影響する施策等は国家補助に該当しない。

③ 「競争を歪め或いは歪める恐れがあるもの」：加盟国間の経済活動を歪める或いは歪める恐れがあるもの。

④ 「加盟国間の通商に影響を与える」：加盟国間における経済的取引に影響を及ぼすこと。

1992年に欧州連合（EU）の創設を規定したマーストリヒト条約が調印され，1993年11月１日に発効したことから，まだこの段階では，国家補助と税制が直接関連する段階には至っていない。

⑵　欧州委員会の権限の行使

欧州委員会はEUにおける執行機関であり，国家補助については，同委員会の特別委員会が執行している。国家補助規制の法的側面については，欧州委員会が法的に裏付けられた権限の行使が可能になったのは，1999年規則（Council Regulation（EC）No. 659/1999）により定められた通知及び調査制度の整備である。この1999年規則に規定する通知制度は，現在OECDが進めているBEPS行動計画12（タックス・プランニングに関する開示義務に関する勧告）であるMDRと類似する内容である。欧州委員会は，権限行使の基盤を与えられたことで国家補助規制の活動を開始することになるが，その活動は第１段階と第２段階に分けることができ，第１段階は，「有害な税競争に該当する加盟国の租税優遇措置の検討」，であり，国家補助規制の第２段階は「多国籍企業が投資先のEU加盟国から有利なタックス・ルーリングを得て，税負担を軽減させていることを国家補助として規制」である。

要するに次項以降に掲げる国は，特定の企業に差別的優遇措置であるタックス・ルーリング（以下「TR」という。）を与えたのである。

この関係はすでに述べたように，TRを与えた国は，投資を受けて税収があり，投資した企業は，税負担の軽減を得るという，いわゆる，ウィン・ウィンの関係になることから，両当事者は満足しているが，これにより特定の企業が税負担軽減という恩典を受けることになる。

この恩典を受けた企業等が，GAFA等であることから，EUの活動が，OECDを刺激して2019年G20で取り上げられた「デジタル課税」へとつながるのである。

10　EUの国家補助規制（アマゾン）

⑴　決定文書の概要

2017年10月4日付の欧州委員会（以下「委員会」という。）のアマゾンに対する決定文書（Commission Decision of 4. 10. 2017, C（2017）6740 final：以下「決定文書」という。）の概要は次のとおりである。

決定対象企業	アマゾン（Amazonグループ）
TRの有効期間	2003年～2011年（アマゾンの事業年度2006年～2014年）
請求金額	2億5,000万ユーロ（邦貨：約325億円，@130円）
組織図（2006年～2014年）	（親会社）：Amazon US （ルクセンブルク）SCS（IP保有：事務所もなく事業活動を行っていない。） （ルクセンブルク）OpCo（IP活用法人：小売業担当で500名以上雇用）
調査期間等	2013年10月着手，2014年10月正式手続開始，2017年10月委員会決定，2018年8月ルクセンブルクは委員会決定をEU普通裁判所に提訴

⑵　問題となったTR

問題となったルクセンブルク税務当局からのTRは，2003年11月6日と2004年12月23日の書面で，当初は2010年までの5年間有効であったが，後に2014年まで有効期限が延長されている。アマゾンは，2014年6月から事業方法を変更しているが，変更後については，今回の調査の対象外である。いずれも，アマゾンからルクセンブルク税務当局に対する同国における組織形態と課税に関する確認の書面であるが，税務当局は，この書面の内容を認めるという返事を出している。この返事が問題となったTRである。

⑶　アマゾンのルクセンブルク等における組織形態

ルクセンブルクの税制では，法人税の税率は特に低率ではないが，使用料に関する源泉徴収はない。このような税制の下で，アマゾンは次のような組織形態を同国で展開し，同国税務当局からアマゾンに申請した内容が認められたことで税負担が大幅に軽減した結果となっている。2006年から2014年の間におけるアマゾン社のEUにおける組織図と課税関係は次のとおりである。

なお，以下では，ルクセンブルクはLUXと表記する。

（親会社） 米国アマゾン	LPSとR＆Dの費用分担計画で，無形資産は，LPSが保有
（子会社段階） LUX・LPS（名称：SCS）	SCSの役割はIPの保有とLUX法人の株式所有であり，収益は受取使用料と受取利子である。LUXで課税なし。
（孫会社）OpCo LUX法人（LUXLPSとの使用料契約で専用実施権を取得）	欧州における基幹法人で2013年には社員523名を雇用し，売上は136億ユーロ，2014年の売上は154億ユーロである。収益は受取使用料等，費用はSCSへの支払使用料（売上の90%）とEU曾孫会社（UK, Germany, France）への支払手数料である。
（曾孫会社） ・Amazon Service Europe（ASE） ・Amazon Media Europe（AME） ・Amazon（UK）（Germany）（France）	ASEとAMEは，LUX法人に対して使用料を支払う。

⑷　アマゾンのルクセンブルク等における課税関係等

上記の表にある会社等の課税関係は次のとおりである。

① 米国アマゾンは，SCSのパートナーであることから，米国で課税を受けるが，課税時期を繰り延べることができる。

② SCSは，LUXでリミテッド・パートナーシップ（LPS）であり法人ではないことから納税義務がない。

③ 委員会は，LUX法人からSCSへの使用料が高額であり，経済的実態を有していないと判断した。LUX法人は，売上の90%を使用料として支払っていることから，課税所得が圧縮されている。

⑸　基幹会社（OpCo）とその子会社

調査期間中，基幹会社はSCSの完全子会社であり，同社は，EUにおけるアマゾングループの本部であった

基幹会社の2013年の連結売上利益はEUR13,612,449,784（約1兆8,000億円），2014年の売上はEUR15,463,362,589（約2兆円）である。

基幹会社とその子会社間で，2006年5月に役務提供契約が締結され，子会社は基幹会社にその対価として原価加算法による額を請求した。その際の利益率は3～8％であった。

⑹　使用料契約

2006年4月30日，基幹会社はSCSと使用料契約を締結した。基幹会社はIPの通常実施権を子会社に供与する権利があり，2006年4月30日，基幹会社はASEとAMEUと使用料契約を締結した。ASEとAMEUからの使用料は，基幹会社を通過してSCSに支払われた。

⑺　TR

問題のTRは，2003年11月6日のルクセンブルク当局からアマゾンへの書簡である。当局の見解は，2003年10月23日と同月31日のアマゾンからの書簡の内容を承認するというものである。その後，TRは，当初5年間の有効期間が2010年から2014年6月まで延長された。

⑻　アマゾン代理人から当局への2003年10月31日の書簡

この書簡では，SCS及びパートナーである米国アマゾンは，SCSがルクセンブルク国内に事務所等を有していないことから，両者は同国にPEを有していないと説明した。

⑼　アマゾンから当局への2003年10月23日の書簡

この書簡は，基幹会社に対するルクセンブルクの課税に関するもので，その内容は基幹会社からSCSに対する移転価格である。使用料の対価と使用料の率の計算は以下のとおりである。

① 基幹会社の利益は，基幹会社のEUの営業費用の4～6％と欧州のウェッブサイトに帰属するEUの営業利益のいずれか少ない金額

② 基幹会社の利益は，EU収益の0.45％以上で，0.55％以下の幅にある。

⑽　TP報告書

ルクセンブルクは，移転価格分析の報告書（TP報告書）を提出し，このTP

報告書では，2003年10月23日の書簡に関連して「経済的分析」をしている。このTP報告書の第３条では，機能分析が行われている。この機能分析では，SCSの主たる活動はIPの保有と進展であり，IPの使用を基幹会社に供与し，使用料を受け取っている。

⑾　移転価格算定方法

アマゾン側の主張であるTP報告書第５条では，基幹会社からSCSへの移転価格算定方法として，CUT法と残余利益分割法とした。結果として，基幹会社の営業利益の帰属比率は４～６％として残余の営業利益をSCSに帰属するとした。結局，当局は，アマゾンから当局への2003年10月23日の書簡に記載された基幹会社の利益は，EU収益の0.45％以上で，0.55％以下を承認した。

⑿　移転価格の算定方法

委員会は，アマゾン側の主張した移転価格の決定方法を採用せず，ライセンス契約に比較可能な取引がないことから，OECDのTPガイドラインに基づいてTNMM（Transactional Net Margin Method：取引単位営業利益法）と利益分割法が選定された。利益分割法には寄与度利益分割法と残余利益分割法がある（欧州委員会決定報告書パラ539：以下同じ）。残余利益分割法では，残余利益のすべてがSCSに帰属することになる。結果として，TNMMが算定法となり，ルクセンブルクもこれを了解した（パラ541）。

⒀　TNMMの概要

TNMMは，関連者間のうち，果たしている機能及びリスクが限定的な方の営業利益率を比較対象企業と比較する。この方法は，ユニークな存在である複雑な機能を持ち高いリスクを負っている企業にとって，比較対象を見つけることが困難であることが原因である。

比較する際の具体的な指標は，利益水準指標（PLI：Profit Level Indicator）であり，①販売会社等に適用される売上高営業利益率（売上高に占める営業利益の比率），②製造会社或いは役務提供取引に適用されるフルコストマークアップ率(総費用に占める営業利益の比率)，③仲介取引等に適用されるベリー比（＝売上総利益÷販管費）がある。

TNMMは，国外関連取引について取引単位ごとに，単純な機能及びリスクを負担する企業を検証対象企業（tested party）として，同様の機能とリスクを負担する同業他社の営業利益率とを比較する方法である。

⒁ TNMMの適用

委員会の調査では，基軸会社と比較して単純な機能及びリスクを負担するSCSが検証対象企業に選定された。ルクセンブルクのTRでは，基軸会社が検証対象企業に選定されていた。結果として，SCSは果たした機能に対して取得する対価が過大であった。IPの使用等は専ら基軸会社で行われていた（パラ548）。その原因は，基軸会社がリスクの少ない日常業務のみを行う機能というアマゾン側の説明をルクセンブルクが認めたからである。

SCSは，費用の発生もなくリスクもなかったが，欧州委員会はコストシェアリング契約（CSA）とアマゾン親会社の開発したIPをコスト分担割合に応じて独立企業間原則で買い取るBuy-inにより生じた費用に加えて，LPSは，IP保守等に要したサービスの費用もフルコストマークアップ率の総費用とした（パラ555）。

フルコストマークアップ率の算定には，委員会は比較可能性の分析が無理であることから，2010JTRF（Joint Transfer Pricing Forum）の結論を採用した。JTRFによれば，関連者間の役務提供のマークアップ率は３～10％で，実務で最も使用されているのが５％であった。そこで，委員会はLPSの外部費用の５％のマークアップ率を採用した（パラ558）。

結果として，委員会は基軸会社に対するTRが使用料の損金算入を認め，経済的恩典を与えたとした（パラ561）。

基幹会社の利益は，TRにより営業費用の４～６％或いはEU収益の0.55％であり，税務上の軽減利益は，基幹会社及びLPS（ルクセンブルクで無税がその理由）だけではなく，アマゾングループ全体にもたらされている。

⒂ EUと米国における訴訟

EUでは，ルクセンブルクが2017年12月15日にEUの決定に不服として訴訟を起こすことを公表した。アマゾンも2018年８月に，EUの普通裁判所に提訴することになった。他方，米国では，2005年及び2006年分の移転価格問題の課税が行われ，アマゾンが租税裁判所に提訴し，国側敗訴となった（Amazon Com, Inc & Subsidiaries v. Commissioner（148 T.C. No. 8, 2017））。

アマゾンは1998年頃から欧州への事業展開を始めたが，委員会が調査を行ったアマゾンのルクセンブルクにおける課税問題は，すでに述べたEU国家補助規制の問題（内容は移転価格の問題）であると同時に，米国における同社の移転価格課税の問題である。このEU及び米国の動向は，ある意味，表裏一体であることから，米国における訴訟にも言及する必要がある。

⒃　米国租税裁判所における判決

イ　事案の概要

米国アマゾンが，2004年ルクセンブルクに完全子会社の持株会社と完全孫会社の事業会社を設立し，2005年に財務省規則§1.482-7⒜⑴で認められたCSAによりIPを移転したが，持株会社は既存のIPについてbuy-in paymentを支払うことになった。2005年から2006年にかけて持株会社に対して，欧州のウエッブサイトを運営するソフトウエア等のIPが移転された。その際，LPSはIDC（intangible development costs）を年次で支払うことになった。

持株会社の支払うIPの対価について，アマゾンはCUP法を無形資産取引に適用する場合の算定方法であるCUT（comparable uncontrolled transaction）法を適用してIPの構成別に評価した。米国内国歳入庁（IRS））は，IPの構成別の評価ではなく，全体の評価ということでDCFを適用して，36億ドル（後に34億6,800万ドルに訂正）とした（IP取引の過少申告）。

ロ　租税裁判所の判決

租税裁判所は，2009年のVeritas Software Corp. 判決（133 T.C. 297）を先例として，アマゾンによるCUT法の適用を支持した。IRSが本事案で適用したDCF（Discounted Cash Flow）について，租税裁判所は，Veritas事案においてこの使用を認めていない。結果として，2017年３月23日の判決で，アマゾンが勝訴した。

ハ　米国の内国歳入法典の改正

米国は，2017年12月に成立した改正税法（Tax Cuts and Jobs Act：P.L. 115-97）の第14221条⒜⑵により，内国歳入法典第936条⒣⑶⒝を改正し，IPの定義に，のれん，継続価値，配置した労働力，動産或いは個人の役務提供に帰せられないその他の価値或いは潜在的価値が含まれることになり，DCF適用が受け入れられる条件を整えた。

11　EUの国家補助規制（アップル）

(1) 概　要

以下は，本事案の国家補助に関連する事項及び関係者である。

対象年分	2003年～2014年
返還請求額	130億ユーロ（利子を含めた金額143億ユーロ）
２つのTR	1991年１月29日に発遣され，2007年５月23日に更新されている。（2014年９月27日に廃止）。

以下は，本事案に登場する関係者・用語等の一覧である。

米国親会社	Apple Inc.（米国法人）
AOI	Apple Operations International（アイルランド法人）
AOE	Apple Operations Europe（アイルランド法人）：AOIの子会社
ADI	Apple Distribution International（アイルランド法人）：AOIの子会社
ASI	Apple Sales International（アイルランド法人），AOEの子会社で，同社は，EMRIA及びAPACで同社の製品の販売を行う。

（組織図：C（2016）5605 final. p. 9）

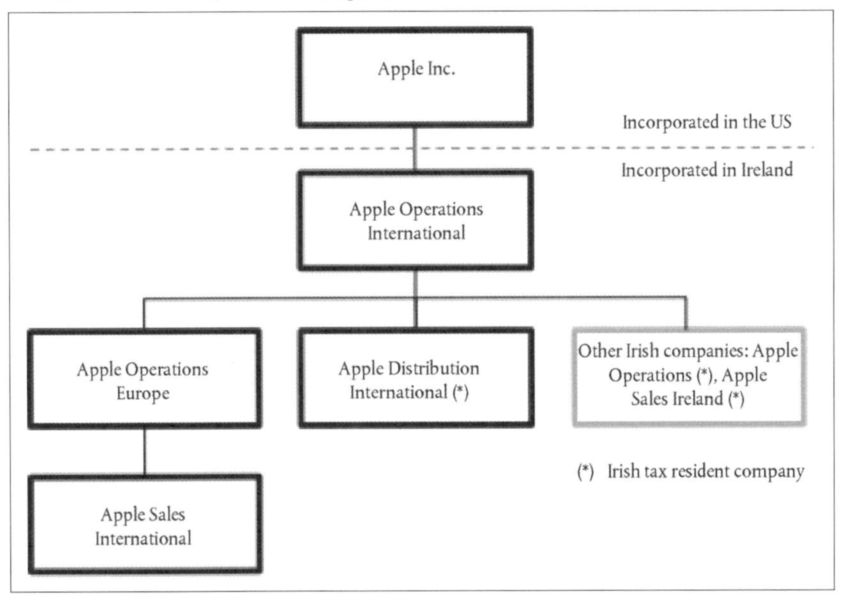

(2) 米国側の動向

本事案は，2016年８月30日に欧州委員会がアップルに対するアイルランド政府による国家補助に対する処分を決定し，返還請求額を130億ユーロ（利子を加算して143億ユーロ：約１兆9,000億円）の支払いを命じたものである。

本事案では，米国側から，米国上院常設調査小委員会（以下「上院委員会」という。）におけるアップルの利益の国外移転と租税回避に関する調査(1)と，EU側からは，国家補助規制の適用問題の調査が行われたのである。

この二正面からの調査は，アップルの対EU租税戦略を対象としている点では共通であるが，米国における動向は下記のとおりである。

1977年	アップルはカリフォルニア州法人として設立
1980年	AOIをアイルランドに設立
2010年10月20日	米国のBloomberg社によりグーグルがアイルランド等を利用したダブルアイリッシュ・ダッチ・サンドイッチという租税回避を行っていると報道された。
2013年５月20日	上院委員会がアップルに関する報告書公表：2009年から2012年の間に740億ドルの利益をアイルランドに集めて米国の課税を逃れたと指摘
2013年５月21日	アップルのCEOティム・クック（Tim Cook）氏が上院公聴会で自社の姿勢を擁護した。
2013年６月12日	EUがアップルの国家補助問題の調査を開始
2015～2016年	AOIとASIはジャージ島にあるアップルビー事務所（パラダイス文書が漏えいした事務所）に管理されていた(2)。

(1) U.S. Senate Committee on Homeland Security & Government Affaires Permanent Subcommittee on Investigation, "Subcommittee to Examine Offshore Profit Shifting and Tax Avoidance by Apple Inc." May 20 2013

(2) アイルランド財務省は2014年10月14日に2015年度の予算案を発表し，多国籍企業に認めてきた優遇措置を廃止すると発表した。この発表によりアップルは，EUにおける組織再編に迫られたものと思われる。

(3) EUにおける国家補助に関する調査

アイルランド政府がタックス・ルーリング（TR）で認めた移転価格の処理

の結果，2011年分では，ASIの利益は，160億ユーロであるが，TRに基づく処理の結果の利益は5,000万ユーロで，159億5,000万ユーロが課税にならず，ASIの税額は1,000万ユーロであり，実効税率は0.05％であり，2014年には0.005％であった。AOEも同様で，その利益の大半は課税にならない状態であった。

委員会の目的は，アイルランドの発遣した1991年と2007年のTRが，EU機能条約第107条第１項に規定する国家補助に該当する差別的優遇措置であることを立証することであった。そのために，ASIとAOEの納税額が他の企業に比較していかに過少であるかに焦点が当てられている。

租税回避の視点から分析するのであれば，EU域内で取得した所得をどのように処理して，グループ全体で負担する税額を減少させたかということが中心になり，その点では，前出の米国上院委員会のアップルの利益の国外移転と租税回避に関する調査（以下「上院調査書」という。）の分析が必要となる。

⑷　上院調査書の分析

上院調査書は，2013年５月21日に，上院委員会が米国からの利益移転を画策したアップルの海外投資戦略に関する聴聞を行い，アイルランドでは，２％に満たない特別な法人税率の交渉をした。例えば，AOIは，2009年から2013年の間に300億ドルの所得がありながら，非居住法人として申告もせず，５年間いずれの国にも納税していない。AOIの孫会社は，４年間に740億ドルの販売所得を取得したが，アイルランド非居住法人としてわずかな税額を納付したのみである。

この租税回避は，米国のチェック・ザ・ボックス・レギュレーション（Check-the-Box Regulations：以下「CTB」という。）とサブパートＦのルックスルールール（Look Through Rule：以下「LTR」という。）がループホールとして利用されて2009年から2012年の間に440億ドルの租税回避があった。

⑸　アップルに関する調査

イ　上院調査書のポイント

上院調査書は次の２点を指摘している。

①　海外子会社の持株会社であるAOIは，2009年から2012年の間に300億ドルの所得がありながら，いずれの国でも居住法人ではなく納税もしていない。

②　アップルは費用分担契約（Cost Sharing Arrangement：CSA）を通じてIPの経済的権利をアイルランドの２つの関連会社に移転した。そのうち

の１社であるASIは，2009年から2012年の間に440億ドルの所得があり，米国の納税を繰り延べた。その結果，アップルの国外資金保有量は1,020億ドルを超えた。IPの法的権利は米国親会社が所有し，ASIとAOEは，米州外の地域で製品を販売する経済的権利を所有している。なお，ASIの実効税率は，2009年（0.1％），2010年（0.06％），2011年（0.05％）である。

ロ　AOIの課税関係

AOIは，1980年にアイルランドで設立され，３名の取締役のうち２名は米国在住で，取締役会はほぼ米国で開催されていた。AOIの資産はネバタ州の関連会社の社員により管理され，資産はニューヨークの銀行口座の所有，総勘定元帳はテキサスの関連会社が管理していた。結果として，銀行口座及び管理者はアイルランドには不在であり，同社の管理支配は米国で行われていた。

AOIは，2009年から2012年の間に，299億ドルの配当を支配関連会社から受領している。AOIの2009年から2011年間の所得は，アップル全体の所得の30％にあたるが，どこにも納税していない。

ハ　ASIの課税関係

ASI（AOEの完全子会社）も上記のAOIと同様に，アイルランドで設立されたが，米国及びアイルランドの居住法人ではない。ASIは，製造業者からの製品の再販売をADIを通じて欧州の小売業者等行った。アジア大洋地域では，シンガポール関連会社を通じて，日本，豪州，香港等に販売している。

2011年におけるアップルの売上の40％は米州で，残りの60％は国外である。同年のＲ＆Ｄの費用はグループ全体で240億ドルであり，米国親会社が40％を負担し，ASIが60％を負担しているが，CSAによるリスクと便益の移転はなく，租税債務の場所を移転したに過ぎない。2011年に関していえば，Ｒ＆Ｄの95％は米国で行われ，ASIとAOEの社員のＲ＆Ｄへの貢献度は１％未満である。

（CSAの支払額比較表：支払額の後のカッコ書きは税引前利益）

年	米国親会社	ASI
2009	７億ドル（34億ドル）	６億ドル（40億ドル）
2010	９億ドル（53億ドル）	９億ドル（120億ドル）
2011	10億ドル（110億ドル）	14億ドル（220億ドル）
2012	14億ドル（190億ドル）	20億ドル（360億ドル）
合計	40億ドル（387億ドル）	49億ドル（740億ドル）

この上記の表からも明らかなように，740億ドルの利益が米国からアイルランドに移転したのである。また，IPの移転は，製品を販売している各国に移転せず，アイルランドのみということは，その移転が税負担の軽減目的のみであったことが分かる。

⑹　サブパートＦの適用回避の方法

イ　サブパートＦの適用

アップルは2009年から2012年の間に，440億ドルの国外所得をサブパートＦの適用から逃れたのである。この期間，アップルはサブパートＦで課税対象となる２種類の所得を取得した。すなわち，外国基地会社所得（foreign base company sales income：以下「FBCSI」という。）と外国同族持株会社所得（foreign personal holding company income：以下「FPHCI」という。）である。

上記の所得の動向は次のとおりである。

①　FBCSIが国外販売会社（アイルランド，シンガポール）からASIに移転する。

②　ASIからAOEに配当が払われる（FPHCIに該当）。

③　AOEからAOIに配当が払われる（FPHCIに該当）。

FBCSIは，基地会社をタックスヘイブンに置き，取引を仲介することでそこに利益を落として租税回避を図る方法を防止するための措置である。

ロ　CTBの適用

⒤　FBCSIの不適用

CTB規則により，米国多国籍企業は，下位の関連会社を米国の課税上，独立した実体とはみなさない選択をすることができ，代わって，上位の子会社を課税対象とする。この選択が行われると，実体のない事業体の取引は同一の事業体内取引として課税上対象とならない。

アップルはこのCTBの選択を行い，AOIより下位のAOE，ASI，ADI，アップル・シンガポール等が下位の層（米国親会社・AOI・AOE他）となり，AOIが第１層の子会社となる。

その結果，米国の課税上，下位層の取引は認識されず，AOIは，直接に販売所得を顧客から受け取ったことになる。これは積極所得であることから，FBCSIの適用にならない。

(ロ)　FPHCIの不適用

FPHCIは，サブパートＦにより課税所得となるが，アップルはこのCTBの選択を行い，下位の関連会社を米国の課税上，独立した実体とはみなさない選択をすることができ，代わって，上位の子会社を課税対象とする。その結果，下位の子会社から上位の子会社への投資所得はなかったものとみなされる。

2011年に，AOIは下位の子会社から64億ドルの配当を受け取った。2009年から2012年の間では，299億ドルの配当等を受け取っている。

ハ　その他のループホール

㈠　同一国内取引の適用除外（same country exception）

AOIの受取配当は，AOE及びASI等から生じたものである。同一国内取引の適用除外では，CTBとLTRは無効となり，AOEとASIからAOIへの配当はすべてアイルランド国内ということでサブパートＦの課税から除かれる。

㈡　製造者への適用除外（manufacturing exception）

製造者所得はサブパートＦ所得にはならない。

⑺　EU国家補助規制の功績

EU国家補助規制は租税回避防止という税制面の活動ではないが，この報告されている内容は，特定の企業が特定の国と結託して差別的優遇措置を得ていた実態が明らかになり，OECDによるデジタル課税の進展等に寄与するものと思われる。

12 EUの国家補助規制に係る裁判の動向

本項は，国家補助規制に係るEUの判断が示されたことから，説明の都合上，前出9の記述と重複する部分はあるが，国家補助規制の概要と裁判の結果とその影響を検討する。

⑴ EUの国家補助規制とは何か

EUは，2018年11月末現在その加盟国は28か国である。話題は，国民投票の結果，英国がEUから離脱したことである。

EUにおける立法機関は，欧州議会と加盟国首脳により構成される閣僚理事会で，執行機関は，国家補助規制も執行している欧州委員会である。そして，司法機関として，上級審である司法裁判所（the Court of Justice），下級審である普通裁判所（the General Court）がある。標題の裁判は，下級審である普通裁判所の判決である。したがって，この判決に不服のある時は上級審である司法裁判所に上訴することができる。

現在のEUの始まりは，1957年にベルギー，フランス，イタリア，ルクセンブルク，オランダ，西ドイツ（当時）の6か国が調印した欧州経済共同体設立条約（EEC条約）であるローマ条約から始まり，その後の主たる条約としては，1992年調印のEUの創設を定めたマーストリヒト条約，2007年署名のリスボン条約がある。現在のEU基本条約は，マーストリヒト条約を原型とするEU条約とEU機能条約と改められたEEC条約から構成されている。

国家補助に関する規定は，EU機能条約の第107条第1項（条文は前出9参照）に規定する国家補助があり，欧州委員会は調査を実施し，関係加盟国に対象となった多国籍企業から返還請求を行うことを指示している。

そもそもこの国家補助の問題は何時頃から生じたのかということであるが，古くは1948年のハバナ憲章（The Havana Charter）に規定があり，輸出振興の観点から行う輸出補助金の禁止等が規定された。その後，1951年の欧州石炭鉄鋼共同体設立条約に国家補助の禁止が規定され，1957年のEEC条約において国家補助に関する規律が設けられ，それが，EU機能条約における国家補助に係る規定へと受け継がれたのである。

⑵ 国家補助規制と租税の関係

国家補助規制は，経済活動を阻害するような国家の介入を排除することが目的であり，租税との関係は，1996年にOECDが，タックスヘイブンの情報開示と各国の租税優遇措置の廃止を目的とした「有害な税競争」対策に取り組んだ辺りから具体化するのである。EUも有害な税競争に対抗する取組みをすることになり，1997年12月に有害な税競争への対抗策の策定（tax package）として，①事業課税における行動要綱（Code of Conduct），②利子所得指令，③クロスボーダーでの関連会社間の利子・使用料支払いに対する指令を定めた。

EUは上記の①に関連して，「国家補助禁止規定の適用に対するガイドライン」を公表し，次の４つの基準を明らかにした。すなわち，①企業に対する便益であること，②国家の関与により与えられるものであること，③競争を阻害し通商に悪影響を与えるものであること，④特的の企業或いは特定の製品等に関する選択的な便益であること，である。そして，2000年以降，加盟国の租税優遇措置の廃止或いは調査を実施したのである。

(3)　EU欧州委員会の具体的な活動

2020年７月現在の欧州委員会の最終決定の一覧は以下のとおりである(注)。

加盟国名	対象企業名等	最終決定日	返還請求額
英国	CFC税制	2019年２月	
ルクセンブルク	ENGIE	2018年６月	１億2,000万ユーロ
ルクセンブルク	Amazon	2017年４月	２億5,000万ユーロ
アイルランド	Apple	2016年８月	130億ユーロ
ベルギー	同国税法	2016年１月	７億ユーロ（35社）
オランダ	Starbucks	2015年10月	3,000万ユーロ
ルクセンブルク	Fiat	2015年10月	同上

この他にEUが調査を行っていたマクドナルドについて2018年９月に，ルクセンブルクとの間に国家補助としての租税優遇措置がなかったとした。

上記以外に現在調査中の会社等は以下のとおりである。

加盟国名	対象企業名等	調査開始
オランダ	IKEA	2017年12月18日
オランダ	NIKE	2019年１月10日
ルクセンブルク	Huhtamäki （フィンランドの梱包事業者）	2019年３月７日
ベルギー	超過利潤免税	2019年９月16日

この件については返還請求額の大きさが話題となるが，問題は，特定の企業が進出先の加盟国との間に自社に有利なルーリングを締結することで，独占的に租税優遇措置を受けて税負担の軽減を図ることである。

一般に，租税回避は合法の範囲内で，意図して通常で行わないような取引をすることで，多額の税負担軽減を図ることであるが，この租税回避では，企業側が税負担の軽減，国側が税収の減少となる。しかし，国家補助の場合は企業側の税負担の軽減は同じであるが，国側は，海外からの企業誘致により，租税優遇措置を与えたとしても，何らかの税収は増加することになる。

⑷　普通裁判所における判決の動向

普通裁判所において出された判決は以下のとおりである。

① 2019年9月24日にオランダ政府が追徴課税の取り消しを求め提訴していたスターバックスに対する最大3,000万ユーロ（約35億5,000万円）の追徴課税を無効にする判決を下した。

② 2019年9月24日に普通裁判所は，委員会がルクセンブルクに命じた欧米自動車大手フィアット・クライスラー・オートモービルズ（FCA）に対して追徴決定を認めた。

③ アイルランド政府から違法な税制優遇措置を受けていたとし，委員会が追徴課税130億ユーロ（約1兆5,900億円）の支払いを命じていた問題で，一般裁判所はアップルの主張を支持する判決を下した。

④ 2020年7月15日，EUの第一審にあたる普通裁判所において130億ユーロ（150億ドル：約1兆5,000億円）の追徴をアップル社の関係会社から行うようアイルランド政府に命じたECの決定が無効とされた。この判決に対して，委員会は控訴審で争うことを表明している。

（注）　https://ec.europa.eu/competition/state_aid/tax_rulings/index_en.html（アクセス：2020年7月18日）

（補遺）　アップルのその後の活動

2017年11月7日に配信されたBBC・NEWS・JAPANに「パラダイス文書」取材班の記事がある。これを要約とする次のとおりである。

これによると，米国アップルが，2013年に巨額の節税行為が問題視された後も新たな仕組みを秘密裏に作り上げていたことが，「パラダイス文書」の中から明らかになった。

これによると，アップルは，2,520億ドル（約28兆6,650億円）に上る未課税オフショア資金の大半を保有する傘下の会社を，英王室属領のジャージー島に移転させている。

アップルは2014年まで，米国や「ダブル・アイリッシュ」とも呼ばれるアイルランドの税制の抜け穴を使い，南北アメリカ大陸以外で得た利益のすべてを，税制上は実質的に無国籍となる複数のアイルランド子会社に集中させ，結果として納税額をごくわずかなものにしていた。南北アメリカ大陸外での利益は現在，同社全体の約55％を占めている。アップルの海外利益に対する税率が５％を超えることは珍しく，２％以下まで下がった年度もある。欧州委員会の算定によると，アップルのアイルランド子会社のうちの１社に対する税率がわずか0.005％だった年があった。

2013年にEUがアップルのアイルランド子会社を通じた仕組みについて，調査を開始すると発表した後，アイルランド政府は国内で設立された会社が税制上の無国籍であり続けることは認めないと決定した。これを受けて，アップルはアイルランド子会社の課税本拠地となるオフショア金融センターを見つける必要に迫られた。

2014年３月，アップルの法律顧問たちはオフショア投資関連の有力法律事務所アップルビーに質問状を送った。アップルビーは，今回明らかになった「パラダイス文書」の大半が漏えいした会社である。資料によるとアップルは，「税免除の約束を公式に得る」のは可能か，またアイルランド子会社が「管轄地域内で課税されずに経営活動を行える」と確認できるか，等を問い合わせた。

アップルは，独自の税制を持ち海外の会社に法人税を課さないジャージー島を選択した。

パラダイス文書によれば，2015年の年初から2016年初期にかけて，アップルの２つの重要なアイルランド子会社のAOIとASIがジャージー島にあるアップルビー事務所によって管理されてきたことが分かる。AOIはアップルのオフショア資金2,520億ドルの大半を所有しているとみられる。

2017年のアップルの会計資料によると，4,470億ドルに上った同社の米国外利益について，海外政府に収められた税金はわずか16億5,000万ドルで，税率は約3.7％だった。これは，世界の法人税率の平均の６分の１以下にあたる。

なお，ジャージー島を含む英国の王室属領は，EUからの指示により2018年までに経済的実態に関する法改正（居住法人のうちのペーパー会社に利益を帰属させることを防止する法律）をすることを促されたのである。この法改正が，EUの国家補助規制を回避したい企業にどの程度有効かは今後の推移をみる必要がある。

13　GAARの形態分類とその視点

GAARの規定は国ごとに異なるが，今村隆教授は，法的側面から次のように分類している[(1)]。

① 段階的取引型：オランダ，ベルギー，韓国

② 包括否認型：(異常性基準：旧南アフリカ)，(濫用基準：ドイツ，カナダ，ニュージーランド)，(事業目的基準：オーストラリア，香港，新南アフリカ，スペイン，中国)

これに対して，Grauberg 氏の論文では，租税回避に対する否認の方法として次のように分類している[(2)]。

① ドイツ，エストニア・アプローチ

② ベルギー・アプローチ

③ オランダ，フランス・アプローチ

④ アングロ-アメリカン・アプローチ

なお，この引用した論文の作成年である2009年以降，ベルギーでは，2012年にGAARを導入していることから以下の検討では除外する。

⑴ ドイツ，エストニア・アプローチ

ドイツの租税通則法（Abgabenordnung）第42条は1977年に制定され，その後，2007年に改正されて現在に至っている。この規定は，法律に基づく契約等の濫用により租税法規を回避することはできず，濫用がある場合，取引の経済的実質を反映する法的契約等により生ずると同様の課税関係が生ずる，というものである。また，エストニアの税法（the Taxation Act）第84条は，取引等の経済的実質に基づいて課税が行われることを規定している。

⑵ オランダ，フランス・アプローチ

この両国に共通する原則は，真正な権利の行使と権利の濫用という私法上の原則を適用できることである。フランスの租税手続法（French code of tax proceedings）第64条がGAARの規定であるが，フランスの場合は，課税当局により権利の行使がこの規定の適用に限定されていることである。さらに，その適用要件については，Janfin事案（CE, 27 Sep. 2006, No. 260050）により取引が濫用であるとする条件が強化されている。

⑶ アングロ-アメリカン・アプローチ

Grauberg, 氏は，前出の論文では，英国と米国，それ以外にノルウェー，スウェーデンを含めてアングロ-アメリカン・アプローチに分類しているが，その後に両国では進展がある。なお，コモンローの国におけるShamという概念が取引等の法的効果を否認する概念として認識されている(3)。コモンローにおける租税回避を否認する原則としては，①business purpose（事業目的），②step transaction（段階取引），③substance over form（実質主義），④sham transactions（みせかけ取引），⑤economic substance（経済的実質），があるとされている(4)。

この他に，GAARを執行する側面からの分類は次のようになる。

① 自力執行型（米国）は，税法に租税回避基準を明定し，これに反する場合はその取引等を否認するというものである。

② 事前チェック型（カナダ，英国，インド等）は，GAARを規定すると共に課税当局の執行を規制する委員会を設置して，委員会の承認を得ることを条件に処分を行うことで，GAARの執行を抑制し，GAARが与える経済への悪影響等を防止するものである。

③ アドバンス・ルーリング型（シンガポール等）は，納税義務者から要請がある場合，課税当局がアドバンス・ルーリングを発遣することにより，予測可能性を担保するとしている。

⑴ 今村隆「主要国の一般的租税回避防止規定」本庄資編著『国際課税の理論と実務 73の重要課題』所収 大蔵財務協会 2013年 669-670頁。

⑵ Grauberg, Tambet, “Anti-tax-avoidance measures and their compliance with community law” JURIDICA INTERNATIONAL XVI/2009. pp. 144-148.

⑶ Simpson, Edwin & Stewart, Miranda, Sham transactions, Oxford University Press 2013. p. 3.

⑷ Likhovski, Assaf, “The Story of Gregory : How are Tax Avoidance Cases Decided ?” including in, Bank Steven A and Stark Kirk J.(ed.) Business Tax Stories, Foundation Press (2005). p. 101.

14　各国のGAAR一覧

国　名	導入年	GAARの根拠	委員会等の有無
アイルランド	1989年	租税統合法	ルーリング
アメリカ	2010年	内国歳入法典	ルーリング
イギリス	2013年	財政法	委員会
イタリア	2013年改正	Decree n. 128	ルーリング
インド	2017年施行	財政法	委員会
インドネシア	2008年	個別否認規定のみ	
オーストラリア	1915年	所得税法	ルーリング委員会
オランダ	1924年	一般租税法・公理	ルーリング
カナダ	1988年	所得税法	委員会
韓国	1990年	個別否認規定のみ	ルーリング
シンガポール	1988年	所得税法	ルーリング
スイス	1933年	最高裁判例	ルーリング
スウェーデン	1981年	Code of Statutes	ルーリング
スペイン	—	判例の公理	—
台湾	2009年	徴収法	—
中国	2008年	企業所得税法	無
ドイツ	1977年	租税通則法42条	ルーリング
日本	1923年	同族会社行為計算	無
ニュージーランド	1878年	所得税法	ルーリング
ブラジル	1988年	連邦租税法116条	無
フランス	1941年	租税手続法64条	ルーリング委員会
ベルギー	2012年	所得税・相続税等	ルーリング
ポーランド	2016年		ルーリング
ポルトガル	1999年	一般租税法	無
香港	1947年	内国歳入法	ルーリング
南アフリカ	2006年	所得税法	ルーリング
ルクセンブルク	—	Adaption Law	ルーリング

15　MDR導入とGAAR創設

(1)　本項の目的

令和２年度の税制改正において，OECDの進めるBEPS行動計画12に勧告されているMDR（義務的開示制度）が日本に導入されるのではないかという噂があった。MDRは，納税義務者側から所定の情報を税務当局に開示する制度のことで，この制度の導入は，租税回避対策として従来にない新たな要素を加えると共に，MDR導入が，租税回避対策に係る税制強化の観点からGAAR（一般否認規定）創設を促すきっかけになるということも想定できる。令和３年度の税制改正では，コロナの影響で，税制改正大綱における記載もなかった。

MDRの概要については，OECDによるBEPS行動計画12の最終報告書の記述及びすでにこの制度を実施している諸外国の例があり，GAARについても多くの国がこの制度を導入しており，日本がこれらの制度導入に際してモデルとなる先行例は多い。以下では，国側が敗訴した２つの判決を取り上げ，仮にMDR導入とGAAR創設があった場合，これらの判決にどのような影響があったのかを分析する。

① 航空機リース事案：名古屋地裁平成16年10月28日判決，名古屋高裁平成17年10月27日判決において，敗訴した国は，平成17年度税制改正により，組合損失額のうち調整出資金額を超える部分の金額は，損金に算入できないこととした。この事案の特徴は，事業体の課税という区分ができる。

② 日本IBM事案：東京地裁平成26年５月９日判決，東京高裁平成27年３月25日判決，最高裁平成28年２月18日判決では，法人税法第132条（同族会社の行為計算否認）の規定の限界が示された形で，これも平成22年度の税制改正により，同様の行為を禁止する規定の改正が行われた。この事案は，自己株式の譲渡損失，みなし配当の益金不算入，連結納税制度における損益通算を組み合わせており，これらの規定の立法時に想定され得なかったある種の法の抜け道を巧みに組み合わせた内容といえるものである。

上記以外の判決として，匿名組合の税務に関連した日米租税条約及び日蘭租税条約の適用関係からの租税回避事案である日本ガイダント事件（東京高裁判決平成19年６月28日），贈与税に関連した租税回避事案である武富士事案（最高裁判決平成23年２月18日）は，いずれも国側敗訴となり，後日，法令等の改正を行うという，いわゆる「法令等の後追い改正」を行ったものである。

本項は，導入されるMDRとGAARの内容等にもよるが，これらの制度の導入形態の議論と並行して，仮に，MDR導入とGAAR創設がされた場合のシミュレーションとして，上記２つの判例に影響を及ぼすのか否かを検討すると共に，MDRとGAARの適用の射程範囲に入らない事例についても言及することを予定している。

⑵　MDR導入とGAARとの関連

イ　各国におけるMDRの導入状況

以下は，各国のMDR導入年である。米国（1984年），カナダ（1989年），南アフリカ（2003年），英国（2004年），ポルトガル（2008年），アイルランド（2011年），メキシコ（2021年）各国の動向であるが，最も早くこの制度を導入した米国は，タックスシェルター（納税義務者が税負担の軽減又は課税繰延べ等を目的として行う投資により人為的な損失或いは控除の発生等が生じることによる租税回避を行う。）対策として導入している。

ロ　OECDの動向

OECDは，多国籍企業を中心とした租税回避に注目し，「BEPS（税源浸食と利益移転）行動計画」を2013年７月に公表し，その行動計画12がMDRに関する勧告である。

ハ　EUにおけるMDRの展開

EUでは，加盟国間の情報交換についてDAC（Directive on Administrative Co-operation）という名称が使用されている。以下は，その沿革である。

①　DAC1（2011年）：1977年の指令（77/799/EEC）を廃止し，その後の加盟国間の情報交換についての基礎的な事項を定めた指令である。

②　DAC2（2014年）：配当，利子等の金融情報の自動的交換が規定された。

③　DAC3（2015年）：DAC1で定めた定義の改正等

④　DAC4（2016年）：「国別報告に関する義務的自動的情報交換の範囲と諸条件」が新設された。

⑤　DAC5（2016年）：金融口座情報の居住地国への通知等が規定された。

⑥　DAC6（2018年）：報告対象となる国際的仕組み取引に関連する課税分野における義務的自動情報交換に関する（2011/16/EU）改正指令（2018/822（EU））

MDRにおける分野で今後も検討を要する領域の１つは，クロスボーダーの開示である。この指令（DAC6）により，報告対象の国際的仕組み取引の義務的自動情報交換の範囲と諸条件に係る事項が新設された。

ニ　税制調査会の動向

税制調査会においてMDRに言及されたのは以下の資料等である。

① 2015（平成27）年10月23日資料（以下「平成27年版」という。）

② 2016（平成28）年10月25日資料（以下「平成28年版」という。）

③ 2017（平成29）年10月16日資料（以下「平成29年版」という。）

④ 平成29年度税制改正大綱（以下「大綱」という。）

⑤ 2019（令和１）年９月26日「経済社会の構造変化を踏まえた令和時代の税制のあり方」（以下「答申」という。）

(イ)　平成27年度版

平成27年度版では，MDRは，事前照会制度や自発的情報開示制度等の情報開示制度及び一般否認規定（GAAR）と相互補完関係にあるところ，MDR導入を検討する際には，それらの制度・規定との関連性についても精査する必要がある。そして，今後の対応として，各国が勧告を踏まえて，所要の措置を講ずる。わが国においても，勧告の内容を踏まえ，MDRの導入の必要性を検討する，と説明されている。

(ロ)　平成28年度版

平成28年度版は，MDRに関して多くの説明があり，参考⑥にはGAARとMDRの関連について，米国，英国，ドイツ，フランス，カナダの各国の比較表が添付されている。

(ハ)　平成29年度版

この版に記載されている事項は，平成28年版と同様であるが，GAAR関連事項が除かれている。27年版，28年版とMDRとGAARをセットという認識があったと思われるが，平成29年版でその認識はトーンダウンという印象である。

(ニ)　大綱（平成29年度）

大綱では，中期的に取り組むべき事項」として，「国税当局が租税回避スキームによる税務リスクを迅速に特定し，法制面・執行面で適切に対応ができるよう，その開発・販売者あるいは利用者に税務当局へのスキーム情報の報告を義務付ける「義務的開示制度」について，「BEPSプロジェクト」の最終報告書，諸外国の制度や運用実態及び租税法律主義に基づくわが国の税法体系との関係等を踏まえ，わが国で制度導入の可否を検討する。その際，国税当局が効果的かつ適時に必要な情報を入手するための最適な既存・新規制度の組み合わせも検討する」と説明されている。

㈭　平成30年度・平成31年度税制改正大綱

例えば，平成31年度の大綱の検討事項では，「経済の国際化・電子化への課税上の対応については，企業活動や各種取引の実態，国際的議論，諸外国における対応等を踏まえつつ，適正な課税を確保するための方策について引き続き検討を行う。」としているが，MDRへの直接的な言及はない。

㈬　答申

答申では，富裕層や多国籍企業等による複雑なタックス・プランニングについて，MDR等，諸外国の取組み等も参考にしつつ，税務当局が的確に把握できるような仕組みの構築に向けて，検討を行っていくことが重要，と記述している。

㈩　今後の予測

以上の動向を踏まえると，日本においても，早晩MDR導入となることは明らかといえるが，検討されるべきは，MDRの内容と共に，GAAR導入をどうするのかということである。例えば，MDRで開示された内容が租税回避であるが，その時点における法令で否認できない事態を想定すれば，MDRにより開示された事項についての限定的なGAARということも無理のない設定ではないかと思えるのである。

⑶　MDRテスト

イ　MDRの機能

平成29年度税制改正大綱において「中期的に取り組むべき事項」として次のように説明がある（下線筆者）。

「国税当局が租税回避スキームによる税務リスクを迅速に特定し，法制面・執行面で適切に対応ができるよう，その開発・販売者或いは利用者に税務当局へのスキーム情報の報告を義務付ける「義務的開示制度」について，「BEPSプロジェクト」の最終報告書，諸外国の制度や運用実態及び租税法律主義に基づくわが国の税法体系との関係等を踏まえ，わが国で制度導入の可否を検討する。その際，国税当局が効果的かつ適時に必要な情報を入手するための最適な既存・新規制度の組み合わせも検討する。」

この上記の引用は，MDRの機能について以下に掲げるように簡潔に要約している。

① 国税当局が租税回避スキームによる税務リスクを迅速に特定する。

② 国税当局が法制面・執行面で適切に対応ができるようにすること。

③ その開発・販売者あるいは利用者に税務当局へのスキーム情報の報告を義務付ける。

ロ　MDR簡易型モデル私案

MDR導入については，上記で述べたGAARの同時導入問題，英国の例にあるように，租税回避を規制しても継続して同様の行為を繰り返す継続的租税回避利用者（Serial Avoider）に対する新しい対策の導入等，MDRから派生する懸案事項は多くあるが，MDR導入時に一挙にこれらの事項を解決するのではなく，当面は制度導入を第一に派生する問題を除いた簡易型を制定し，次の段階で制度の補強をする方法がこの制度を定着させるものとなろう。

以下は，政府税制調査会資料とBEPS項目12の資料等を勘案しながら，MDRの簡易型の私案であるが，その項目は，(イ)開示対象取引，(ロ)開示義務者，(ハ)開示対象の範囲を決める基準，(ニ)開示する情報，(ホ)罰則，(ヘ)税務当局の対応，(ト)クロスボーダー取引への対応，(チ)クロスボーダー取引の場合の情報交換，である。

(イ)　開示対象取引

開示対象取引は，必ずしも租税回避を意味しないが，「租税回避スキーム」という用語が使用されるものと思われる。この場合，「租税回避」とは何かという問題になろうが，下記のハの基準に合致するものが，「租税回避スキーム」ということになろう。なお，税務当局は，報告された取引の有効性・是否認を表明しない。

(ロ)　開示義務者

「租税回避スキーム」を考案・販売するプロモーターが原則として開示義務者であるが，プロモーターが開示できない場合，納税義務者の義務になるが，納税義務者自身も投資したスキーム自体の情報を持たない場合も想定できることから，納税義務者の場合は，投資の際に受領した書類等の提出ということになろう。納税義務者が開示の義務を負う場合は，プロモーターが海外にいる場合，プロモーターが法的な職業上の守秘義務を主張する場合等が該当することになろう。プロモーターの定義は，英国，アイルランドで使用されているように，租税回避スキームの設計，販売，組織化そして管理に関与する者のことである。

⑷　開示対象の範囲を決める基準

一般基準と特別基準に分けることができるが，その前に主要便益テストを設けるかどうかという選択がある。筆者は，GAARをMDRに遅れても創設すべきという見解であるが，主要便益テストが，後述する仕組み取引（arrangements）の要件になることから，一般基準及び特定基準により開示対象取引を特定するアプローチを採用すべきと考える。

一般基準，特定基準の要件については，基準のいずれかに該当するものが，「租税回避スキーム」になると判断されることになる。なお，上記の主要便益テストは，スキームの主たる便益が税負担の軽減という租税回避の特徴を有する取引がどうかを決めるもので，このテストを実施しているのは，英国，アイルランド，カナダである。

a　一般基準

一般基準としては，以下の３つがある。

①　顧客に守秘義務を課した基準（confidentiality）：スキーム或いは仕組み取引が守秘義務を守ることを条件に提供されている場合等

②　税務上の便益に連動して成功報酬が払われるもの（premium fee）：スキーム或いは取引に対して納税義務者が支払う報酬は，得られることが期待される税務上の便益を基礎とする。

③　標準化された取決め（standardised tax product）：一般的に市場に出回っているスキーム

b　特定基準

以下は，各国が設定している特定基準の例である。

①　損失を利用するスキームは，米国，英国，カナダ，アイルランド，ポルトガルで適用されている。

②　リース取引は英国で採用されている。

③　軽課税国所在の事業体を利用するスキームは，ポルトガルで適用されている。

④　ハイブリッド事業体を利用した仕組み取引は，南アフリカで適用されて

いる。

⑤　所定の仕組み取引に該当するもの

上記以外にも，立法時には想定できなかった適用例がある。例えば，米国における事業体課税に関連したチェックザボックス規則は，米国のタックスヘイブン税制（CFC税制）を回避するために利用されている事例，或いは，前出の日本IBM事案におけるような「規定の複合化」の効果として，多額の税負担軽減が生じる場合も特定基準として採用することもできるものと思われる。したがって，上記に⑤所定の仕組み取引に該当するもの，を追加する基準としたのである。この場合の所定とは，取引等の濫用に該当するものの意味であり，濫用の定義は，英国のGAARの項で述べる予定である。

(ニ)　開示する情報

開示すべき情報は，プロモーター・利用者の詳細，スキームの詳細，該当する開示基準・関係租税法令，予想される租税利益，顧客リスト（プロモーターの場合のみ）である。

(ホ)　罰　則

罰則は必要であるが，報告をしなかった場合，故意に誤った報告をした場合，報告期限に遅れた場合等が罰則の対象となろうが，もう１点は，罰則を適用する範囲である。例えば，プロモーターに助言をした者等が含まれるのかどうかという点である。

(ヘ)　税務当局の対応

開示された情報を国税庁内部でどのように処理・保管するのかということが今後の課題である。MDRの開示が税目を限定すれば，各税目の主務課が管理することになるが，多くの税目を対象とした場合，各税目の主務課の処理等を調整する上部組織が必要となろう。

また，国税庁は，開示を受けた取引等の情報をHP等で公開するのかという点もある。MDRの目的が租税回避スキームの抑制であることから，このような公開は効果があると思われるが，公開の範囲，方法等について守秘義務との調整等を要することになろう。

(ト)　クロスボーダー取引への対応

クロスボーダー取引の場合で，プロモーターが外国に所在する場合，開示する情報等が制限される可能性がある。このような場合，国内におけるMDRの開示基準にどのような基準を追加するのかという問題が生じることになる。特に，プロモーターをタックスヘイブン所在と偽装して，MDRによる開示範囲を狭くする等の操作が行われる可能性もあることから，この種のMDR逃れをどのように規制するかが問題となろう。

例えば，プロモーターをタックスヘイブン所在と偽装している場合であっても，その顧客の多くが日本居住者である場合，2018年６月21日の米国連邦最高裁判所で判決のあったウェイフェア事案（South Dakota v. Wayfair Inc. et. Al. No. 17-494：州内に物理的活動拠点を有しない事業者にも売上税の申告義務を課すサウスダコタ州税法を合憲とする判決）にみられるエコノミック・ネクサスというような考え方を採用して，当該プロモーターは，日本に居住しているものとみなすというような取扱いも必要に思われる。

なお，この場合，偽装を判断基準にすると，その判定が難しくなる可能性もあることから，顧客の一定割合（例えば，50％超）が日本居住者というような場合，みなし規定を用いることも一案であろう。

㈠　クロスボーダー取引の場合の情報交換

クロスボーダー取引のような場合，プロモーター所在地国と必要な情報を交換する，MDR導入に伴う情報交換制度の整備が必要となろう。

ハ　MDRの効果

㈰　航空機リース事案

すでに述べた２つの判例のうち，航空機リース事案は，MDRの特定基準に掲げる「損失を利用するスキーム」に該当し，プロモーターが，スキームの詳細，予想される租税利益，顧客リスト等を開示することになる。その結果，税務当局が事前に執行面で対応ができることになるが，開示された情報は，事後調査の準備調査の段階で検討されたとしても，前出の訴訟における被告側の主張以上の法解釈が生まれるのであろうか。

航空機リース事案は，MDRの射程範囲に入る開示すべきスキームということになるが，開示を受けた税務当局は，執行面で適切に対応ができないことになる。それは，判決後に税制改正をしたことからも明らかである。また，別の側面として，MDRが施行された場合，顧客リストも開示対象となることから，投資家が投資をためらうことも想定され，MDRが租税回避スキームに対する牽制効果が生じる可能性もある。

(ロ)　日本IBM事案

この事案は，前出のMDRの開示対象の範囲を決める基準に合致しない内容であり，個別事例の租税回避スキームといえる。そのため，MDRの射程範囲にこの事案を入れるためには，MDRの基準に新たなものを加える必要がある。

日本IBM事案については，適用された法令は，その立法時に想定されていなかったある種の法の抜け道を巧みに組み合わせた内容といえる。

これについて，現在の英国における租税回避に関する研究であるRebecca Murray 氏の著書（Murray, Rebecca, Tax Avoidance 2nd edition, Sweet & Maxwell, 2013. p. 1.）によれば，租税回避（tax avoidance）の特徴として次の２点が挙げられている。

① 租税回避（tax avoidance）は，脱税（evasion）ではなく，回避（avoidance）とは犯罪行為の反対で合法的なものである。これは，租税上の便益をルールの枠内において取得するという真正な信念に基づいて行われているのがその理由である。

② 租税回避（tax avoidance）は，租税計画（tax planning）の一形態であるが，納税義務者が，立法上の抜け道を探すことにより租税上の便益を得る場合，法律の抜け道は，立法の意図しない欠陥であり，その行為は，税務上否認の対象となるtax　avoidanceである。納税義務者が人為的な取引（artificial transactions）により租税上の便益を得る場合も同様のtax avoidanceである。

上記に引用した，Murray氏によると否認対象となる租税回避の要件として，次のものが掲げられている。

① 納税義務者が，立法趣旨に反して租税上の便益を得ることを探求している場合

② 納税義務者が立法上の抜け道を探すことにより租税上の便益を得る場合

③ 納税義務者が人為的な取引により租税上の便益を得る場合

上記の３つの場合について，②は，納税義務者にとって合法的な租税計画ではないかと思われるが，同氏は，法律上にある抜け道を立法の意図しない欠陥であるとしてこれを否認対象となる租税回避としている。税法の規定に立法技術的な点で問題があり，それを利用して納税義務者が税負担の軽減を図ることは，その規定の立法趣旨の点から許容できないという考えと思われる。

この上記の見解は，伝統的に，英国における租税回避と脱税の２つの概念による区分に根差したもので，日本における「節税」という概念はない。また，開示対象となるものを仕組み取引（arrangement）という概念を使用し，この概念は，2004年財政法第318条(1)の定義において，スキーム，取引或いは一連の取引を含むと規定されている。

また，英国は，2004年財政法第306条から第317条に，英国流MDRであるDOTAS（Disclosure of Tax Avoidance Schemes）制度を導入している。2004年財政法第306条には，「開示を要する仕組み取引（arrangement）と開示を要する計画（proposal）」という規定があり，日本のMDRが英国のDOTASを参考に，仕組み取引という概念を採用することが，日本IBM事案に対するMDRの適用を確保することができる。

しかし，次に国税当局が直面するのは，開示された情報に対して租税法律主義に基づいた是否認の判断である。結果として，２つの事案の判決は明らかであることから，新たな法改正がなければ，判決と同じ結果になる。そこで，その対策として，「法令等の後追い改正」では遡及適用ができないことから，GAAR創設ということになるが，各国が規定しているGAARも多種多様であることから，その内容と射程範囲を定める必要がある。

(4)　日本型GAARの先例を求めて

GAAR創設の検討の前提となる事項は，次の２つである。

① GAARは世界的に普及しており，日本は，先進国としてこれを規定していない数少ない国である。

② GAAR創設に際して，いわゆる入口論として，GAAR創設の必要性の意義，規定の内容，法人税法第132条（同族会社の行為計算否認），第132条の２（組織再編に係る行為計算否認），第132条の３（連結法人に係る行為計算否認），第147条の２（外国法人の恒久的施設帰属所得に係る行為又は計算の否認）等との関連等，GAAR自身に関する本格的検討の前に多くの意見が出ることは目に見えている。

焦点は，MDRの実効性を担保するためにもGAARは必要である，という点から始まり，どの国のGAARをモデルとして日本型GAARを創設するのか，その目的として，MDRにより開示されたスキームを従前よりも広く否認できる権限を持たせる一方，税務当局の権限行使を抑制する方法等が論点になる。いわゆるGAAR創設ありきということから検討を開始する出口論（どのような形のGAARにするのかという点を焦点とする。）である。

イ　日本においてGAAR創設が行われなかった理由

日本の租税回避否認規定には，個別否認規定とやや包括的な同族会社行為計算否認がある。近年これらに組織再編，連結法人と外国法人に係る行為計算否認が追加されている。

過去には，昭和34年4月に設置された税制調査会（会長：中山伊知郎）により第二次答申として昭和36年7月5日に「国税通則法制定に関する答申」が出され，その二に「実質課税の原則等」という項目があり，答申では，税法の解釈・適用に関して，現行法においても従来からいわゆる実質課税の原則の適用があるという認識に立って，税法の解釈及び課税要件事実の判断については，各税法の目的に従い，租税負担の公平を図るよう，それらの経済的意義及び実質に即して行うものとするという趣旨の原則的規定として実質課税の原則を設けることを提言した。しかし，結果として，この答申は国税通則法の制定に盛り込まれることがなく，現在に至っている。

GAAR創設はこれまで見送られてきたわけであるが，近年GAAR創設の意見が出はじめた背景としては，次のような理由を挙げることができる。

① 多額の税額軽減の租税回避事案に係る訴訟において国側が敗訴となった。
② クロスボーダー取引，パートナーシップ等の日本にない事業体を利用したスキームが増加した。
③ 日本の租税回避防止規定が未整備な点を衝いて，すでに外国では通用しない租税回避スキームを日本に持ち込んでいる。

ロ　GAARに関する各国の導入状況

すでにGAAR規定を創設している諸国に共通する事項は列挙すると以下のとおりである。

① 英米両国における税務上の否認の根拠としてその沿革から判決等により確立した公理（ドクトリン）等が発展してきたが，判決ごとにその解釈に幅が生じることから，制定法にすることで予測可能性と法的安定性が高められた。
② GAARは税務当局にとって租税回避の対抗立法であると共に納税義務者が行う租税回避を抑制する効果を持つ。

③　GAARは，租税上の便益を得ることのみである取引等に適用となるが，この要件に合致する取引等に対してその便益を否認する権限を税務当局に与える規定である。

④　GAARはその適用対象となる税目が広く，所得税，法人税，相続税等に止まらず，その他の税目にも適用される。

⑤　GAARの規定自体は，比較的簡素であり，その執行に関して委員会制度，アドバンス・ルーリング制度等を設けている国もある。

⑥　GAARの規定自体が税務当局の判断で執行される場合と，事前に委員会等の審査を要する等，その適用を巡っては国により異なるが，GAARに関しては，法律的見地と執行上の手続きの２つの側面から議論が必要である。

ハ　日本版GAARの創設

日本に連結納税制度導入の際，主として米国における同制度が参考にされ，それに手を加えたのが，現在の連結納税制度である。このケースと同様に，日本にない制度ですでに外国に同様の制度がある場合，日本における同制度創設に際して，外国の制度を参考にする例はこれまでもあったことである。

上記ロに掲げた特徴のうち，日本に該当するのは，②，③，④であり，委員会制度或いはアドバンス・ルーリング制度等はなじまないものと思われる。その理由として，委員会制度については，課税上の処分について審理部門等により法律等の適用の見地から審理が行われ内部牽制が実施されていること，アドバンス・ルーリング制度については，納税義務者から具体的な取引等に係る税務上の取扱いに関して事前照会があった場合に，文書により回答する制度である「文書回答手続」がすでに施行されているからである。

ニ　「アーロンソン報告書」の意義

英国は2013年財政法においてGAARを創設しているが，この英国版GAAR導入に大きな影響を与えたのが2011年11月に公表された「アーロンソン報告書」[(1)]である。

この「アーロンソン報告書」は税務上否認対象となる租税回避概念を狭く解する考え方を基盤としている。租税回避については，これを厳しく糾弾するような否認規定を設けるのか，租税回避をすべて否認の対象とはしない，いわゆる税負担の軽減は納税義務者の権利という考え方を認めるのかにより，GAARに対する姿勢が異なるが，英国流は後者に当たるものである。

「アーロンソン報告書」の作成を主導したアーロンソン弁護士が上記のような考え方を採用した背景として２つの事柄を挙げることができる。

第１は，1935年貴族院判決「ウエストミンスター事案」と1981年貴族院判決「ラムゼイ事案」の対照的な２つの判決の影響がある。前者は，租税法律主義を厳格に守る内容であり，後者は，法の目的，取引全体を勘案して判断する新たなアプローチが採用され，その後の判決においても，この２つの考え方の影響により，1980年代以降の判決が不安定な状態になった。このような状況下において，予測可能性を高めるために制定法が必要になったのである。

第２は，1906年11月のディルケ委員会におけるヒューイット卿（Sir Thomas Hewitt）の発言として，脱税（evasion）と区別した合法的な租税回避（legal avoidance）という用語が初めて使用されている(2)。それ以降も，税負担の軽減は納税義務者の権利という考え方が一般化する一方，①個別的否認規定により否認される租税回避と，②GAARにより否認される租税回避の問題が生じたのである。

日本におけるGAARの立法におけるスタンスとして，「アーロンソン報告書」において採用された基本姿勢は参考になるものと思われる。

ホ 「アーロンソン報告書」のポイント

本報告書におけるポイントとなる項目は，次のとおりである。以下の引用は本報告書のパラグラフである。

① アーロンソン弁護士は，広範なGAAR（a broad spectrum general anti-avoidance rule）に反対している。その理由は，当該GAARが事業者及び個人にとって，常識的で税務上問題の生じない租税計画を行うことを阻害する危険があるという見解である（報告書パラ1.5）。

② 広範なGAARを導入することになれば，税務当局による事前確認制度（clearance system）が必要となるが，これは税務当局及び納税義務者双方に過大な時間等を強いることになり，税務当局の裁量権が強化されることから反対している（報告書パラ1.6）。

③ 英国租税制度に導入すべきものは，税務上問題のない仕組み取引に適用されず，かつ，濫用型の仕組み取引に的を絞った度を越さないルール（a moderate rule）を導入することである，としている（報告書パラ1.7）。

④ 否認規定がない状態で租税回避事案を扱う裁判官は，合理的な結論を得

るために法解釈を拡張する傾向にあり，その結果，判決が不確実なものになる傾向がある。本報告書で提案しているGAARは，拡張解釈のリスク及び不確実性を軽減するものである（報告書パラ17）。

⑤　GAARは，個別否認規定を減少させて租税法の簡素化に資することになる。

ヘ　「アーロンソン報告書」の問題点

本報告書で最も注目すべき箇所は，適正な租税計画と濫用型スキームをどう差別化するのかという点である。

第1点は，英国において伝統的に発展してきた「租税上の便益を得ることが唯一或いは主たる目的の1つ」という目的を基礎とした概念（PPT）であるが，機械設備等の税務上の減価償却費（capital allowance）を得るための仕組み取引を差別化できないことから，PPT概念を採用していない（同報告書パラ5. 14）。

第2に，仕組み取引が立法当局の意図しなかった税務上の成果をもたらすかどうかを検証するというアプローチもあるが，これにも問題がある（同報告書パラ5. 17）。

以上の2つのアプローチを排して，同報告書は，実用的かつ客観的を掲げたアプローチを採用する必要があるという方針の下で（同報告書パラ5. 15），採用されるべき基本原則は，租税回避の対抗策が，合理的でかつ正当な（reasonable and just）成果を生み出すものを採用している。なお，この判断は裁判所に委ねられ，税務当局の裁量ではないとしている（同報告書パラ5. 35）。

要するに，アーロンソン報告書は，英国において超過利潤税における個別否認規定として展開してきたPPTをGAARとして採用せず，立法上のループホールを利用した租税回避も採用されず，採用されるべき基本原則は，租税回避の対抗策が，合理的でかつ正当な（reasonable and just）成果を生み出すものを採用したのである。

ト　英国のGAAR

「アーロンソン報告書」をベースにしてGAARを検討する場合，問題点は，PPTを採用しなかったことと，税務上否認対象となる租税回避の濫用（abuse）の判断基準が不明瞭であったことである。

⑴　GAARに関する規定

2013年財政法第5款に第206条から第215条までGAARに関する規定があり，

シェジュール43にはその手続き要件が規定された。

GAARの主な目的は，濫用（abusive）型の仕組み取引を防止することで，濫用の意義（第207条第２項）は次のとおりである。

仕組み取引が濫用的である場合とは，以下に掲げる状況を総合的に勘案して，適用される規定の関連において，合理的（reasonable）な活動の軌跡として合理的（reasonably）とみなされない場合である。

① 仕組み取引の実質的な成果が適用法令の原則及び立法趣旨と合致しているか否か。

② これらの成果を成し遂げる手段が目論まれ或いは異常な段階を含んでいるかどうか。

③ 仕組み取引が法令の欠陥をほじくり出すことを意図したものであるかどうか。

(ロ) 濫用的仕組み取引

GAARは，納税義務者による一連の活動が税負担の軽減を目的とした場合で，その税負担の軽減が立法時に想定されていなかったもので，その活動が二重合理性テストに該当しない場合である（パラB. 11. 1）(3)。

このことから，租税回避としてGAARの適用対象となる濫用的仕組み取引の要件は，次の３点ということになる。

① 目的が税負担の軽減であること

② 法の立法趣旨に反すること

③ 二重合理性テストに該当しないこと

(ハ) 納税義務者に対する保護策

納税義務者の行った取引が濫用ではないとするために，以下に掲げるような納税義務者に対する保護策がGAARに規定されている。

① 仕組み取引が濫用であるかどうかはHMRC（歳入関税庁：HM Revenue & Customs）に立証責任があることから，納税義務者は，仕組み取引が濫用でないことを示す責任はない。

② 二重合理性テスト（double　reasonableness test）が適用される。これはHMRCの立証責任となる事項であるが，HMRCは，第１に，仕組み取引が合理的な活動か否か，第２に仕組み取引についての判断を合理的にできるか否か，の２つの合理性の要件を立証すれば，仕組み取引が濫用とな

り，この判定は，当該テストによることになる（パラB12.1）。

③　HMRCは，GAAR適用前に仕組み取引が合理的な活動であるか否かについて諮問委員会の意見を聴取する。

⑸　日本型GAAR創設の概要

イ　創設されるGAARの枠組み

GAARの実質的な内容に入る前に，日本版GAARの枠組みとしての私案を示すとそのポイントは以下のとおりである。

①　GAARの適用対象税目が広範囲に及ぶことから国税通則法に規定する。

②　日本版GAARのモデルは，英国のGAARを基本にしてその一部を修正する。

③　委員会制度及びアドバンス・ルーリング制度は設けない。

④　立証責任は税務当局が負う。

ロ　租税上の仕組み取引（tax arrangements）の意義[4]

租税上の仕組み取引（tax　arrangements）とは，総合的に勘案して，その主たる目的或いは主たる目的の１つが税務上の便益を得ることであることが合理的に結論できる場合の仕組み取引である。したがって，租税上の便益（税の減免・還付，将来の賦課される税の回避，税の納付の延期或いは還付の前倒し，源泉徴収等の回避等）を得ること自体は，否認対象としてGAARの適用を受けるものではない。また，名称として，仕組み取引（tax arrangements）という用語を巡って議論があるような場合，日本の税務当局が使用している「租税回避スキーム」という用語を同義として使用することも考えられる。

ハ　濫用（abusive）の意義[5]

GAARの適用となる場合のステップは次のとおりである。

①　租税上の仕組み取引が存在すること

②　租税上の仕組み取引が濫用と判断される場合

濫用と判断するための主要な要素は次のとおりである。

①　仕組み取引の実質的な成果が適用法令の原則及び立法趣旨と合致しているか否か。

②　これらの成果を成し遂げる手段が目論まれ或いは異常な段階を含んでいるかどうか。

③　仕組み取引が法令の欠陥をほじくり出すことを意図したものであるかどうか。

この濫用の基準がGAAR適用の基準として採用された場合，税務調査における資料提出等の対応問題は置くとして，前出の日本IBM事案について，最高裁判決と同じ結果になったとは思えない。

ニ　片岡氏の見解

租税回避等について，いわゆる税務関係の著書として，この問題について多くを語っているのは，当時の大蔵官僚であった片岡政一氏で，その著書（『税務会計原論』文精社　昭和12年）には，現在でも傾聴に値するものがある。

例えば，租税回避については，同氏は，上記の著書（261-262頁）において次のように述べている。

すなわち，租税法に規定する課税要件は，典型的な取引形態を目標として規律されており，立法の精神は，常に正常なる取引形態における普通の取引手段を想定して，これを前提に課税要件の構成要件を選定して一般的に共通することをもって公平な課税を実現することを目的としているのである。この課税要件の立法精神が典型的であればあるほど，納税義務者は，その典型的な経済取引を迂回することを試みるという弊害が生じ易く，課税要件の実現の阻止又は課税要件を最小限度に実現して租税回避を企てるのである。

また，同族会社の行為計算否認規定の必要性については，このような行為又は計算を否認する制裁的な法規を掲げて回避行為を威嚇予防する必要がある，と述べており（同上264頁），行為計算の否認規定の本質は制裁法規ではなく，正当な課税関係を再現する一種の原状回復手段であり，規定の持つ効果は威嚇的であり，否認に係る事実認定を行政権に委ねていることが特徴としているとも述べている（同上266頁　注２）。

昭和12年の見解を引用した理由は，令和２年の税制改正で，租税回避スキームを税務当局に報告開示する義務的開示制度が導入される。これは，OECDにおけるBEPS（税源浸食と利益移転）行動計画の勧告によるものである。その際，包括的な否認規定であるGAARも導入すべきではないかという意見もある。その場合，GAARの要件として，「租税回避スキームの濫用」が候補として考えられるが，濫用について，税法上の抜け道を巧みに利用したスキームがこれに該当するのか否かという問題が生じる。片岡氏の見解は，たぶんに国寄りといえるものであるが，上記に引用した見解，「租税法に規定する課税要件は，典型的な取引形態を目標として規律されており，立法の精神は，常に正常なる取引形態における普通の取引手段を想定して，これを前提に課税要件の構成要件を選定して一般的に共通することをもって公平な課税を実現することを目的としているのである。」という理解に基づけば，税法上の抜け道を巧みに利用したスキームについて，これを濫用と判断する余地が生じるものと思われる。

⑹　GAAR創設に伴う問題点

イ　GAARの射程範囲

GAAR創設に伴い本法規定，政令，通達及びQ＆A等が制定，公表されることになろうが，GAARに係る条文には不確定概念が使用されると思われるので，予測可能性がどの程度明らかになるかという点である。

過去に，法人税法第132条の２，第132条の３，第147条の２が公表されたときに，否認される基準が明確でないという批判があったが，その批判が大きな盛り上がりにならなかったのは，組織再編，連結納税，外国法人という限定された適用領域であったことも原因といえる。

GAARについては，「仕組み取引と「濫用」をキーワードとする場合，例えば，過去の大手銀行の外国税額控除事案における判決理由における濫用との差異等，論議される可能性はある。しかし，「事前照会制度」等の納税義務者の予測可能性を高める周辺制度が拡充していることから，GAARの射程範囲に関する論議も期間を経て収斂するものと思われる。

ロ　MDRと「事前照会制度」

国税庁のHPにある文書回答手続の説明は以下のとおりである（下線筆者）。

「文書回答手続は，納税者サービスの一環として実施しているものであり，その内容が事前照会者の申告内容等を拘束する性格のものではありません。したがって，事前照会に対する回答がないことを理由に国税の申告期限等が延長されることはありません。また，回答内容に不服がある場合や国税の申告期限等までに回答が行われないことなどに対して不服がある場合であっても，不服申立ての対象とはなりません。」

「事前照会制度」は，文書による回答が，税務当局からアドバイスか或いは公式見解になるのかにより，信義誠実の原則の適用等の問題が生じると共に，MDRを行う場合は「事前照会制度」の利用を禁止するのか等の措置が必要のように思われる。

ハ GAAR創設の意義

GAAR創設は，税務当局の調査における否認の権限強化ということではなく，特定の納税義務者が，仕組み取引の濫用により多額の税の軽減を図ることを防止することで，税負担の不公平を除去することにある。税法が，通常の経済活動の障害になることなく，租税回避対策が強化されることがその意義である。

GAAR創設に関して各種の意見があろうが，私見としては，国税通則法にMDRとセットで，行き過ぎた租税回避と判断されるMDRに対する対抗立法という意味で，対MDR用に特化したGAARを創設すべきであると考える。

(1) GAAR STUDY: A study to consider whether a general anti- avoidance rule should be introduced into the UK tax system, Report by Graham Aaronson QC (11 November 2011).
(2) Sabine, B.E.V., A History of Income Tax, George Allen & Unwin Ltd. 1966, p. 181 note38.
(3) 2015年１月，HMRC，"HMRC'S GAAR GUIDANCE PART A, B, C"
(4) 2013年財政法第207条第１項
(5) 2013年財政法第207条第２項及び上記(3)のガイダンス（パラC. 5. 4）

Ⅱ
米国の租税回避判例と経済的実質原則（ESD）の制定法化

1　経済的実質原則の制定法化

米国税法における経済的実質原則（Economic Substance Doctrine：以下「ESD」という。）は，2010年3月10日に成立したHealth Care and Education Reconciliation Act of 2010（H.R. 4872：以下「2010年法」という。）第1409条（Codification of economic substance doctrine and penalties）により制定法化され，内国歳入法典第7701条(o)に規定が置かれた。

(1)　ESDの制定法化

ESDは，米国における司法領域において発展してきた公理（doctrine：以下では，ESDは原則，doctrine単独の場合は「公理」という用語を使用する。）であるが，税法上その取引が合法であっても，連邦税の軽減のみを目的として納税義務者の経済的な状況に実質的な変化がない場合，その取引により得られた税務上の便益を否認するという内容である。ESD制定法化は，2001年のAbusive Tax Shelter Shutdown Act of 2001. (H.R. 2520）の第101条に規定されたことから始まり，その後何度か制定法化の動きがあった後，前述のように，2010年法により内国歳入法典第7701条(o)の規定が創設されたのである。ESDは，租税回避の一般的否認規定であるGAARを新たに規定したのではなく，コモンローにおける公理をベースにしたものである。

(2)　内国歳入法典第7701条(o)の構成

2010年法第1409条は，ESDの概論及び経済的実質を欠く取引に基因する過少申告に対する加算税等を規定し，そのうちのESDの概論部分が，内国歳入法典第7701条(o)となっている。なお，加算税に関連する内国歳入法典の改正では，内国歳入法典第6662条(b)(6)の改正により経済的実質を欠く取引の否認の場合は20%の加算税となる。また，内国歳入法典第6662条(i)の改正により経済的実質のない取引の無申告に基因する場合は20%に代えて40%の加算税となる。

第7701条(o)の見出しは「ESDの明確化」であり，同条各項の見出しは次の通りである。

①第1項：公理（doctrine）の適用，②第2項：納税義務者に潜在的利益がある場合の特例，③第3項：州税及び市町村民税の特典，④第4項：財務会計上の特典，⑤第5項：諸定義と特則

⑶　ESDの要件と定義

内国歳入法典第7701条(o)(1)に規定するESDがあるものとされる要件は次の２つであり，これら双方の要件を満たさない取引は否認される。

①　当該取引が，連邦所得税とは別の実質的な側面において，納税義務者の経済的状況を変えていること（客観的要件），かつ，

②　納税義務者が当該取引を行うことについて連邦所得税とは別の実質的な目的を有していること（主観的要件）

上記①は，当該取引が節税目的以外に利益が見込めるものであること，上記②は，納税義務者が税の軽減以外に事業目的を有していること，という意味である。

⑷　ESD制定法化の意義

2010年法におけるESD制定法化の意義について，米国法曹協会によれば[(1)]，2010年法は，納税義務者がESDを欠く場合の条件とその場合の加算税の賦課について制定法化したことが特徴であるとしている。その制定法化の効果としては，①歳入の増加，②予測可能性の向上，③租税回避を行う納税義務者への規制等が挙げられている。米国議会の租税合同委員会の説明によれば[(2)]，制定法化前には，ESDの適用において統一性（uniformity）に欠けていたことが指摘されている。ESDについて，経済的実態と事業目的の２つを要件とするもの，いずれかを要件とするもの等にその適用がまちまちであったことを制定法化の理由としている。

ESDの規定は，米国のコモンローの判決を通じて生成した原則であるが，いわゆるGAARではない。２つの要件を規定して，これらの双方を満たさない取引について，その税務上の恩典を否認して加算税を賦課するというものである。ESDは，個別的否認規定ともいえず，タックスシェルター防止等を目的とした米国型否認規定ともいえるのである。

(1)　ABA Tax Section Corporate Tax Committee, "The Economic Substance Doctrine" March 31, 2010, p. 5.

(2)　Joint Committee on Taxation, "General Explanation of Tax Legislation enacted in the 111th Congress" March 2011, JCS-2-11. p. 370.

2　ESDに関連する判例

(1)　対象となる判例

コモンローにおける租税回避を否認する公理としては，次のものがある。

①business purpose（事業目的），②step transaction（段階取引），③substance over form（実質主義），④sham transaction（みせかけ取引），⑤economic substance（経済的効果）

以下は，ESDの検討対象となる判例である。

① Gregory v. Helvering, 293 U.S. 465（1935），69 F2d 809（1934）
② Minnesota Tea co. v. Helvering, 302 U.S. 609（1938）
③ Helvering v. F. & R. Lazarus, 308 U. S. 252（1939）
④ Knetsch v. United States, 364 U.S. 361（1960）
⑤ E. Keith Owens v. Commissioner of Internal Revenue, 64 T.C. 1（1975）
⑥ Frank Lyon Co. v. United States, 435 U.S. 561（1978）
⑦ Holladay v. Commissioner of Internal Revenue, 72 T.C. 571（1979），649 F.2d 1176
⑧ Rice's Toyota World, Inc. v. Commissioner of Internal Revenue, 81 T.C. 184（1983），752 F.2d 89（1985）
⑨ James L. Rose and Judy S. Rose v. Commissioner of Internal Revenue, 88 T.C. 386（1987），868 F.2d 851（1989）
⑩ Georgia Cedar Corporation v. Commissioner of Internal Revenue, T.C. Memo 1988-213（1988）
⑪ ACM Partnership v. Commissioner of Internal Revenue, 157 F.3d 231（1998），T.C. Memo 1997-115（1997）
⑫ Cottage Savings Association v. Commissioner of Internal Revenue, 499 U.S. 554（1991）
⑬ Compaq Computer Corporation and Subsidiary v. Commissioner of Internal Revenue, 277 F.3d 778（2001）
⑭ IRS v. CM Holdings, Inc., 301 F.3d 96（2002）
⑮ Salem Financial, Inc. v. United States, 786 F. 3d 932（Fed. Cir. 2015）.
⑯ Bank of New York Mellon Corp. v. Commissioner 801 F. 3d 104（2nd.

Cir. 2015)

⑵ 組織再編成に係る事案

組織再編成に係る非課税規定は，1919年2月24日に成立した1918年歳入法第202条(b)において創設された。この規定は，1928年5月29日に成立した1928年歳入法第112条において，組織再編成に係る資産の譲渡等の規定が整備されたのである。結果として，所定の要件を満たす組織再編成については，資産或いは株式の譲渡損益を認識しないことになったため，この規定の適用を巡る租税回避が生じたのである。この類型に当てはまるものとしては，①グレゴリー事案，②ミネソタ・ティ事案及び⑤キース・オーエン事案，がある。

⑶ セール・アンド・リースバック取引に係る事案

1939年判決のラザラス事案（前記③），1978年判決のフランク・リオン事案（前記⑥）及びライス・トヨタ事案（前記⑧）は，いずれもセール・アンド・リースバック取引に関するものである。これらの争点は，減価償却と借入金に係る支払利息（③の事案を除く。）である。

⑷ 貯蓄債券購入に係る借入金の支払利子を利用した事案

この事案は，Knetsch夫妻が保険会社より30年満期の貯蓄債券のほとんどを借入金により調達した資金を利用して購入し，その支払利子を毎年控除し，購入後3年して解約して，借入金を債券価額により支払ったという内容である。

⑸ パートナーシップにより生じた損失の配分を巡る事案

パートナーシップでは，パートナー間の合意事項はアグリーメントとして成文化される。該当する事案（前記⑦）では，パートナーシップに生じた損失の100%を原告に帰属させるとしたアグリーメントの規定と税法に規定する真正な配分とが争点になり，判決は後者の課税当局の主張を支持したのである。また，パートナーシップを利用した事案としては，前出⑪のACMパートナーシップ事案がある。

⑹ STARS (structured trust advantaged repackaged securities) についての経済的実質が判断された判決

上記⑮及び⑯ESD成立後の外国税額控除に関連した判例であるが，⑮は租税裁判所（140 T.C. 15, 2013），⑯は請求裁判所（112 Fed. Cl. 543, 2013）及び上記の控訴審のいずれも課税庁側が勝訴している。

3　グレゴリー事案

⑴　概　要

グレゴリー事案の判決の検討のポイントは，次の３つの部分に分けて考える必要があろう。

第１は，グレゴリー事案判決の先例判例としてどのようなものがあるのか。

第２は，グレゴリー事案判決については，第２巡回裁判所の判決（グレゴリー高裁判決），そして，最高裁判決（グレゴリー最高裁判決）を分析する必要がある。その理由は，グレゴリー高裁判決におけるラーネッド・ハンド判事（Learned Hand）の判決内容に注目すべきと考えるからである。

第３は，グレゴリー事案判決における事業目的という概念が，それ以降の判決等を通じてどのようにESDとして形成されてきたのかという判決の推移である。

グレゴリー事案の判決の推移は次の通りである。

①　不服審判所（United States Board of Tax Appeals）1932年12月６日裁決

Evelyn F. Gregory, Petitioner, v. Commissioner of Internal Revenue, Respondent.　27 B.T.A. 223, United States Board of Tax Appeals.

②　高裁判決（第２巡回裁判所：1934年３月19日判決）

Helvering, Commissioner of Internal Revenue, v. Gregory, 69 F.2d 809, Circuit Court of Appeals, Second Circuit.　判事は，Learned Hand, Thomas Walter Swan, Augustus Noble Hand，であり，裁判長は，Learned Handである。

③　最高裁（1935年１月７日判決）

Gregory v. Helvering, Commissioner of Internal Revenue, 293 U.S. 465. 裁判長は，Sutherlandである。

グレゴリー事案の適用条文は，1928年法第112条⒢と第112条(i)⑴(B)である。

本判決に関する主要な評釈等は，次の通りである。

①　Likhovski, Assaf, “The Story of Gregory : How are Tax Avoidance Cases Decided?” including Bank, Steven A., Stark, Kirk J. Business Ta Stories, Foundation Press, 2005.

②　岡村忠生「税負担回避の意図と二分肢テスト」『税法学』543。

③　岡村忠生「グレゴリー判決再考—事業目的と段階取引—」『税務大学校論叢40周年記念論文集』2008年6月。
④　金子宏「租税法と私法」『租税法理論の形成と解明』有斐閣所収　2010年。
⑤　矢内一好「米国税法における経済的実質原則(1)」『商学論纂』第54巻第1・2号合併号　2012年5月。
⑥　渡辺徹也『企業取引と租税回避—租税回避行為への司法上及び立法上の対応』中央経済社　2002年。

(2)　事実関係

エブリン・F・グレゴリー夫人（Evelyn F. Gregory：原告）の夫（George Gregory）は，銀行家エベリット・マーシー氏の私設秘書であり，1931年に約40万ドルの遺産を残している。グレゴリー夫人は，United Mortgage Corporation（以下「U社」という。）の発行済株式5,000株のすべてを所有している。このU社株式については，3,300株は，1920年10月1日から1921年12月16日の間に180,000ドルで購入し，1,700株は，1927年1月12日から1928年1月3日の間に170,000ドルで購入している。1928年に，U社が所有しているMonitor Securities Corporation（以下「M社」という。）の株式1,000株を市場価額133,333ドルで銀行家のグループに譲渡することを決定した。

グレゴリー夫人は，彼女の事業上のマネージャーであるHenry F. Lippold氏の助言に基づいて，1928年9月18日にAverill Corporation（以下「A社」という。）をデラウエア州法人として設立し，1928年9月20日にU社は，M社株式1,000株をA社に現物出資をして，A社株式を受け取り，それを原告に配分した。

1928年9月24日に，A社は解散した。M社株式を含むすべての資産は，唯一の株主である原告に分配された。1928年9月24日に原告はM社株式を133,333.33ドルで売却した。

(3)　被告側（課税当局）の主張

被告は，A社の創立が実体のない（without substance）ものとして，否認されるべきであり，原告は，M社株式の売買代金を配当として課税されるべきであると主張した。すなわち，当該金額は，U社から原告に対して直接分配された金額とみなされるものであるというのがその理由である。

⑷　不服審判所の採決

不服審判所のボード・メンバーであるJohn M. Stemhagen審判官は，課税当局の行ったA社を否認したことが誤りであるとした。A社の存在していた期間は短いが，その間に株式を発行し，M社株式の取得と保有，清算による資産の分配という機能を果たしていることから，A社は，一時的な税の節減のために作られたものであったとしても，他の法人と区別する理由はなく，立法(議会)は，内国歳入局長官に，虚偽等のない場合に，法人格を否認する権限を与えていない，という判断を示している。そして，税法は文言通り解釈すべきであり，その取引の課税方法について詳細に規定している。税法上の否認は，税法が課している時期，方法，租税の額を変更することである，としている。

⑸　グレゴリー高裁判決

高裁判決において，ラーネッド・ハンド判事が判示した要点は次の通りである。

① この判決は国側勝訴としたが，判決の理由に，「事業目的」という文言は使用していない。

② 該当する取引が，租税回避或いは脱税という意図を持って行われたか否かで課税上の免除の適否を判定することはできない。

③ 誰もが，その税負担をできる限り低くなるように調整することが可能であり，課税当局（財務省）の期待する税額を納付するという方式を選択する必要もなく，自らの納税額を増やすという愛国的な義務さえもないのである。

④ 組織再編成は，事業として進行しているものを育てる理由から行われなければならないということであり，ごく短期的なものではなく，継続が難しいものでもない。株主の課税を逃れることは，法人の組織再編成として意図した取引の１つではない。

⑹　グレゴリー最高裁判決

最高裁判決において，サザーランド（Sutherland）判事が判示した要点は次の通りである。

① 租税回避の動機の有無は，制定法の意図する範囲外にあり，何がなされたかを決定すべき問題は，租税に関する動機ではなく，制定法の意図した事柄である。

② 1928年歳入法第112条(i)(B)は，組織再編成について，一方の法人から他方の法人に対して資産を移転することを規定し，その移転が法人事業の組織再編成計画に従って行われたものとしている。これは，本件のように，一方の法人から他方の法人に対して，いずれかの事業に関連のない計画による移転ではない。課税による動機の点は無視し，実際に起こった行為の性格を定めると，単純に，事業上或いは法人としての目的のない行為は，その実際の性格を隠すための偽りとして，組織再編成の外形を着せた単なる方策であり，その目的は，事業或いはその一部の組織再編成ではなく，原告にM社株式を移転することであった。

③ 法人が新設されたことは事実である。しかし，当該法人は，この目的達成のために工夫されたものであった。租税回避の動機を本件では除いているのは，当該取引が制定法の意図の外になるからである。

(7) グレゴリー高裁及び最高裁判決の意義

ESDの起源は，この判決から始まるといわれている。しかし，すでに検討を加えた高裁及び最高裁判決については，いくつかの問題とすべき点がある。最初に問題点を整理する上で，判決内容を再度整理すると次のようになる。

第1に，高裁及び最高裁判決は，原告側の請求を認めた不服審判所裁決と異なり，同裁決を覆す判決を出している点では，共通していることである。

第2に，高裁判決においては，組織再編成に係る規定の立法趣旨の解釈に基づいて否認をしているが，判決文には事業目的という用語を使用していない。

第3に，両判決共に租税回避の意図の有無は否認の判定要素にしていない。

第4に，課税当局は，6日間しか存続しなかったA法人を否認する論理を展開しているが，高裁及び最高裁ともこの主張を認めていない。

以上のような事柄を踏まえて，問題となる点を掲げると次の通りである。

高裁判決は，租税回避の意図の有無を争点とせず，また，事業目的の有無を判断の要素とせずに，立法趣旨に基づいた解釈を行った理由は何かということである。

(8) 高裁判決の分析

米国は，歴史的な経緯から英国法の影響下にありながら，租税回避については，英国と異なる司法関係にあるといえる。すなわち，英国は租税法律主義が徹底しており，個別的否認規定がない限り租税回避を否認できないことになっている（英国ウエストミンスター事案参照）。これに対して，英米法と一般にいわれているが，米国においては，コモンロー或いは判例法主義による否認原則に基づく否認が行われてきたのである。

米国がそのような状態に至ったのは，米国では私法が州法として，各州により異なっていることがその理由として考えられる。したがって，日本と異なり，税法における借用概念という考え方は米国にはないことになる。また，経済活動の多くは，州法である私法により規制されている。岡村教授の見解（前掲42頁『税法学』論文）では，「州毎に民事法が異なる制度の下で，税法の解釈適用を連邦法として統一的に行うとすれば，その基準となりうるものは，経済的実質しかあり得ないといえる。」としている。

グレゴリー事案等の組織再編成に係る租税回避は，同事案が適用となる1928年歳入法第112条(g)と第112条(i)(1)(B)において規定する組織再編成に該当する場合，課税がないという規定の存在が前提となっている。

グレゴリー事案及びE社事案（Electrical Securities Corporation v. Commissioner of Internal Revenue, 92 F.2d. 593（1937））にみられるように，組織再編成に係る規定の適用を受けて課税されないことを目的とした取引が増加し，課税当局がこれらを租税回避として課税処分を行い，訴訟となったというのがその経緯である。

これらの訴訟となった事案は，組織再編成に係る規定の文理解釈上では適法である。この双方の事案の高裁判事であったラーネッド・ハンド判事は，組織再編成が事業活動と密接に関連していることを重視している。その趣旨は，前述のE社事案の判決により明確な形で表明されている。

また，グレゴリー事案の高裁判決は，ラーネッド・ハンド判事以外の２人の判事らの意見が対立したために，同判事が妥協案として判決を書いたという見解がある[(1)]。しかし，同判事がE社事案判決においても同様の判断を示していることから，文理解釈に固執せずに，その取引実態から判断して制定法の趣旨である事業と関連していないという見解は，ラーネッド・ハンド判事自身によるものといえるのではなかろうか。

(9)　最高裁判決の分析

1934年６月に，グレゴリー夫人の弁護士であるHugh Satterlee氏は，上告の訴え（petition for certiorari）を起こした。その訴えにおいて，同弁護士は，組織再編成に係る規定について従来文理解釈が行われていたのであるが，第2巡回裁判所の判決がこの流れを踏襲しなかったことから革新的（revolutionary）であったと述べている。

そして，最高裁判決は，通常の文理解釈に事業目的テストを加えたというのみならず，租税回避に係るコモンローの原則の始まりとなる基本的な判例であると評価されている。また，米国の租税回避に対する裁判所の機能として，租税回避に係る原則を形成する機能と制定法上の課税の抜け道の規定を解釈する機能の2つがあるという指摘もある[2]。

法人を利用して同税のほ脱を図った事例としては，1909年制定の法人免許税（Corporate Excise Tax）の適用事例であるBarwin Reality社事案（United States v. Barwin Realty Co., 25 F.2d 1003 (1928)）がある。この事案のニューヨーク地裁判決では，法人形式が租税を免れる目的で利用される場合，本法廷は，正義を打ち負かすために法人を介在させることを認めないと判示している。

したがって，直接的な影響としては不明瞭ではあるが，1920年代以降，租税回避について，制定法がその基準を明らかにしないという保守的な時代，そして，法の適用において，疑わしきは納税義務者の有利にというリベラルな時期を経て，1920年代に至って，事実の実質（substance）を直視する傾向がみられるという分析もできるのである。

(1) Likhovski, Assaf, op. cit., pp. 95–96.
(2) Marcuse, Paul, "Six Years of National-Socialistic Practice in Taxation" Tulane Law Review Vo. 13 (1938–1939), p. 558.

4　ネッチ事案

この事案（Knetsch v. United States, 364 U.S. 361（1960））は，最高裁においてEconomic Substanceの概念が２度目に使用された判例である。

⑴　事実関係

ネッチ夫妻（以下「夫妻」という。）は1953年12月11日に，サム・ヒューストン保険会社（以下「H社」という。）より30年満期の貯蓄債券10枚を購入した。購入価格は，総計4,004,000ドルで，4,000ドルを現金で支払い，他はノンリコース手形による借入金（4,000,000ドル）で支払っている。この手形に係る支払利子は年利3.5%で，１年分の前払利子として140,000ドルを現金で支払った。同年12月16日に，夫妻はH社より99,000ドルの追加借入れを行い，前払利子として3,465ドルを支払った。したがって，1953暦年において，夫妻は143,465ドルの利子を支払ったことになる。

夫妻は，契約２年目において，4,099,000ドルの前払利子として1954年12月11日に143,465ドルを支払い，同年12月30日に，104,000ドルの借入れを行い，3,640ドルの利子を前払いした。1954暦年中の支払利子は，合計147,105ドルであった。この契約は，その後も継続し，1956年末の解約時では，夫妻の債券価額は4,308,000ドル，債務は4,307,000ドルとなり，夫妻は差額の1,000ドルを受け取っている。

⑵　判　決

第１審では，取引に関して商業上の経済的実質がなく，夫妻がH社に対して債務を負うことは意図されていないと判示している。高裁は第１審と同様に，課税庁の処分を支持している。

最高裁判決では，夫妻とH社との取引が，1939年内国歳入法典第23条⒝及び1954年内国歳入法典第163条⒜に規定している債務を創出しているのかという点について判断を下している。

すなわち，夫妻は，1953暦年において143,465ドルと4,000ドル，1954暦年において147,105ドルの支払利子を夫妻の合同申告書における課税所得から控除し，同債券による満期の年金を受け取ることはなく，債券価額と債務の差額1,000ドルを受け取っている。H社は，夫妻に対する債務からの受取利子294,570ドル，同夫妻への支払額203,000ドルの差額である91,570ドルを手数料として受け取ったことになる。そして，この取引はみせかけ（sham）であると判示している。

第1審が，夫妻の利子控除を得ようとする動機を問題としたが，最高裁では，グレゴリー事案の最高裁判決より引用して，租税の支払を回避しようとする納税義務者の動機は，結果を変えることにはならず，法律が認めているところを違法とするものではないが，しかし，何がなされたかを決定すべき問題は，租税に関する動機ではなく，制定法の意図した事柄である，として，この動機を否認の理由とはしていない。そして，この取引が，損金の控除以外に夫妻にとって実現した実質は何もない，という判断を示している。

(3) 小　括

本事案の第1審判決では，取引における経済的実質について述べているが，最高裁判決では，第1審或いは高裁判決とは異なる観点である債務の創出の可否と，税法規定の遡及適用等について判示されている。

そして，ESDについての言及はないが，みせかけ取引（sham transaction）であると判断を示している。このみせかけ取引という認定の根拠として，取引により実現した実質がないという判決である。この判決では，グレゴリー事案の最高裁判決を2度引用しているが，コモンローを根拠とする否認を行っている点では，グレゴリー事案判決の影響があったものと推測できるのである。また，取引における実質を判断基準としている点で，租税回避否認の原則に新しい要素を加えているともいえるのである。

5　キース・オーエン事案

この事案（E. Keith Owens v. Commissioner of Internal Revenue, 64 T.C. 1 (1975), 568 F.2d 1233 (1977)）は，ESDとタックスシェルターを関連付けた判例である。

⑴　事実関係

本事案の対象年分は，Keith Owens氏（以下「原告」という。）が1965年，法人（Mid-Western社：以下「M社」という。）が1964年である。原告は，ミシガン州デトロイト在住で，1965年に合同申告書を提出している。

本事案は，第１に，M社株式の譲渡に関連した処理等に関するもの，第２に，M社による家畜への投資に係る取引の処理等に関するものであるが，以下では第１の点のみを対象とする。

第１のM社株式譲渡の経緯は次の通りである。

①　1962年12月17日にM社は設立され，原告は，1965年８月まで同社の役員であり，同社の株式4,000株を所有する唯一の株主であった。

②　M社は，1963年に24,288ドル，1964年に26,719.29ドル，1965年に245,650.31ドルを申告し，1965年に小規模法人を選択している（1954年内国歳入法典第1351条(a)）。

③　1963年11月～翌年４月までの間に，M社はハミルトン保険会社（Alexander Hamilton Life Insurance Company of America：以下「H社」という。）の株式引受人となり，1963年に693,000ドル，1964年に8,728,000ドルのH社株式を売却した。

④　1965年春に，フロリダ在住で営業純損失を有するRousseau氏とSanteiro氏（以下，２人のことを「株式取得者」という。）と交渉し，1965年８月20日に，M社株式の譲渡契約を締結した。

⑤　1965年８月20日に，株式取得者は，ノバスコシア銀行から借入れをして株式の対価262,842.26ドルを支払った。また，M社が小規模法人を選択することに合意した。

⑥　M社の資産は，預金299,822.62ドルだけであった。1965年８月20日に株式取得者は，この預金を引き出した。同月23日にM社は解散した。

⑦　1965年のM社の所得は，245,650.31ドルであり，この金額は，株式取得

者にそれぞれ分配された。また，原告夫妻は，246,925ドルの長期譲渡所得を申告した。

⑧　課税当局は，M社の所得245,650.31ドルは原告夫婦に帰属するとした。また，1964年分の法人所得不足額103,601.41ドルは，原告夫婦に責任があるとした。

⑵　租税裁判所判決

判決における争点は，①原告と株式取得者との間の取引が真正な取引であるのか，②株式取得者２名に手数料を支払い，M社との現金を原告に分配するためのみせかけの取引とみなせるのか，という点である。判決では，1965年について，原告はM社の利益積立金の分配を受け取ったものとして扱われる。そして，原告から株式取得者２名への売買は真正ではないとされた。

⑶　高裁判決

高裁判決は，M社株式の売買を真正ではないとして，原告に対して小規模法人の選択に基づく所得を帰属させるとしている。そして，原告がM社の持分を売却した可能性を否定する理由として，M社は事業活動を行っていないことを挙げ，同社は，単なるみせかけであったとしている。その理由として，グレゴリー事案の最高裁判決の一部を引用して，事業活動を行っていない法人は，違法な租税回避のスキームにおいて目的達成のために工夫されたものとしてあらかじめ準備されたものであった，と判示している。

この事案では，M社は，その所得を小規模企業の特則により株式取得者の２名に分割し，２名は，過去の損失とこの所得を通算することにより納税義務を逃れると共に，手数料に相当する金額を原告から受け取っている。原告は，M社の１人株主として，法人所得のすべてを小規模企業の特則により個人の所得に帰属させられることを免れ，M社株式の譲渡益を長期譲渡所得として課税の軽減を受けたのである。

6　フランク・リオン社事案

キース・オーエン事案は，1964年，1965年に係る課税処分に対する訴えであり，高裁（第6巡回裁判所）判決は1977年12月20日である。これに対して，フランク・リオン社（Frank Lyon社：以下「L社」という。）事案は，1969年分のL社申告に係る課税処分に対する訴えであり，高裁判決（第8巡回裁判所）は1976年5月26日，最高裁判決（Frank Lyon Co. v. United States, 435 U.S. 561（1978））は，1978年4月18日である。

⑴　事実関係

この事案は，アーカンソー州所在のL社と同州のWorthen Bank & Trust Company（以下「W社」という。）との間のセール・アンド・リースバック取引において，L社が当該取引における建物の減価償却費と借入金利子を損金として処理できるかどうかが争われた事案である。

フランク・リオン氏（L社の筆頭株主であり代表取締役：以下「F」という。）は，W社の役員である。

W社は，会社の建物の建て替えを計画したが，銀行業務に対する法律上の規制により銀行が本店建設のために借入れをすることが禁じられていたため，W社は，自社ビルを完成させて，セール・アンド・リースバックにより自社で使用することを計画して，州の銀行部門と連邦準備委員会にその案を提出して承認を受けた。ただし，条件があり，それは，15年目のリース終了時に相当の価格で購入することと，建物が第三者により所有されることであった。

L社は，New York Life Insurance社（以下「N生命」という。）からの借入金7,140,000ドルと500,000ドルの自己資金の合計金額7,640,000ドルの金額でビル（土地を除く。）を購入し，1969年12月1日から25年間のリース契約を締結した。L社は，W社から不動産収入を得る一方，N生命に対して，元本と利息の返済を行ったが，不動産収入と返済の元利は同額であった。

1969年において，L社は12月の1月分の建物の減価償却費，支払利子及び諸経費を法人の課税所得計算において控除した。

⑵　課税当局（IRS）の主張

IRSの主張は，W社とL社の取引がみせかけ（sham）であり，実質的に，金融取引であるというものであった。L社は，W社とN生命の中間で取引をつなぐ導管としての役割である。結果として，W社は，リース料を控除し，L社は，減価償却費等の控除をしている。

⑶ 最高裁判決

高裁は国側の訴えを認めたが，最高裁は第三者であるL社との取引であること，L社が50万ドルを投じたこと等から，この取引が経済的実質を有する真正な取引であり，租税とは別のそれぞれの状況があり，租税回避目的のみを目的としているものではなく，政府は，各当事者における権利と義務の配分を評価すべきである，としてL社の訴えを認めた。

⑷ 小　括

このL社事案判決（1978年最高裁判決）の先例となる著名な判決が，オハイオ州において百貨店を経営するLazarus社事案の最高裁判決（Helvering v. F. & R. Lazarus, 308 U.S. 252（1939））であり，L社事案の後に著名な判決としては，Rice's Toyota World, Inc. 事案の判決（Rice's Toyota World, Inc. v. Commissioner of Internal Revenue, 81 T.C. 184（1983），752 F.2d 89（1985）第4巡回裁判所判決）がある。いずれもセール・アンド・リースバック取引に関するものである。

L社事案は，経済的実質を有し，かつ，租税回避以外の目的を有する取引であれば，みせかけ取引とは認定されないということを判示した判決である。岡村教授は，L社事案判決が，米国における実質主義の考え方を敷衍し，それによる否認の限界を示した重要な判決であると評価している[1]。

この後に，上述のRice's Toyota World, Inc. 事案の判決等に続くことになるが，ESDに関連する判決として，L社事案判決がグレゴリー事案の判決を新たな段階に引き込んだものといえよう。

⑴ 岡村忠生「税負担回避の意図と二分肢テスト」『税法学』543頁。

7　ハラデイ事案

本事案（Holladay v. Commissioner of Internal Revenue, 72 T.C. 571（1979）, 649 F.2d 1176）は，パートナーシップの損失の配分に関するものにESDを適用したものである。

⑴　事案の概要

租税裁判所及び高裁判決のいずれも国側が勝訴している。本事案は，パートナーシップ契約に基づく損失の配分に係る内国歳入法典第704条の適用の問題である。

本事案の対象となった年分は1971年から1973年である。原告（以下「H」という。）は，技術者であると共に弁護士として活動する高額所得者である。本事案は，Hと不動産開発業であるバブコック社（Babcock Co.）がパートナーとなってジョイントベンチャー（パートナーシップ）を立ち上げて住宅開発を行い，1971年から1973年の間に生じた損失合計2, 340, 209ドルに関する配分を争点とするものである。

⑵　適用条文

本件の対象年度当時の内国歳入法典第704条⒜は，パートナーシップ・アグリーメントの効果に関する規定であるが，別段に定めがある場合を除き，パートナーへの所得，利得，損失，控除，税額控除の配分に関して，パートナーシップ・アグリーメントにより決定されることを規定しており，現在の規定と基本的に同じである。

本件の対象年度当時の内国歳入法典第704条⒝は，パートナーシップ・アグリーメントの規定の主たる目的が租税回避又は租税のほ脱（tax avoidance or evasion）に該当する場合，パートナーシップにおける所得或いは損失を所定の分配比率により分配することを定めている。この規定は，1976年に改正されて現在に至っているが，その意義としては，原則として，パートナーシップ・アグリーメントに基づく配分が尊重されるのであるが，パートナーシップへの出資と所得等の配分が経済的実質と乖離する場合，その実質に応じて配分するというものである。

⑶　高裁判例の概要

Hは，パートナーシップにおいて生じた1970年から1974年の間の損失を他の所得と通算したのである。一審の租税裁判所は，損失をすべてＨに配分するという当該パートナーシップ・アグリーメントが実態を反映したものではなく，経済的実質（economic substance）を欠くものであるという判断をしている。

高裁判決は，ジョイントベンチャー（パートナーシップ）の損失をすべてＨに配分することは，経済的実質を欠くとして，内国歳入法典第704条(a)の適用上(b)(2)に規定する「租税回避」に該当するか否かのテストは，この事案では行われていない。そして，裁判所は，このジョイントベンチャー（パートナーシップ）のアグリーメントは，正当な事業目的（valid business purpose）を欠き，連邦税の適用上適用できないものである，という判断を下している。

パートナーシップの所得等の配分をパートナーシップ・アグリーメントに基づくという原則の例外として，出資額等の実態に基づく配分比率を適用する場合として，内国歳入法典第704条(b)(2)では，租税回避等に該当することを要件として規定しているが，この事案では，この規定に該当しないという租税法律主義によるアプローチをせずに，経済的実質の欠如というコモンローによる判定に基づいて判決を下している。また，同判決は，このジョイントベンチャー（パートナーシップ）のアグリーメントが，正当な事業目的（valid business purpose）を欠いていると判示していることから，ESDの２要件が初めて揃った事案ということもできるのである。

8　ライス・トヨタ社事案

⑴　事案の概要

この事案（Rice's Toyota World, Inc. v. Commissioner of Internal Revenue, 81 T.C. 184 (1983), 752 F.2d 89 (1985)）は，セール・アンド・リースバック取引を内容とするもので，対象年度は1976年，1977年，1978年度で，その争点は，この取引による加速償却と支払利子の控除の可否である。

ライス・トヨタ社（以下「X」という。）は，コンピュータ・リース会社であるＦ社から，1976年のコンピュータを1,455,227ドルで購入し，Ｘは８年契約でこのコンピュータをＦ社にリースバックした。Ｆ社は当該コンピュータを５年にわたりサブリース契約とした。

Ｘは，Ｆ社に対してコンピュータの対価を，リコース手形等で250,000ドル，ノンリコース手形1,205,227ドルで決済し，受取リース料とノンリコース手形の返済金額の差額として，10,000ドルを受け取っていた。そして，Ｘは，対象年度において，支払利息と減価償却費を計上したが，内国歳入庁はこれを「みせかけ取引」として否認した。

⑵　高裁判決

高裁判決は，租税裁判所の判決が，取引を行うに際してＸに税金の節約以外の事業上の目的がないこと，また，取引において利益の生じる合理的な可能性がないと判断し，フランク・リオン社事案の最高裁判決を次のように解釈しているとまとめている。すなわち，フランク・リオン社事案判決では，取引が「みせかけ」であるかどうかの判断基準として，事業目的と経済的実質の有無という２つの要件を要求していると解したのである。

すでに本稿において検討したように，フランク・リオン社事案の最高裁判決には，本件高裁判決にある解釈と同様の判示はなく，経済的実質を重視した結果，リコース手形に係る支払利息には経済的実質があるとしてその利息部分の控除を認めたが，事業目的は副次的な要素として暗示しているのである。

しかし，本事案における租税裁判所の判示事項を高裁も認めたことにより，「みせかけ取引」に該当するか否かについて，本事案の高裁の判決は，事業目的と経済的実質の有無を判断基準とすることを明確にした点で，ESDの沿革としては重要な判決といえよう。

⑶　グレゴリー事案からライス・トヨタ社事案までの判決の動向に関する小括

ESD形成に関連した事案の取引内容は，組織再編成，セール・アンド・リースバック取引等まちまちであるが，これらの取引が「みせかけ取引」等であることを課税当局が主張して行った処分に対して，原告である納税義務者がこれに反論するという図式であり，その争点は，取引が「みせかけ（sham)」等であるか否かの判定要素を巡るものである。

グレゴリー事案最高裁判決（1935年）において「事業目的」が「みせかけ取引」の判定要素として判示され，キース・オーエン事案の租税裁判所判決(1975年）等において，その適用がより明確になったのである。

ESDの判定要素である「事業目的」と「経済的実質」を２要素とする見解は，フランク・リオン社事案の最高裁判決（1978年）において，読み取れるとする解釈が，ライス・トヨタ社事案の租税裁判所において暗示され，その解釈を明確に述べたのが同事案の高裁判決（1985年）である。しかし，この段階では，「みせかけ取引」であるか否かの判定要素として，「事業目的」と「経済的実質」の２要素を満たせば，「みせかけ取引」にはならないということが判例として確立したのであって，ESDとの関連を明確にしたとはいえないのである。したがって，ライス・トヨタ社事案以降の判例の検討が必要になる。

9　ローズ事案

⑴　事実関係

この事案（James L. Rose and Judy S. Rose v. Commissioner of Internal Revenue, 88 T.C. 386（1987), 868 F.2d 851（1989)）の原告であるローズ夫妻はケンタッキー州に居住している。夫は，1973年まで炭鉱会社の創業者社長であり，高額所得者である。1973年以降，夫妻は，各種の事業に投資を行っている。リトグラフを利用したタックスシェルターを1977年から始めているジャッキー社が，1979年に夫に接触してきた。

ローズ夫妻は，1979年12月26日に，2つのピカソの再生原版をそれぞれ550,000ドルで購入した。1980年11月にアートギャラリーを1か所開業し，1981年2月にもう1か所を開業した。このギャラリーは1983年にその権利を処分した。1979年の事業に係る損益計算書（Schedule C）では，収入0で，減価償却費125,766ドルを計上し，投資税額控除110,000ドルを控除した。1980年の合同申告書では，減価償却費341,795ドル，利子76,331ドル，その他の経費1,141ドルを計上した。また，1980年6月に取得したパッケージに係る投資税額控除55,000ドルを計上した。なお，課税所得は1979年が約460,000ドル，1980年が約550,000ドルである。内国歳入庁長官は，1983年6月8日付けで，1979年と1980年申告書における事業上の損失及び投資税額控除を否認した。

⑵　高裁判決

租税裁判所は，夫妻によるピカソの再生原版等の取得の動機が，専らとはいえないが，相当程度に租税回避の目的があり，納税義務者がこの事業において利益を得る目的がなかったと判断している。さらに，租税裁判所は，この取引が経済的実質を欠いており，租税債務を減少する手段であったとしている。

高裁では，取引が真正なものであり，「みせかけ（sham)」ではないことを決定するまで，取引の主たる目的が利益獲得であるか否かの判断をしないとしている。取引が「みせかけ」であるか否かの判定基準は，所得の損失を作り出す以外に取引が実際に経済的効果を有するか否かであり，納税義務者の主観的な事業目的と取引の客観的な経済実態は，この判断に適切なものといえるとしている。

原告は，租税裁判所により適用された「普及型タックスシェルター（generic

tax shelters)」の論理が法律に規定もなく，認められているものでもないと反論している。高裁は，この考え方を採用していない。その理由は，この普及型タックスシェルター・テストをすることが，取引の実際的な経済的効果を判断する助けにならないからと説明している。

高裁では，普及型タックスシェルター・テスト或いは2要件テスト（two-prong subjective/objective analysis）の特徴の本質的な点は，取引が欠損金を生み出す以外に実際的な経済的な効果を有しているか否かであると判示している。

租税裁判所は，納税義務者に誠実な利益獲得動機がないこと，ピカソに関連する事業が完全に経済的実態を欠いていることを租税裁判所の記録は十分な証拠に基づいて判断していることから，高裁もこの決定を支持したのである。

(3) 小　括

この判決は，ライス・トヨタ社事案の判決の後に，普及型タックスシェルター・テストという新しい基準を持ち出したものであるが，結局のところ，このテストは高裁で評価されず，従前の2要件テストと「みせかけ取引」との関係について判断することになり，新しい領域に踏み出した判決とはいえないものと思われる。

10　ジョージア・シーダー社事案

⑴　事実関係

本事案（Georgia Cedar Corporation v. Commissioner of Internal Revenue, T.C. Memo 1988-213（1988））原告の親会社はケイマン法人（以下「親法人」という。）で，この親法人は，原告法人と共同でその兄弟会社ジョージア・サイプレス社（以下「C法人」という。）の株式を100％保有している。

原告法人とC法人は共にデラウエア法人である。これらの２社は，ジョージア州においてノーザン・トラストが運営する農場を所有している。1980年１月２日前に，原告法人は無借金で収益があり，C社は債務超過状態であった。1980年１月２日に，親法人はC法人に対して，要求払い手形268,000ドルを発行した。同日，原告法人は，C法人より要求払い手形268,000ドルを購入した。原告法人は，この対価を20年間に年利８％で13,400ドルずつ返済する。この約束手形の担保は，原告法人所有の農場（時価約600,000ドル）である。

被告である課税当局は，1985年12月19日に修正申告を慫慂する２つの90日レター（notices of deficiency）を発行した。第１のレターは，原告の利子の控除の否認する内容であり，第２のレターは，外国法人である親法人に対して支払われる配当に係る源泉徴収についてである。

⑵　判　決

この事案の争点は，第１に，原告法人がC法人に対して支払った利子の控除の是非であり，第２に，原告法人の支払った元本と利子が親法人に対する配当として源泉徴収の対象か否かということである。第２の点について，判決は被告の処理に同意しており，争点は，第１の点のみである。

親法人は，要求払い手形を出資としてC法人に渡し，C法人は，当該手形を原告法人に売買して，約束手形を対価として受け取った。原告法人は，当該手形による出資に対して親法人宛の配当を行った。被告の主張は，経済的実質の原則及びStep transaction（段階取引）の原則が，原告により支払われた利子の控除を否認する根拠であると申し立てた。

裁判所は，C法人と原告法人が当該手形の売買について何らの商談も行っていないことを理由として，この取引の形式は，真正な経済的実質を反映していないという被告の主張を認めている。

さらに，裁判所は，親法人からの出資を前提として，原告法人による要求払い手形の購入及び原告法人から親法人への配当は事前に想定していなかったことであることを証明していないことから，これらはすべて事前に想定した取引であると認定して，「段階取引（step transaction）」であるという被告の主張を認めている。

⑶ 小 括

この判決については，ESDに関して連邦税において最初に判示をした事案であるという解釈があるが[1]，本判決では，ESDに関して，フランク・リヨン事案の最高裁判決を再評価したライス・トヨタ事案の高裁判決のような解釈はない。また，段階取引という認定は，1938年のミネソタ・ティ事案判決に先例がある。

(1) ABA Tax Section Corporate Tax Committee, op.cit., p. 44.

11　ACMパートナーシップ事案

⑴　事実関係

本事案における事実関係の経過は次の通りである。

① 1989年5月にメリル・リンチ社（以下「M社」という。）は，コルゲート社（以下「C社」という。）に対してACMパートナーシップ（以下「ACM」という。）の設立を提案した。

② C社は，その100%株式を保有する子会社であるケンダール社の株式売却を主たる原因とする長期譲渡所得104,743,250ドルを1988年分に申告していた。

③ M社による前記①の内容は，パートナーシップを設立して，譲渡損失を発生させて繰戻しを行い，1988年分の譲渡益との相殺を提案したものであった。C社は，この提案に消極的であり，法律事務所にこの提案を相談した。

④ ③における法律事務所からの提案は次の通りである。仮に，外国の事業体AとB及びCが1989年6月末にABCパートナーシップ（以下「ABC」という。）を設立し，Aが75ドル，Bが24ドル，Cが1ドルを出資したとする。ABCは，100ドルを短期債券に投資し，これを1989年12月30日に売却する。ABCは，70ドルの現金と6回（年2回）の分割払い約束手形を受け取る。分割払いによる受取額は，元本とLIBOR[1]により算定した利子の合計額である。そして，ABCは，70ドルと第1回目の分割払い分でAの持分を清算し，次の支払で長期の債券を購入する。

⑤ ④における法律事務所の提案の続きであるが，短期債券の売却は割賦基準による受取金額等不確定割賦販売（contingent installment sale：以下「CIS」という。）として申告することが提案された。

⑥ 1989年10月に，ACMに参加するための事業体として，外国銀行であるABN銀行がKannex，C社がSouthampton，M社がMLCSを設立した。なお，ACMの本拠地は，タックスヘイブンとして著名なオランダ領アンチルである。

⑦ 1989年11月2日に，C社のSouthamptonが3,500万ドル，ABN銀行（Kannex）が1億6,940万ドル，M社（MLCS）が60万ドルをACMに出

資し，その合計は2億500万ドルとなった。それぞれの持分比率は，ABN銀行（Kannex）が82.6%，Southamptonが17.1%，MLCSが0.3%であった。

⑧　1989年11月3日に，ACMは2億500万ドルで，シティコープ債を購入した。1989年11月27日に，ACMは，この債券の一部である1億7,500万ドル分を東京銀行（BOT）とフランス外国商業銀行（BFCE）に売却し，対価として，現金（1億4,000万ドル）とLIBOR利率付きの手形（3,500万ドル）を受け取った。この手形による支払は，1990年3月1日以降，5年間にわたり4半期ごと（計20回の支払）に支払われることになった。

⑨　当該債券の取得価額は，1億7,550万4,564ドルである（1億7,500万ドルの債券購入価格+50万4,564ドルの支払利子）。その取得価額は1989年にはその6分の1が回収されたことから，1億4,000万ドルの譲渡収入に対する原価は，1億7,550万4,564ドルの6分の1である2,925万761ドルであり，譲渡所得は1億1,074万9,239.42ドルである。この所得をABN銀行（Kannex）に9,151万6,689ドル，C社（Southampton）に1,890万8,407ドル，MLCSに32万4,144ドル配分した。なお，ABN銀行（Kannex）は外国法人であることから，米国において当該所得について課税を受けなかった。

⑩　C社（Southampton）に配分された1,890万8,407ドルの譲渡益は，同年における他の債権の譲渡損（1989年12月22日におけるBFCE手形の譲渡損）3,242万9,839ドルにより相殺された。

⑪　上記⑨により1990年以降に残された原価は，1億4,625万3,803ドル（175,504,564ドル－29,250,761ドル）である。BFCEに帰属する金額は4,178万6,801ドル，BOTに帰属する金額は1億446万7,002ドルである。

⑫　C社は，売却益等によりACMの持分をABN銀行（Kannex）から買い取り，その持分は，99.7%となっていた。

⑬　1991年12月31日に，ACMは，8,499万7,111ドルの損失を計上した。この金額は，1991年12月17日のACMによるBOTのLIBOR手形をBFCEに1,096万1,581ドルを譲渡したが，その譲渡原価が9,595万8,692ドルであることからその差額である。なお，この譲渡価額は，利率の大幅な低下等を反映したものである。

⑭　内国歳入庁は，1993年３月に，ACMの1991年情報申告書にある損失8,499万7,111ドルを否認した（Ｃ社及びその子会社への帰属額は8,453万7,479ドル）。Ｃ社は，この損失額を1988年に繰り戻した。

⑵　本事案における損失の計算過程

イ　CISの構造

本事案は，CISに係る課税処理方法を利用して，M社がプランニングしたある種の租税回避策である。この事例における全体的な取引の構造は，次の通りである。

①　Ｃ社は，長期譲渡所得１億474万3,250ドルを1988年分に申告していた。当時の税制では，法人の譲渡損失は，３年繰戻しの５年繰越が認められていた。したがって，1991年が1988年分に関する繰戻しの最終年分ということになる。

②　本事案ではCISを利用したが，債券をCISを適用して譲渡した場合，その対価として確定していたのは現金（１億4,000万ドル）のみであり，それ以外は，変動金利であるLIBOR利率付きの手形（3,500万ドル）で受け取り，この部分の金額は不確定であったため，最終的な受取額は不確定ということであった。他方，回収すべき債券の簿価は確定しているため，この金額を回収期間に按分することになる。結果として，譲渡した年分である1989年に，１億4,000万ドル（譲渡収入），１億7,550万4,564ドルの６分の１である2,925万761ドル（原価）の差額である譲渡所得（１億1,074万9,239.42ドル）が生じるが，その所得は，ACM持分の82.6%を所有する外国法人であるABN銀行（Kannex）に配分されて課税がなく，また，同所得の17.1%を持分とするＣ社については，多額の譲渡損を発生させてその課税がないこととした。

③　1990年以降，回収されていない原価は，1989年末現在の計算では，１億4,625万3,803ドルに対して，対価となる金額は，LIBOR利率付きの手形（当時の現在価値3,500万ドル）であることから，1990年以降は，損失が生じることになった。Ｃ社は，1988年への繰戻しの最終年分である1991年に損失が発生して（約1,100万ドルの対価に対して原価が約9,600万ドル），その損失金額を３年前に繰り戻すことによって1988年分の譲渡所得を相殺する還付請求の修正申告書を提出した。

ロ　本事案のCISに関するコメント

本事案において採用されたスキームについてコメントすると，このスキームは，譲渡した年度において確定した対価の額と譲渡益の金額が連動しており，確定した対価の額を大きくすることで譲渡益を大きくすることができる。そうすることにより，それ以降の年度における対価の額が少額となり，譲渡損が大きくなることになる。

当該スキームにおいて多額の譲渡損を発生させることを意図するのであれば，譲渡年分において生じる譲渡益の課税を回避することが第1の問題点となる。この譲渡益に対する課税を回避することがこのスキームのポイントの1つである。

要するに，当該スキームは，割賦販売に係る所得の計算の一形態であり，全体としては，損益の期間帰属の問題である。判決文から，M社がどのような趣旨によりこのスキームをC社にアドバイスしたのは十分推測できることであるが，当該取引はいずれも法律上の規定を根拠とした合法な取引であることから，裁判所がどのような理由をもって課税当局勝訴としたのかという点が焦点である。

⑶　高裁判決の分析

本事案の高裁判決は，租税裁判所の判決における経済的実質（economic substance）を適用した判断を認めて，ACMによるCISの適用から生じる譲渡損益を否認する同判決を支持，課税当局勝訴としている。

そしてその結論に至る過程として，グレゴリー事案の最高裁判決の分析から検討を始めているが，同判決では経済的実質の欠如に関する判断は示されていないことから，取引の外形に反して経済的実質を欠いているという他の判例の解釈を引用している（Kirchman v. Commissioner, 862 F.2d 1486, 1490（11the Cir. 1989））。

租税裁判所の指摘では，ACMはシティコープ債をその取得価額で譲渡していることから，当該債券の譲渡により損益は生じないとしている。高裁は，ACMがシティコープ債を購入して，その一部を2つの銀行に譲渡したことで，ACMにおける財務状態に変化はなく，何らの税目的以外の経済的効果をもたらしていないという判断を示している。このACMによる一連の取引に対する経済的成果（economic consequences）に関する高裁の判断は，租税裁判所ではACMの取引が内国歳入法典に規定のある譲渡損ではなく，架空の損失（phantom losses）を生み出したとする見解と同じである。

この高裁判決では，マッキー（McKEE）判事が判決に対する反対意見を述べている。

同判事の見解は，その先例となったコテージ・セービング事案の最高裁判決に大きく依存している。

すなわち，立法者の意図するところでは，実質的に異なる財産の交換から生じる損益についてこれを所得とすることは認めている，という解釈である。この実質的に異なる財産とは，法的に異なる種類の権利を具現化したものである。ACMによるシティコープの債券を現金とLIBOR利率による手形と交換した取引は，この実質的に異なる財産の交換に該当する。

この判決は，マッキー判事が述べているように，本事案の取引がCISの要件を満たしていることは事実である。したがって，租税法律主義を強調する立場からすれば，税務上，この譲渡損益を否認することはできないことになる。高裁では，本事案における取引が経済的実質を有しているか否かを評価するに際して，当該取引が譲渡損を作り出す以外に，何らかの実際に経済的効果があったか否かを判断基準として，そのような経済的効果がACMの取引から生じなかったとしている。

また，高裁判決では，経済的仮想取引分析の主観的側面（Subjective Aspects of the Economic Sham Analysis）の検討を行っている。ACMは租税裁判所の判決を批判して，資産の交換に伴う譲渡損益及びCISに係る規定が，特定の事業目的或いは利益獲得動機を適用要件としていないことから，租税裁判所が，意図した目的及び取引から生じる利益について検討を怠ったと述べている。高裁は，適用される条文が特定の事業目的或いは利益獲得動機を適用要件としていない場合であっても，租税の負担軽減のみを目的とする場合には否認されるという分析を行っている。

この高裁判決において示された２つの判示事項がある。

第１は，租税の負担軽減のみを目的として条文が適用される場合，例えば，内国歳入法典第163条(a)の適用を考えてみると，この条文では，負債に関して課税年度中に支払或いは発生した利子のすべてを控除することができる，と規定しているのであるが，この利子が，租税の負担軽減のみを目的とする場合には控除できないということになる。逆に，控除対象となる利子は，特定の事業目的或いは利益獲得動機があれば，その適用には問題がないことになる。

第２は，ESDにおける２要件である経済的実質或いは事業目的について，租税裁判所の判決にように，事業目的という主観的要件についての検討がない場合であっても，税法に内在する条理として，特定の事業目的或いは利益獲得動機があることを暗示しているのである。

(1) LIBOR（ライボー）とは，London Interbank Offered Rateの略称であり，ロンドンにおける銀行間利子率のことであり，ユーロ市場における基準金利となる。

12　コテージ貯蓄組合事案

このコテージ貯蓄組合事案（Cottage Savings Association v. Commissioner of Internal Revenue, 499 U.S. 554（1991））の最高裁判決は，前出のACMパートナーシップ事案高裁判決と対比される内容である。その理由は，同判決に対するマッキー判事の反対意見の根拠がこのコテージ事案であるからである。

⑴　事実関係

この事案の事実経過は次の通りである。

①　この事案において，IRSは原告が行った損失の控除を否認したが，租税裁判所は，この控除を認め，高裁判決（Cottage Savings Assoc. v. Commissioner, 890 F.2d 848（1989））は，租税裁判所の判決（Cottage Savings Assoc. v. Commissioner, 90 T.C. 372）を逆転して課税当局側勝訴としたが，最高裁は，この高裁判決を逆転して納税義務者勝訴としたものである。

②　コテージ貯蓄組合は，1980年12月31日に，252の住宅ローンに係る貸付債権の権利を譲渡し，かつ，305の住宅ローンに係る貸付債権の権利を購入した。譲渡した権利の簿価は690万ドル，交換により取得した権利の時価は450万ドルであった。1980年の納税申告書において，コテージ貯蓄組合は，時価と簿価の差額を損失として控除した。

⑵　最高裁判決

1991年4月に出された本事案に係る最高裁判決の要旨は，次の通りである。

①　同判決は，取引により生じた損失を実現したものとして認めた。

②　コテージ貯蓄組合がこのような取引を行った理由は，1970年代に利子率が高騰し，コテージ貯蓄組合が所有する住宅貸付債権の価値が下落したために，税務上控除できる損失（244万7,091ドル）を実現させることであった。

③　コテージ貯蓄組合の会計処理は，連邦ホームローン銀行委員会（Federal Home Loan Bank Board：FHLBB）の規則に従うことになっている。同規則では，帳簿上の損失を記帳するまで損失の計上は繰延されることになっていた。FHLBBはこの規則の適用条件を緩和して，1980年6月27日付けの指令（R-49）により，「実質的に同一」である10の規準を公表し，これに該当する住宅貸付債権の交換による損失の報告を求めないこととし

た。最高裁は，本事案の取引がR-49に規定する取引に該当するとした。

④ 高裁（第６巡回裁判所）は，コテージ貯蓄組合が損失を実現したことは認めたが，控除はできないとした。その理由は，当該損失が，内国歳入法典第165条(a)に規定する「当該課税年度中に被った損失」に該当しないとした。

⑤ 最高裁判決では，課税における譲渡損益計算の基本規定である内国歳入法典第1001条(a)の適用についての判断を行った。この規定は，販売或いはその他の財産の処分から実現した利得から譲渡資産の税務簿価を控除した差額を譲渡損益とするとしている。本事案における交換という取引は，同規定にある「財産の処分」に該当する。ただし，その適用要件は，交換した財産に「種類を異にする（materially different)」があるというのが課税当局による主張である。さらに，本事案における住宅貸付債権に係る権利の交換は，財産の処分には該当しても，経済的に代替性があることから，この「種類を異にする」に該当しないということが課税当局の主張である。なお，コテージ貯蓄組合は，交換した債権に係る権利は，担保となる財産が異なっていることから「種類を異にする」に該当すると主張したのである。

⑥ 内国歳入法典第1001条(a)に係る「種類を異にする」を構成するものは何かというのは複雑な問題であるという裁判所の認識であり，課税当局は，財産における経済的実質が異なる場合のみ，財産は「種類を異にする」であるとしている。

⑦ 裁判所は，内国歳入法典第1001条(a)において，交換した財産が「種類を異にする」場合のみ，財産の交換は実現すると解釈した。コテージ貯蓄組合が交換した権利は，債務者が異なり，異なる家屋により担保されていることから，交換された権利は法的に明確に異なる権利であることから，裁判所は，交換の時点において損失が実現したと結論を出したのである。

⑧ 高裁がその判断の根拠とした内国歳入法典第165条(a)の適用について，高裁は，本事案における損失がこの規定に該当しないと判断して，損失の控除を認めなかったのであるが，最高裁は，本事案における損失が第165条(a)の適用に当たるという判断を示している。

⑶ 小　括

本事案は，利子率の高騰により低金利の住宅貸付債権の価値が下落した状況を受けて，貯蓄組合が債権の含み損を出すために，高金利の住宅貸付債権とスワップ取引を行ったものである。したがって，貯蓄組合がこの取引を行った動機は，含み損を実現させて税負担を軽減することにあった。

ACMパートナーシップ事案高裁判決における反対意見において本事案の最高裁判決が引用されている。本事案最高裁判決における内国歳入法典第1001条⒜に係る解釈では，ACMの取引が同規定にいう「種類を異にする」財産の交換に該当するのであるから，その損失の控除を認めるべきであるというのが，反対意見の内容である。

この両者の取引と判決について，コテージ貯蓄組合事案は，税負担を軽減するか或いは税制における特典を得るような取引を行うことで，実際の経済的損失を出すというものであり，ACMパートナーシップ事案は，関連性のない所得における租税の軽減のみを図るために，事前に企図した損失取引を行ったものとして区別されるという解釈がある。この解釈によれば，租税の負担軽減を図ったという点では，上記の２つの事案共に共通することであり，租税の負担軽減のみを目的とした取引であれば，これまでの検討では，いずれも経済的実質を欠くことになるが，実際に存在した住宅貸付債権の含み損を実現させたコテージ貯蓄組合事案と，損失を人為的に作り出したACMパートナーシップ事案では，この相違点が異なった判決結果になったといえよう。

コラム：ミネソタ・ティ（Minnesota Tea）事案

この事案は，グレゴリー事案に続く租税回避に関する判例であり，1938年1月の米国最高裁判決で理由にある，“A given result at the end of a straight path is not made a different result because reached by following a devious path.”（まっすぐな道の先にある成果は，曲がった道をたどって到着したものと異なる成果にはならない。）という文言が後の判決文等で引用されるので有名である。

本事案（組織再編成を争点とするもの）は，不服審判所の裁決が1933年6月30日，第8巡回裁判所判決（76 F.2d 797）が1935年3月25日，最高裁判決（(296 U.S. 378）が1935年12月16日である。しかし，金額について不服審判所に差し戻しとなり，1936年3月18日に決定が出され，第8巡回裁判所では不服審判所の決定を却下し（89 F.2d 711（1937）），最高裁では債務残高が課税対象資産であるという判断が示された（302 U.S. 609（1938））。

したがって，この事案には，2つの最高裁判決がある。また，この事案は，step transaction doctrineによるものとされている。

この事案は，ミネソタ社がグランドユニオン社に対して，資産を移転したのであるが，そこで，資産移転の対価とその原価の差額を譲渡益として課税すると主張する課税当局と，取得した対価を株主に分配したことで組織再編成に該当して課税なしと主張するミネソタ社が対立したものであるが，最高裁判決は，ミネソタ社の主張を認めたが，一部は株主の所得として課税となったのである。

なお，本事案の詳細については，拙稿「米国税法における経済的実質原則(1)」『商学論纂』第54巻第1・2号合併号 185-186頁，新谷幹雄「ミネソタ・ティ社事案の再考—1928年歳入法により組織再編成が認められた判例—」（『中央大学大学院論究』第43号，2012年3月，17-32頁）に詳しい。

13　コンパック社事案

(1)　判決の動向

わが国の法人税法では，配当等の元本となる株式等が所定の短期所有株式等に該当する場合，当該株式等からの配当については，益金不算入の適用を認めずに，すべて益金の額に算入されることになる。

この事案（Compaq Computer Corporation and Subsidiary v. Commissioner of Internal Revenue, 277 F.3d 778（2001））は，米国預託証券（American Depository Receipts：以下「ADR」という。）を利用して，上記の短期所有株式等と類似するスキームに外国税額控除の適用が絡んだ問題を争点とした事例である。なお，租税裁判所の判決は1999年９月21日であり，高裁（第５巡回裁判所）の判決は2001年12月28日である。この事案の判決は，租税裁判所が国側勝訴であったが，高裁である第５巡回裁判所は，租税裁判所の判決を覆した。内国歳入庁は，最高裁への上告を断念したために判決が確定している。したがって，本事案における検討の焦点は，第１審と第２審における司法判断の分析ということになる。

(2)　事実関係

事実関係に関する事項は次の通りである。

① この事案は，コンパック・コンピュータ社（以下「Ｃ社」という。）が1992年にADRを取得し，短期間の保有後に譲渡した取引に経済的実質（economic substance）があったか否かという点と内国歳入法典第6662条(a)に規定する加算税（accuracy-related penalty）の賦課の可否を争点としたものである。

② Ｃ社は，1982年に創立されたパーソナル・コンピュータの製造販売を行う法人である。1992年７月にＣ社は保有するコンピュータ会社（Corner Peripherals社）の株式を譲渡して，長期譲渡所得231,682,881ドルを得た。

③ この譲渡所得の存在を知った投資コンサルティング会社であるTwenty-First Securities Corporation（以下「Ｔ社」という。）は，1992年８月13日にADRの取引をＣ社に提案した。

④ このADRの取引は，配当含みのADRを取得し，配当落ち後にこれを譲渡するというものである。Ｃ社は1992年９月16日にＴ社からの提案を受け

入れた。C社による取得と販売の対象となったのは，Royal Dutch Petroleum Company（以下「R社」という。）のADRである。

⑤　ADRの取得価額（配当含み）は887,577,129ドルであった。配当落ち後の譲渡価額は諸経費控除前で868,412,129ドルであった。この取引における譲渡損失は，19,165,000ドルである。

⑥　R社は，1992年9月18日の株主名簿に基づいて，同年10月2日にC社に対して配当22,545,800ドルを支払った。この配当については，支払時の米蘭租税条約の規定により，オランダにおいて15%の源泉徴収（3,381,870ドル）が行われた。

⑦　1992事業年度におけるC社の法人税申告書では，譲渡収入867,883,053ドルから譲渡原価888,535,869ドルを控除して，譲渡損失20,652,816ドルが申告された。また，R社よりの受取配当は，22,546,800ドル（控除対象外国税：3,382,050ドル）であった。なお，取引費用が1,485,685ドル生じている。

(3)　租税裁判所判決

租税裁判所では，本事案の争点は，C社がADRを取得し直後に販売したことが経済的実質を欠いているかどうかであるとしている。課税当局は，C社によるADR取引について，税の軽減以外に客観的な経済的結果或いは事業目的がないことから外国税額控除を行う権利がないと主張した。

これに対して，C社側は，当該取引について，適法であり，経済的実質があることから，経済的実質原則が外国税額控除を否認することに適用されるべきではないと主張した。また，ADRの取引では，損失が19,165,000ドル生じたが，R社からの受取配当（22,546,800ドル）により，所得金額が1,895,115ドル（22,546,800－19,165,000－1,485,685）となった。この所得金額に係る法人税額は約640,000ドルである。この数字は，原告であるC社に税の負担軽減等がなかったという主張の根拠となっている。

租税裁判所の判断は，ADR取引が利益獲得のための短期間の投資であるという原告側の主張を採用せず，この取引の目的がすでに実現している譲渡所得を相殺するためのものであるとしている。また，外国税額控除は，国際的二重課税の防止と国際的取引の円滑化をするためのもので，立法府の意図は，本件のADR取引の類を促進或いは認容するためのものではないという判断が下されている。

⑷　高裁判決

第8巡回裁判所が同様のIES事案に対して経済的実質と事業目的を認めており，当該高裁では第5巡回裁判所もこれに同意見であるとして，租税裁判所の判決を覆している。本件取引が，経済的実質及び事業目的を有しているという結論に基づいて，C社側勝訴という判断を下したのである。

経済的実質について，高裁は，C社の税引前利益の存在を重視し，税引後の損失を重視した租税裁判所の判断を誤りであると指摘している。そして，外国税額控除を考慮せずに，配当所得からADRの譲渡損失と配当に係る諸費用を控除した所得金額1,895,115ドルから米国の算出税額（外国税額控除控除前の税額）644,000ドルを控除しても約1,250,000ドルの金額が残ることから，当該取引は経済的実質があると判断している。

事業目的に関して，本件ADR取引はリスクもあり，事業目的もあるという判断が示されている。なお，本事案は上告されず高裁において確定している。

⑸　高裁判決に対する評釈

この高裁判決については，これを支持する評釈と批判する評釈がある。

イ　高裁判決を支持する評釈

判決に賛成しているハリトン弁護士は，課税当局の見解を次のようにまとめている。

① 経済的実態のない外国税額控除は否認すべきである。

② 取引に経済的実質がないということは，納税義務者が取引から利益（profit）の生じることを期待していないことが理由である。

③ 取引が利益を生み出すことを期待されていない。利益は，経済的実質の有無を判定するために，所定の外国税額を損金として処理することによって定義されている。

この上記の見解については，ハリトン弁護士は，①と②が誤りであり，③は何ともいえないという意見である[(1)]。コンパック事案の高裁判決は，経済的実質の有無について，C社の税引前利益の存在を重視し，税引後の損失を重視した租税裁判所の判断を誤りであると指摘している。同判決は，外国税額控除を考慮せずに，配当所得からADRの譲渡損失と配当に係る諸費用を控除した所得金額から税額を算出し，税引前利益から算出税額を控除しても利益が残ることから，当該取引は経済的実質があると判断している。この利益テスト（profit test）をハリトン弁護士は支持すると共に，1998年1月20日に内国歳入法が発遣したNotice 98-5を批判している。

ロ　高裁判決を批判する評釈

高裁判決の争点の1つは，高裁が支持した税引前利益（Pre-Tax Profit）の解釈である。コンパック事案における税引前利益の解釈は，課税所得金額から算出税額を控除してその差額に金額が黒字の形となったことから，経済的実質があるという判断を下したのである。租税裁判所は，経済的実質がないことの判断を外国税額控除後の金額により判断している。

高裁判決に批判的な立場に立つシャビロ氏とウエイスバッハ氏は，高裁が先例とした判決（オールドコロニー信託会社事案：以下「信託事案」という。）は，本件事案には不適格であるという判断を示している[2]。この信託事案に基づけば，争点は，外国税額を含む配当所得の金額が株主の所得となるかということであるが，本事案の争点は，租税回避濫用防止の公理の適用における税引前利益の解釈であるが，税引前利益に関する議論は，現実的ではなく，外国税額控除を考慮した金額が重要であるということである。

また，両氏の検討によれば，経済的リスクに関して，租税裁判所判決では，行われた取引が事前に結果を明らかに意図したものであり，経済的危険がなく，市場外からの影響もないと判断している。高裁判決は，これらの事実を無視している，と批判している。

(1) Hariton, David P., "The Compaq case, Notice 98-5, and tax shelters : the theory is all wrong" Tax Notes, January 28, 2002.

(2) Shaviro, Daniel N. and Weisbach, David A., "The fifth circuit gets it wrong in Compaq c. Commissioner" Tax Notes, January 28, 2000. Klein Willia, A. and Stark, Kirk J., "Compaq v. Commissioner—where is the tax Arbitrage?" Tax Notes, March 11, 2002.

14　CMホールディング社事案

⑴　法人所有生命保険の概要

本事案（IRS v. CM Holdings, Inc., 301 F.3d 96 (2002)）の主たる内容は，法人所有生命保険（Corporate-Owned Life Insurance：以下「COLI」という。）に関する事項であるために，最初に，COLIのスキームの概要の検討から始める。

COLIは，法人が保険料を負担し，保険金の受益者となる。この保険制度は，基幹職員の突然死等による財務上の損失から法人を保護する等の手段として利用されたのが始まりである。しかし，その後，その対象が基幹職員の外にも拡大されると共に，当該保険証書を担保とした借入れを行い，支払利子を発生させて課税所得の減少を図ることになった。

また，生命契約に係る税務上の便益として，被保険者が死亡した場合に受け取る保険金は所得税の課税対象ではないことになる。これは，ESDの規定とも関連することであるが，法人の会計上の処理としては，保険金を受け取れば，法人の収益等として資産の増加となる，いわゆる財務会計上の特典が存することになるが，税務上では，課税対象とはならないのである。

⑵　事実関係（COLI VIIIプラン）

本事案における標記のプランの概要は次の通りである。なお，本事案におけるこのプランへの参加は，1990年２月16日である。

①　このプランは７年の契約で，最初の３年間，1,400万ドルの保険料を支払うが，この金額は，保険証担保ローンによる借入金1,300万ドルで充当する。結果として，保険料支払者の純負担額は100万ドルである。

②　次の４年間について，保険契約からの配当を保険料に充当する。

本事案では，CMホールディング社（以下「CM社」という。）は，キャメロット・ミュージック社（Camelot Music, Inc.：以下「CA社」という。）等の親会社である。CM社は，CA社等の子会社を代表して地裁に訴えを起こしたのである。

第１審のデラウエア州の地裁判決では，COLIの保険証書は「みせかけ（sham）」であり，取引は全体として経済的実態がないという判断を示したが，本高裁判決（第３巡回裁判所判決）では，COLIの保険証書が経済的実態を欠き，経済的にも「みせかけ」という判断に基づいて，第１審の判決が支持されている。

(3) 内国歳入法典の適用に関する裁判所の判断

内国歳入法典における支払利子に係る原則は，事業年度中に債務に関して支払或いは発生したすべての利子を控除するというものである（内国歳入法典第163条(a)）。

同法第264条(a)(3)には，生命保険契約により現在価値の増加した保険証書を担保とする借入れに基づく支払等は損金不算入となるが，同条(d)にセーフハーバー・ルールがある。このルールでは，保険契約の７年間のうち，３年以下の期間についてこのシステムが使用される場合であれば，損金算入を認めるというものである。

本事案判決では，経済的実態について，客観的経済的実態（Objective Economic Substance）と主観的事業目的（Subjective Business Purpose）に分けて検討が行われている。

裁判所の最終的判断は，この保険契約がCA社に対して経済的効果（economic effect）がなく，租税回避のみを目的としているというものである。

Ⅲ
英国の租税回避判例とGAARの導入

1　租税回避に対する判例の動向[1]

⑴　ウエストミンスター事案からラムゼイ事案への展開

英国においては，伝統的に租税は議会の制定法によるとしている。英国は古くから租税法律主義が確立した国であり，裁判所の役割は法律を作ることではなく法を解釈することとされている。裁判所の伝統的対応は，租税に関する法律を厳格に解釈すること及び納税者は節税する権利を有していることを示すことであった。その代表的判例として，後述するウエストミンスター事案がある。ウエストミンスター事案は，法の文理解釈及び法的形式を重視するものとした判決であり，その後，ウエストミンスター原則として一般化された。当該判決以降，租税回避行為が増加する状況下で，裁判所はラムゼイ社事案において，租税回避を否認する新たなアプローチとして，複合取引を全体として法律に当てはめる考え方を採用した。

⑵　ラムゼイ原則変遷の概要

ラムゼイ事案以降，当該判例はラムゼイ原則として租税回避事案に先例として引用されてきたが，ラムゼイ原則は以下のような変遷を経ている。

⑴　ラムゼイ事案を踏襲した判決としては，：③バーマ石油事案

⑵　ラムゼイ原則を公式化した判決：④ドーソン事案

⑶　ラムゼイ原則及びドーソン判決の射程を拡張することに異議を唱えた判決：⑤ホワイト事案

⑷　ラムゼイ原則を再解釈した判決：⑥エンサインタンカー事案，⑦ムーディー事案，⑧フィッツ・ウィリアム事案

⑸　ラムゼイ原則の欠陥が指摘された判決：⑨ウエストモーランド投資会社事案，⑩バークレイ・マーカンタイル事案，⑪アスタール事案，⑫メイズ事案

⑶　本書で検討した判例一覧

① Duke of Westminster v. Commissioners of Inland Revenue, H.L., [1936] AC 1, [1935] All ER Rep 259, 51 TLR 467, 19 TC 490

② W. T. Ramsay Ltd. v. Inland Revenue Commissioners, H.L., [1982] AC 300, [1981] 1 All ER 865, [1981] 2 WLR 449, [1981] STC 174

③ Inland Revenue Commissioners v. Burmah Oil Co Ltd., H.L., [1982]

STC 30, [1981] TR 535, 54 TC 200

④ Furniss (Inspector of Taxes) v. Dawson and related appeals, H.L., [1984] 1 AC 474, [1984] 1 All ER 530, [1984] 2 WLR 226, [1984] STC 153, 55 TC 324

⑤ Craven (Inspector of Taxes) v. White, H.L., [1989] 1 AC 398, [1988] 3 All ER 495, [1988] STC 476, [1988] 3 WLR 423, 62 TC 1

⑥ Ensign Tankers (Leasing) Ltd. v. Stokes (Inspector of Taxes), H.L., [1992] 1 AC 655

⑦ Moodie v. Inland Revenue Commissioners and another and related appeal, H.L., [1993] 2 All ER 49, [1993] 1 WLR 266, [1993] STC 188

⑧ Fitzwilliam v. Inland Revenue Commissioners and related appeals, H.L., [1993] 3 All ER 184, [1993] STC 502, [1993] 1 WLR 1189, 67 TC 614

⑨ MacNiven (HM Inspector of Taxes) v. Westmoreland Investments Ltd., H.L., [2001] UKHL 6, [2003] 1 AC 311

⑩ Barclays Mercantile Business Finance Ltd. v. Mawson (Inspector of Taxes), H.L., [2004] UKHL 51.

⑪ Astall and another v. Revenue and Customs Commissioners, COURT OF APPEAL, CIVIL DIVISION, [2009] EWCA Civ 1010; [2010] STC 137

⑫ Commissioners for HM Revenue & Customs v. Mayes, COURT OF APPEAL (CIVIL DIVISION), [2011] EWCA Civ 40

(1) 英国で租税回避という用語が使用されたのは，1905年に設置された「所得税に係る委員会（Select Committee on Income Tax）におけるヒューイット卿（Sir Hewitt）の証言において，合法的回避（legal avoidance）という証言といわれている（Sabine, B. E. V., A short history of Taxation, Butterworths 1980. p. 181 note 38. 福家俊朗「イギリス租税法研究序説―租税制定法主義と租税回避をめぐる法的問題の観察―」『東京都立大学法学会雑誌』第16巻第1号　212頁）。ここで，租税回避が合法であるという考え方は，後のアーロンソン委員会報告（Asronson, Graham QC, GAAR STUDY―A study to consider whether a general anti-avoidance rule should be introduced into UK tax system, 11 November 2011.）に影響を及ぼしたものと思われる。

2　ウエストミンスター事案

⑴　概　要

本事案の貴族院判決は，租税回避事案に対して厳格な租税法律主義を採用する判決として有名であり，同判決におけるTomlin卿の意見は，その後の英国の租税に関する裁判だけでなく他の英連邦諸国に対しても影響を及ぼしている。

⑵　事実関係

ウエストミンスター公爵（以下「W」という。）は，自ら雇用する使用人に対して，給料について捺印証書契約書（deed）を作成し，一定の金額につき使用人の過去の勤務に対する支払（年金）とすることとした。使用人との当該契約についての説明書には，「当該証書は，将来の勤務に対するすべての報酬を請求し，権利を得ることを妨げるものではない。」，また「当該証書に基づく支払金額と給料の合計額が，従来の給料の額と等しくなることに満足するように期待している。」とも記されていた。

本事案は，Wの付加税（sur-tax）に係る査定において，1929-30年，1930-31年，1931-32年の課税年度につき，使用人との捺印証書契約に基づく年金が，所得金額から控除できるか否かについて争われたものである。なお，1922年財政法シェジュールEに規定する給与所得に該当する場合は，1918年所得税法第19条に該当せず控除できないものとされていた。

⑶　当事者の主張

国側は，退職した者に対する年金支払は，付加税の計算上控除すべき金額として認めるとしたが，継続勤務していた使用人に対する年金支払は，雇用されている間は実質的に役務の提供を続けており，その限りにおいて当該年金は給料であることから付加税の計算上控除することはできないと主張した。原告であるWは，契約の下で行われた支払であるから付加税の計算上控除することが認められるべきであると主張した。

⑷　判決の推移

第一審である高等法院では，Finlay判事により，形式ではなく実質によれば継続して勤務する使用者に対する支払は賃金であるとし，Wの主張を退けた。第二審である控訴院では，Hanworth卿，Slesser，Romerの３名の控訴院裁判官全員一致で，実質という曖昧な文言により判断することは危険であり第一審の判決は法的効果（legal effect）を無視することになるとして，Wの主張が認められた。国側は上告したが，貴族院において4対1で上告は棄却された。

(5) 貴族院判決（1935年5月7日判決）

Tomlin卿，Russell of Killowen卿，Macmillan卿，Wright卿，Atkin卿の5名の裁判官により審理され，4対1で上訴棄却判決を下した。多数意見を述べた裁判官のうちTomlin卿とRussell of Killowen卿の判決内容は以下の通りである。

① Tomlin卿[1]

租税事案では裁判所は法的地位を無視して，事物の実質（the substance of the matter）といわれるものを考慮することができる公理が存在するといわれている。歳入庁がこの公理によって決定処分を行ったことは明らかであり，過去の事案で使われた言葉の誤解の上に成り立っていると思われる。

国民は誰でも可能であるならば，適切な法の下で租税負担が少なくなるように手段を講じる権利を有している。いわゆる（歳入庁がいう）実質の原理は，税負担の軽減を図っている者に対して法律上課税できないにもかかわらず，その者に税を支払わせようとすることである。

実質とは，通常の法原則に基づき確認された権利義務から生ずるものであり，年金受給者は年金を受給する権利を有し，この年金は受給者と支給者との間において支払われるものとして，所得税法に規定する控除すべき金額であり，よって，支給者は付加税の計算において総所得から控除する権利を有する。もちろん，文書が真実のものではなく，他の取引を隠蔽する手段として用いられる場合があるが，本事案はこのような場合に該当しない。他の契約がなされていた場合より少ない税額を支払うという理由で，真正な当該捺印証書を無視し，他のものとして取り扱うことはできない。

② Russell of Killowen卿

実質といわれるものが制定法の意図や趣旨の範囲内にあるからといって課税すべきではない。推論や類推によって課税されるべきではなく，事実と状況に適用する法の明白な文言によってのみ課税される。国側のいう実質が，単なる名目を無視して法的権利に従って解釈することを意味するのであれば，それは正しいといえる。

⑹ 小　括

本判決は，租税回避事案についても法の厳格文理解釈によって判断するものとする伝統的な対応を確立した判決である。すなわち法的に真正であれば租税回避を合法的な行為として取り扱うことを認めているといえる。さらに過去の判例における「実質」の解釈を引用し，実質主義による解釈により判断している(2)。

⑴　Tomlin卿は「実質」については以下の３件の判決を引用している。

①　Helby v. Matthews and others, H.L., [1895] AC 471，本事案では，単なる文言ではなく契約に明示された取引の実質を判断すべきであり，実質は契約を全体として判断することにより得られる，と判示している。これに対し，Tomlin卿は，ある文書に具体化されている取引の実質は，当該文書を全体として解釈することによって見いだされなければならないことを示している，とした。

②　Secrctary of Statc in Council for India v. Scoble and others, H.L., [1903] AC 299，本事案は，取引のすべての性質をみるべきであり，単なる文言の使用に拘束されるべきでない，と判示している。これに対し，Tomlin卿は，ある文書の解釈において周囲の状況を考慮しなければならないという争う余地のない原則を述べているにすぎない，とした。

③　Re Hinckes, Dashwood and others v. Hinckes and others, Court of Appeal, [1921] 1 Ch 475，本事案においてWarrington裁判官は，「我々は形式の後ろを見て実質をみなければならないと言われている。私は実質をみるが，実質を確認するために当事者が締結した取引の法的効果をみなければならない。」として，Tomlin卿の意見はこれに反対している。

⑵　これについては，福家俊朗「イギリス租税法研究序説―租税制定法主義と租税回避をめぐる法的問題の観察―（二）」『東京都立大学法学会雑誌』第16巻第２号　1975年１月208頁。渡辺徹也『企業取引と租税回避―租税回避行為への司法上及び立法上の対応』中央経済社　平成14年　11頁において当該実質主義を法的実質主義としている。また，清永敬次「税法における実質主義について―英国判例の場合―」『法学論叢』第７巻第３・４号においても検討されている。

3　ラムゼイ事案

(1)　概　要

本事案は，租税回避行為に対する新たなアプローチとして注目される判決であり，その後，30年以上にわたって租税回避判決に影響を及ぼす重要な判決である。

ウエストミンスター事案貴族院判決が先例として引用されるなか，本事案におけるスキームを判断するために新しいアプローチを採用した判決である。したがって，本判決は後の判決でラムゼイ原則として引用されるが，当該原則はウエストミンスター原則を上書きしたものではなく，新たな原則として先例となるものである。そして，その後，英国のコモン・ロー・システムにより，ラムゼイ原則が変遷していくことになる。

(2)　事実関係

1973年５月31日に終了する事業年度において，農地売却により多額の譲渡益を有するラムゼイ社（以下「Ｒ社」という。）は，同社が設立したCaithmead社（以下「Ｃ社」という。）において作り出された譲渡損失を，当該譲渡益と相殺することにより課税を回避した。Ｒ社が実行したスキームは，Ｒ社が金融機関から調達した資金をＣ社に２つの債権として貸し付け，一方の債権の金利を引き下げること（以下「債権１」という。）により価値を減少させ売却し，他方の債権の金利を引き上げること（以下「債権２」という。）により価値を増加させ売却した。Ｒ社は，1965年財政法シェジュール７第11条第１項の「金銭債務の譲渡に関して債権者の当該債権の譲渡益は課税されない。ただし，証券による債務（debt on security）はこの限りでない。」の条文から，当該債権２は「証券による債務」に該当しないためその売却益は非課税となるとし，債権１の譲渡損失は農地売却益と相殺した。これに対し国側は，債権２による譲渡益は1965年財政法シェジュール７第11条第１項における「証券による債務」に該当するとして課税した。

(3)　判決の推移

高等法院（1978年３月２日判決）では，Goulding判事により，当該債権２は1965年財政法シェジュール７第５条第３項における証券（security）の定義に当てはまらないため，「証券による債務」にも該当しないとしてＲ社の主張を認めた。

控訴院（1979年５月24日判決）では，Scarman卿，Ormrod，Templemanの３名の控訴院裁判官全員一致で，当該債権２は同条第３項における債権（loan stock）に似た性質を有するため当該証券に該当する。したがって「証券による債務」に該当するとして国側の主張を認めた。

⑷　貴族院判決（1981年３月12日判決）

Wilberfoece卿，Fraser of Tullybelton卿，Russell of Killowen卿，Roskill卿，Bridge of Harwich卿の５名の裁判官全員一致でＲ社の上告を棄却した。

本判決において租税回避行為に対する新しいアプローチ，すなわち後のラムゼイ原則を示したWilberfoece卿の判決内容は以下の通りである。

イ　本事案におけるスキームの特徴について，以下の５点を挙げている。

①　専門業者から購入した既製租税回避スキーム（ready-made scheme）である。

②　タイムテーブルに従って速やかに数々の取引が実行され，一旦計画が実行に移されると，途中で中断することなく完了させる意志を有していた。

③　一連の取引が終了した時点における納税者の財政状態は，一定の支出を除けば取引開始時点と同じである。

④　金融機関からの借入れにより取引が実行され，当該借入金は計画完了と共に返済されることが予定されていた。

⑤　一連の取引は租税を回避する以外の目的を持たなかった。

ロ　上記のようなスキームを有する租税回避行為に対する意見

納税者は明確な文言に基づいてのみ課税されるべきであり，議会による制定法はかかる観点から解釈されなくてはならない。明確な文言とは，一般的な原則に従い判断されるべきであり，文脈や関連する法規を考慮すべきであるし，法規の目的をも解釈の視野に入れるべきである。

全体として実行されることが意図された複合取引においては，必ずしも個々の取引過程を個別に考察する必要はない。特に，計画が成し遂げられる予測が存在し，かつ，そのような結果が得られる現実可能性が認められる場合もこれに当たる。

本件スキームのような自動解消（self cancelling）取引において，一方で作り出された損失と他方で生じた利得に相互関連がある，両者を切り離すことはできない。取引を全体としてみて，そこに利得も損失も生じなかったことを見抜くことこそ正しい見解であると結論付ける。

⑸　小　括

Wilberfoece卿の判決から法の目的，取引全体を勘案して判断する新しいアプローチが示された。この判決は，その後の租税回避に係る判決に影響を及ぼし，その射程について議論されることになったのである。

コラム：英国の租税・司法制度

賦課課税制度と申告納税制度

英国の所得税（法人の所得税を含む）に関して賦課課税制度が採用されてきた。同制度下では，不服申立てがある場合は特別委員会に申し立て，その裁決に不服があるときは高等法院に提訴となっていた。この制度は改正され，法人に関しては，2000年から，個人については，1994年財政法による改正により1996-1997課税年度から申告納税制度が適用となっている。

英国（イングランド，ウエールズ）の裁判制度は，下級審から高等法院（High Court），控訴院（Court of Appeal），貴族院（House of Lords）であったが，2009年10月に，貴族院が改組されて最高裁判所（Supreme Court of the United Kingdom）が設置されている。また，2007年に，審判所に関する法律（Tribunals, Courts and Enforcement Act 2007）の制定により，前述の特別委員会等が改組されて，First-tier tribunal（下級審判所），Upper tribunal（上級審判所：高等法院と同格に相当）になっている。

4　バーマ石油事案

⑴　概　要

本事案の貴族院判決は，ラムゼイ事案貴族院判決に続いて同年末に下された判決であり，ラムゼイ事案貴族院判決を踏襲するものとしての特徴がある。

⑵　事実関係

バーマ石油（以下「Ｂ社」という。）は，1972年12月31日に終了する事業年度において，保有していた市場性のあるBP株を株価の高いときに完全子会社であるＨ社に譲渡し代金未収とした。その後Ｂ社は，同BP株を株価の低いときに買い戻すことによって，Ｈ社は買い入れ価格と売却価格の差額分の債務を負うことになった。続いてＨ社は，Ｂ社への債務を返済するためにＢ社の子会社すなわちＨ社の兄弟会社MORH社に対し融資を申し込んだ。MORH社は，当該融資を実行するためにＢ社から融資を受けた。ここまでの資金の流れはＢ社（貸付け）→MORH社（貸付け）→Ｈ社（返済）→Ｂ社となった。さらに，Ｂ社はＨ社の増資を引き受けて株式の払込金を支払い，Ｈ社はその払込み金額でMORH社に返済し，MORH社はＢ社に返済した。したがって，ここでの資金の流れは，Ｂ社（出資）→Ｈ社（返済）→MORH社（返済）→Ｂ社となった。

この一連の取引によりＨ社はほとんど資産がない状態となり，そのような財政状態が悪化した状況でＨ社を清算することにより新株式の払込金に相当する損失を作り出し，Ｂ社は法人税の課税所得から当該損失を控除した。

⑶　当事者の主張

国側は，Ｈ社の増資の際の取引価格は独立企業間価格（arm's length）ではなく，多額の負債を抱えたＨ社の新株式の市場価格はゼロに等しいとして，払込金は控除の対象とはならないと主張した。また，貴族院に上告した際には，上記の主張に加え，新株式の払込金は真の対価ではなくスキーム全体をみた場合，控除すべき損失は発生していないと主張した。

Ｂ社は，1965年財政法シェジュール第７章第４条第１項から第３項により，当該増資は組織再編成に該当し，増資により取得した新株式は従前より所有していたＨ社の株式と同様に取り扱われ，Ｈ社清算において処分した新株式は従前の株式の処分と同じく課税所得から控除できると主張した。

⑷　判決の推移

スコットランド民事控訴院（1980年11月13日判決）において，President卿，Cameron卿，Stott卿の３名の裁判官全員一致で，1965年財政法シェジュール第７章第４条第２項及び第３項には時価を適用する旨の文言がないとし，国側の主張は認められなかった。国側は，貴族院に上告した。

⑸　貴族院判決（1981年12月３日判決）

Diplock卿，Fraser of Tullybelton卿，Scarman卿，Roskill卿，Brandon of Oakbrook卿の５名の裁判官全員一致で国側の主張を認めた。Diplock卿及びFraser of Tullybelton卿の判決内容は以下の通りである。

イ　Diplock卿

ラムゼイ事案は，租税回避以外には商業上の目的を有しない取引を挿入して，事前に準備された一連の取引（pre-ordained series of transaction）に対するアプローチを採用したものである。当該一連の取引が妥当な商業上の目的（commercial end）を達成しているか否かは問題ではない。

ロ　Fraser of Tullybelton卿

Ｂ社は，ラムゼイ事案と本事案では，異なる点があることを指摘した。第１に，前者では事前に準備された既製の計画（ready-made plan）が提供されたが，後者は事前に準備されてはいるが，特別に誂えたもの（specially tailor-made）である。第２は，前者では必要な資金を銀行から借り入れたが，後者は自社で必要な資金を準備した。しかし，卿は，これらの差異は法的地位に影響を及ぼさないし，重要な問題ではないと判示した。

また，ラムゼイ事案貴族院判決におけるWilberforce卿の「分解することができない過程のなかでの一段階において生じる損失又は利得で，後の段階で解消されるように意図されているものは，立法の想定する損失又は利得ではなく，それは司法の権能内の判断である」を引用し，次のように述べた。新株式の払込金相当の損失を被ったようにみえるが，納税者はほとんどの資金を取り戻していることから，現実の損失（real loss）を負ってはいない。ラムゼイ事案と同様にスキームが実行されたときに現実の損失及び立法によって意図された損失が生じていない。

5　ドーソン事案

⑴　概　要

本事案貴族院判決は，ラムゼイ原則の射程を拡張した判決であるとして議論されている。また，当該判決においてBrightman卿によってラムゼイ原則適用要件の公式が示された。

⑵　事実関係

ドーソン一家（以下「D」という。）は，1971-72年の課税年度において，その所有する同族会社であるO社の全株式を非関連会社（以下「W社」という。）に譲渡するに際して，譲渡益課税の繰延及び印紙税を軽減するために，マン島に設立されたG社を中間会社として挟み，一旦O社の株をG社に譲渡し，その後G社はW社にO社株を譲渡する計画であった。したがって，G社がW社にO株式を譲渡するまでの間，O社株式の譲渡益課税は繰り延べられることになる。

⑶　当事者の主張

国側は，Dが直接W社に譲渡したものとして課税した。

Dは，O株式とG株式を等価交換し，G社は取得したO株式を交換時と同じ価値でW社に売却した。等価交換については1965年財政法シェジュール第7章第6条第2項に「交換によって保有することとなる場合は組織再編成とされる。」と規定されていることから，当該組織再編成に該当するものであり，同第4条第2項によって課税されないものと主張した。

⑷　判決の推移

高等法院（1981年12月18日判決。Vinelott判事）及び控訴院（1983年5月27日判決。Oliver，Kerr，Slad控訴院裁判官3名）において，三者間で行われた取引は真正なものであるとして納税者の主張を認めたため，国側は貴族院に上告した。

⑸　貴族院判決（1984年2月9日判決）

貴族院は，Fraser of Tullybelton卿，Scarman卿，Roskill卿，Bridge of Harwich卿，Brightman卿の5名の裁判官全員一致で国側の主張を認めた。

代表的な意見を述べたBrightman卿の判決内容は，以下の通りである。

① 本事案は，一般的にいわれる租税回避スキームではなく課税の繰延スキームである。高等法院及び控訴院の決定が強引にもラムゼイ原則を自動

解消取引に限定しようとしているという印象を拭うことは難しい。ラムゼイ原則の理論的根拠として，本事案は，事前に計画された節税スキームにおいて，(a)拘束力の乏しい契約により調整された一連の取引と，(b)各取引を順次行うことを関係者が契約上拘束されていることから行われる一連の取引，のいずれも現実的に差異はないことから，課税上の区別は必要ない。ラムゼイ原則によれば，複数の取引が事前に契約されていなくても，事前に準備されていた場合でも課税上の結果に差異はない。本事案においても拘束力のある契約に代わる非公式な調整の中に事前から準備された一連の取引を見つけることは可能である故に，課税を回避することはできない。

② さらにラムゼイ原則の適用について，バーマ石油事案のDiplock卿の公式化は，ラムゼイ原則の限界を示すものである。第1に，事前に準備された一連の取引すなわち1つの複合取引でなければならない。これは商業上の成果を達成してもしなくても良い。第2に，複合取引の中に納税義務を回避する以外に商業上の目的を有しない取引が挿入されていなければならない。この2つの要素が存在した場合に，挿入された取引は課税上無視される。その後，裁判所は，最終結果に着目し，最終結果がどのように課税されるかは，適用される制定法によるものとする。本事案においては，中間会社を経由させたことが挿入取引であり，課税の繰延以外に商業上の目的を持たないものである。キャピタルゲイン課税が導入されていなければ当該中間会社は存在しなかったであろう。

(6) 小　括

ラムゼイ事案及びバーマ石油事案のような自動解消取引或いは循環取引に対して，本事案のスキームは直線取引（liner transaction）といわれ，異なる形のスキームであり，譲渡益については課税の繰延スキームであったが，貴族院はラムゼイ原則を適用した。本判決においてBrightman卿は，ラムゼイ原則の適用要件の公式を示した。その要件は，①事前に準備された一連の取引の存在，及び，②複合取引の中に租税回避以外には商業上の目的を有しない取引が挿入されていることである。この2要件を満たすことにより，ラムゼイ原則が適用されたことになる。本判決は，ラムゼイ原則の射程を拡張するものとして専門家の間で議論された。

6　ホワイト事案

(1)　概　要

ラムゼイ事案貴族院判決以降，その解釈及び適用に相違はあるものの国側の主張が認められてきたが，本事案においてラムゼイ原則は適用されなかった。本判決は，過去の判決を詳細に分析検討することによって，ラムゼイ原則の内容及びその射程を明らかにしようとしたものである。

(2)　事実関係

原告であるステファン・ホワイト氏は，自らが経営する会社（以下「Q社」という。）の今まで以上の業務拡大が困難であるとし，非関連者に売却することとした。Q社の全株式を非関連者に譲渡するに当たり，マン島に設立されている中間会社（以下「M社」という。）を挿入しM社にQ社株式のすべてを所有させ，M社から非関連者に株式を譲渡した。本スキームにおいて，最終的な売却先である非関連者は，売買契約締結の直前まで決定されていなかった。国側は，原告が直接非関連者にQ社株式を譲渡したものとして，1976-77年の課税年度につき課税した。

(3)　判決の推移

高等法院（1985年5月24日判決。Peter Gibson判事）及び控訴院（1987年3月24日。Slade，Parker，Mustill判事）において，法的効果を持つ取引は事前に準備された取引とはいえず，租税上の便益を得る目的のための1つの複合取引ではないとして，国側の主張を認めなかった。そのため国側は貴族院に上告した。

(4)　貴族院判決（1988年7月21日判決）

貴族院において，3対2で上告は棄却され，納税者の勝訴が確定した。多数意見を述べた裁判官は，Keith of Kinkel卿，Oliver of Aylmerton卿，Jauncey of Tullichettle卿であり，少数意見を述べたのは，Templeman卿及びGoff of Chieveley卿である。

多数意見を述べたKeith of Kinkel卿，Oliver of Aylmerton卿の判決内容は，以下の通りである。

イ　Keith of Kinkel卿

「あらかじめ計画された節税スキームにおいて，(a)拘束力の乏しい契約により調整された一連の取引と，(b)各取引を順次行うことを関係者が契約上拘束されていることから行われる一連の取引とを，課税上の目的のために区別するべきではない」，とするドーソン事案貴族院判決におけるBrightman卿の意見を引用した。そして，ラムゼイ原則の最も重要な特色は，一連の取引を全体として考慮することである。納税者が租税回避或いは租税の減少を意図として行ったあらゆる取引を無効であるとして取り扱うことは司法の機能の一部である。個別的否認規定が存在しない場合において，納税者が一方では納税義務を発生させ，他方では納税義務を発生させない２つの取引のいずれも行えるときには，納税者は後者の方法を自由に選択することが一般的に認められることである。ラムゼイ原則の射程は，ドーソン事案にその性質が酷似している場合に制限されるべきである。

ロ　Oliver of Aylmerton卿

Oliver卿もKeith卿と同様に，ドーソン事案貴族院判決のBrightman卿の意見を引用した。そして，事実関係においてドーソン事案と以下のように比較した。

本事案は，売却が完了する前にその資産が納税者によって又は納税者の親会社によって支配される中間的な会社に帰属させられるという意味において，ドーソン事案と同じ基本のパターンを表している。

しかし，中間移転時において，資産の最終的行き先，移転の条件，或いは移転が行われるかどうかについて，確実性をもって断言できるという意味において，あらかじめ準備された取引又は複合取引（composite）ではない。それゆえに，本案件はBrightman卿の示した基準に一致していない。

以上から，ドーソン事案貴族院判決から明らかとなる以下の本質的な４要素を示した。

① 一連の取引は，中間取引（intermediate transaction）が挿入された時点で定められた結果をもたらすためにあらかじめ準備されていること。

② 当該中間取引は租税を減少させる以外の目的を持たないこと。

③ 当該中間取引が行われた時点で，事前に計画された事象があらかじめ準備された通りに実行されるため，中間取引は独立したものとは予期されないこと。

④ あらかじめ準備された事象が実際に行われること。

本事案は，Q社からM社に株式を移転した中間取引時点において，M社から先の最終的な譲渡先，条件，譲渡が行われるか否かについて，確実性をもって断言できるという意味において，あらかじめ準備された取引或いは複合取引とはいえないとした。

そして，本判決は，租税回避産業に対してラムゼイ事案判決及びドーソン事案判決と同様に否定的な意見を有しているが，税負担の減少或いは課税の繰延という事実があるだけで，ラムゼイ原則及びドーソン判決の射程を拡張することに異議を唱えたのである。

コラム：英国の法人税

現在，英国の法人税法は独立している（The Corporation Tax Act）。それ以前は，所得税・法人税法の形態であった（Income and Corporation Taxes Act 1988）。さらに，それ以前は，所得税としての課税であった。したがって，英国において法人に対する課税が注目されなかった原因の１つはこの法体系にあるともいえるのである。

英国法人税の歴史の概要は次の通りである。

① 1965年前の時期は，法人税という形態ではなく，法人に対して所得税が課税されていた。

② 1965年，所得税と利潤税を統合して法人税となり，40%の比例税率による課税が行われた。

③ 1973年にインピュテーション方式が採用された。なお，この方式は，1999年４月６日に廃止されている。

そして，現在は，法人税法として独立したものとなっている。上記①から③までは，法人税法上の区切りとなる事項である。問題は，法人の課税所得はどのように算定されるのかということである。英国の場合，課税対象となる所得は，Taxable profitsと表現され，Taxable incomeは収入概念である。

7　エンサインタンカー事案

(1)　概　要

本事案は，映画フィルムに関するノンリコース・ローン（有限責任借入金）を用いた初年度償却が争点になったもので，わが国における映画フィルム事案（最高裁第三小法廷平成18年1月24日判決）と類似している。

(2)　事実関係

エンサインタンカー社（以下「E社」という。）は，1980年に他の英国企業4社と共にパートナーシップ（以下「PS」という。）を組織し，映画制作会社に投資した。当初の映画制作の見積額1,300万ドルのうち25％に当たる325万ドルをPSが提供し，このうち，E社の負担額は237万ドルであった。残額及び追加費用の100万ドルは融資によって調達された。当該融資はノンリコース・ローンであり，映画による収益の75％はこの返済に充てられ，25％はPSによって受領された。E社は，PSに出資した4社とともに映画の制作費全額1,400万ドルに対して初年度償却を適用した。

(3)　当事者の主張

国側は，PSは事業を行っていないこと，映画フィルムはPSに帰属していないこと，PSは1971年財政法第41条第1項に該当する支出を行っていないことから，初年度償却を認められないと主張した。貴族院においては，さらに本件における取引は租税回避以外の商業上の目的を有しないことから無視すべきであると主張した。これに対し，E社は，映画制作に要した費用の総額1,400万ドルについて，1971年財政法第41条第1項における初年度償却が適用できると主張した。

(4)　判決の推移

高等法院（1989年7月14日判決）において，Millett判事は，異議申立てを審査する特別委員会が下した結論は支持できないとした。特別委員会は，本件の取引の目的は租税上の便益を得ることを目的としており，1971年財政法第41条第1項に掲げる「事業」を行っていないと結論付けたが，Millett判事は，PSが映画制作に投資することは利益を得る目的で映画配給をすることを目的としており「事業」上の取引と考えられる，としてE社の主張を認めた。

控訴院（1991年1月30日判決）は，国側の訴えを認容するが，租税上の便益を得ることが唯一の目的である場合は「事業」取引とはいえず，それが主たる目的であるとした特別委員会の結論では不十分として，特別委員会への差し戻しを認めた。Ｅ社は，貴族院へ上告した。

⑸　貴族院判決（1992年３月12日判決）

貴族院において，Keith of Kinkel卿，Brandon of Oakbrook卿，Templeman卿，Goff of Chieveley卿，Jauncey of Tullichettle卿の５名の裁判官は全員一致で，PSが提供した325万ドル部分についてのみ初年度償却を認めた。

代表的な意見を述べたTempleman卿の判決内容は以下の通りである。

まず，一連の取引は初年度償却による課税の軽減を図るために行われた取引であるとして，以下のように先例と比較し検証した。

①　ウエストミンスター事案貴族院判決では，課税上の結果と法的結果とは一致していると解釈された。本事案におけるＥ社の課税上の結果は全体として解釈すると法的結果と一致していない。

②　ラムゼイ事案貴族院判決では，作り出された２つの取引を全体としてみた場合の真の法的効果は，譲渡益でも譲渡損失でもない。本事案におけるスキームは，325万ドルの真実の支出を行うことによって，1,400万ドルという課税上の便益を生み出す魔法の結果をもたらした。

③　ホワイト事案貴族院判決では，一連の取引における真の効果に対して法を解釈，適用し，そして当該事実が法の適用を受けるか否かを決定しなければならない，とした。ラムゼイ原則の最も重要な特色は，一連の取引を全体として考慮することである。本事案においては，法における真の効果は，325万ドルを支出したことであり，真の課税上の効果は当該支出金額と同額の初年度償却を行うことである。さらに，ラムゼイ事案及びバーマ石油事案においては真実の損失（real loss）ではなく課税上の損失を作り出していた。本事案における325万ドルの支出は真実（real）であるから，この支出した部分についてラムゼイ原則は本事案に適用されない。

⑹　小　括

Templeman卿の上記判旨によれば，事実関係を過去の判例に当てはめ，実際に負った損失についてはラムゼイ原則を適用せず，真実でない損失については先例と同様にラムゼイ原則を適用したものである。

8　ムーディー事案

(1) 概　要

本事案は，ラムゼイ事案貴族院判決より前のプルマー事案貴族院判決（Inland Revenue Commissioners v. Plummer, H.L., [1979] STC 793.）と同様のスキームであった。当該判決は，納税者側が勝訴した判決である。したがって，当該判決の先例拘束がラムゼイ原則によって変化が生じたのか否かについても検討を要するものである。

(2) 事実関係

ムーディー氏（以下「M」という。）は，1973-74年から1976-77年の課税年度における付加税及び所得税について，支払った年金がその課税所得の計算上控除できるものとした。なお，本事案のスキームにおいては，年金を受け取る慈善信託会社における適用税率が基本税率以下の税額である場合に，支払者から徴収した基本税額相当の税額につき還付を受けることができるというものであった。また，当該スキームにおける一連の取引を全体としてみれば，資金は関連者間を循環してMに戻るというものであった。

Templeman卿の判決文に，取引の経緯が以下のように段階的に説明されている。

① この計画のために設立された慈善信託会社HOVAS（以下「H社」という。）に対して，SWL銀行は，59,400ポンドを貸し付ける。

② H社は，Mに年金の対価として59,400ポンドを支払う。この年金は，H社に対して５年間支払われる。また，この期間が５年未満の場合，その残余の期間について所得税の基本税率控除後の金額12,000ポンドが支払われる。

③ Mは，SWL銀行のグループ会社であるO社に対して10枚の約束手形（額面60,000ポンド）の対価として59,400ポンドを支払った。

④ O社は，SWL銀行グループのB社に59,400ポンドを貸し付けた。

⑤ B社は，H社に対して59,400ポンドを貸し付けた。

⑥ H社は，SWL銀行に対して59,400ポンドを返済した。

⑦ O社は，Mに対して手形２枚分の金額12,000ポンドを支払った。

⑧ Mは，H社に対して年金分の12,000ポンドを支払った。

⑨　H社は，B社に対して12,000ポンドを返済した。

⑩　B社は，O社に対して12,000ポンドを支払った。

以上の取引を金額に着目して流れを負ってみると，59,400ポンドは，SWL銀行→H社→M→O社→B社→H社→SWL銀行となる。12,000ポンドは，O社→M→H社→B社→O社となる。この一連の取引は，ラムゼイ事案で行われた自動解消取引（self-cancelling transactions）といわれるもので，取引の結果，関連者の資金の保有等に変動がない。

⑶　判決の推移

高等法院（1990年５月４日判決）において，Hoffmann判事は，自動解消取引であり資金の状況に変動もなかったことから，国側の主張を支持した。控訴院（1991年４月30日判決）において，前記プルマー事案貴族院判決の先例拘束性から国側の主張が退けられた。したがって，国側が貴族院に上告した。

⑷　貴族院判決（1993年２月11日判決）

貴族院において，Keith of Kinkel卿，Templeman卿，Goff of Chieveley卿，Browne-Wilkinson卿，Mustill卿の５名の裁判官は全員一致で国側の主張を認めた。

Templeman卿は，本事案を実際の所得を減らすことなく課税上の所得を軽減するため循環取引を利用した租税回避スキームであるとし，ラムゼイ事案貴族院判決において導かれた見解によって，諸取引が自動解消取引であることから，法に規定された年金の支払を行っていないと述べた。

⑸　小　括

本判決は，プルマー事案と同等の租税回避取引について当該事案ではなくラムゼイ事案貴族院判決を先例とした。Templeman卿の意見によれば，プルマー事案については実質主義を根拠として争われたものであるが，本事案は自動解消取引を根拠としていることから，ラムゼイ事案貴族院判決を先例とし判決を下したものである。

9　フィッツ・ウィリアム事案

(1)　概　要

本事案は，相続税に関する租税回避事案につき，ラムゼイ原則の適用の有無を争点としたものである。

(2)　事実関係

1979年に死去したフィッツ・ウィリアム伯爵の資産を相続した未亡人（以下「F」という。）は，そのときすでに高齢であったため，自らが死去した際の娘（以下「H」という。）への相続税を回避する目的で信託を利用した複数の段階を経る取引を実行した。1975年財政法シェジュール６の非課税規定及びシェジュール５の現有権（interest in possession）の規定，並びに1976年財政法第86条，第87条の相互移転非課税規定を根拠として，非課税となる取引を創出した。

本事案は，以下の５つの段階に従って実行された。

① ステップ１：1979年12月20日，遺産の受託者はFに遺産の400万ポンドを信託とした。これは，1975年財政法シェジュール６第１条第１項の配偶者間移転に該当し，課税されない。

② ステップ２：1980年１月９日，Fは娘Hに200万ポンドの贈与をした。そのすべては400万ポンドの信託財産を担保に受託者から借りたものであった。本来であれば，Fはこの贈与により課税されるが，以下のステップ４により1976年財政法第86条，第87条の相互移転非課税規定に該当することになり，課税されない。

③ ステップ３：1980年１月14日，遺産の一部380万ポンドについてFの生存中又は1980年２月15日までの間，彼女に信託財産による収益を支払い，そのいずれか早い日以後は，半分（権利確定部分）はHのために信託され，残りの半分（未確定部分）はFへの収益の支払が終了した時点においてHが生存していた場合にはHのために信託され，そうでなければ息子のために信託されるというものであった。つまり，Hは，半分については条件付きではあるが，380万ポンド分の権利を取得したことになる。

④ ステップ４：1980年１月31日，Fは未確定部分におけるFの権利を200万ポンドでHに譲渡した（1st. Assignment）。1975年財政法シェジュール

5第9条第1項の規定により，資産を所有する権利の受益者が財産の所有者とみなされるため，同第4条第1項により課税される。したがって，未確定部分（190万ポンド分）が課税される移転となるが，200万ポンドの対価を得ているので，同第4条第4項により対価分だけ課税される移転の価値が減少する。よって，課税されない。ステップ2との関係において，Fは81歳の高齢とはいえ本年2月15日までに死亡する確率はかなり低い。したがって，このような権利を200万ポンドの対価を支払って購入したことは，実質的にはHからFに対する200万ポンドの贈与を行ったこととされる。よって，ステップ2のFからHへの贈与と，ステップ4のHからFへの贈与は，1976年財政法第86条，第87条の相互移転非課税規定に該当することになり課税されない。

⑤　ステップ5：1980年2月5日，Hは1980年3月15日まで又はFの死去のいずれか早い日までの間，Fへ収益から支払が行われ，その後は設定者であるHに権利確定部分が復帰するという1,000ポンドの信託を設定した。1980年2月7日，上記信託を契約した（2nd. Assignment）。これによって，Fが保有する権利は1980年3月15日までとなった。3月15日にその財産はHへ復帰するため，1975年財政法シェジュール5第4条第5項の規定により課税されない。

⑶　判決の推移

国側は，ラムゼイ原則を根拠として未亡人からその娘への資産の移転に対して課税したが，高等法院（1989年11月9日判決）及び控訴院（1992年2月19日判決）は，ラムゼイ原則の要件である「事前に準備された一連の取引」に該当しないとの見解を示し国側の主張を退けたため，国側は上告した。

⑷　貴族院判決（1993年7月1日判決）

貴族院において，Keith of Kinkel卿，Templeman卿，Acker卿，Browne-Wilkinson卿，Mustill卿の5名の裁判官は，4対1（少数意見を述べたのはTempleman卿である。）で国側の上告を棄却し，Fの勝訴が確定した。

多数意見を述べたKeith of Kinkel卿は，本事案が事前に準備された租税回避スキームの一部であることを認めているが，一連の取引が税負担免除の適用を受けるために作り出された意図があることを証明するには不十分であるとして，ラムゼイ原則は適用されないという見解を示した。

10 ウエストモーランド投資会社事案

⑴ 事実関係

ウエストモーランド投資会社（以下「W社」という。）は，欠損金と負債を有していたため清算処理を行う以外の選択肢はない状態であった。他方，このような会社を売買する市場も存在していた。つまり，このような会社を買収して，その欠損金と自社の利益を相殺することにより課税を免れることができるからである。このW社の損失は，真実の損失（real loss）であったが，その多くは未払利息（accrued interest）であった。1988年所得税・法人税法第338条において，「利息は支払った時にのみ所得から控除できる」と規定していた。この規定を根拠として，親会社であるスキーム受託者から融資を受け，その資金を負債の半分以上を占める未払利息の支払に充てた。利息を受け取ったスキーム受託者は免税団体であることから，その源泉税の還付を受けた。

⑵ 判決の推移

高等法院（1997年7月24日判決）において，国側の主張が認められた。控訴院（1998年10月23日判決）においては，資金の出所いかんを問わず，未払利息を支払ったとし，W社の主張を認めた。国側は，貴族院に上告した。

⑶ 貴族院判決（2001年2月8日判決）

貴族院において，Nicholls of Birkenhead卿，Hoffmann卿，Hope of Craighead卿，Hutton卿，Hobhouse of Woodborough卿の5名の裁判官の全員一致でラムゼイ原則の適用は認めず，国側の上告を棄却した。Hoffmann卿は，判決内容を以下のように述べた。すなわち，制定法の解釈は，議会が当該制定法の文言を使用する際に，何を意味するのかを確認することであって，その他の解釈の原則のすべては当該作業を手助けするための過程にすぎない。租税制定法においては議会が与えた商業的意味（commercial meanings）による解釈ができない文言も多く存在する。それらの文言は，広範な商業的意味を持たない法的概念（legal concepts）に言及している。そのような場合に，ラムゼイ原則は適用されない。本事案にラムゼイ原則を適用するためには，第338条の「支払い」の概念が単なる負債の消滅以上の事業上の意味（business meaning）を有していると解釈されなければならない。しかし，当該「支払い」は，法的概念であってそれ以外の商業的意味を持たない。

11　バークレイ・マーカンタイル事案

⑴　事実関係

アイルランド公営のガス供給会社（Bord Gais Eireann：以下「BGE」という。）は，スコットランドからアイルランドに天然ガスのパイプラインを建設した。BGEでは，パイプラインの償却費を上回る課税所得を取得するのには時間がかかることから，英国法人とセールアンドリースバック契約を締結し，パイプラインを取得した当該英国法人（Barclays Mercantile Business Finance Ltd：以下「BMBF社」という。）は，BGEにリースし，さらにその英国子会社にサブリースした。以上の取引を経て，BMBF社はパイプラインの取得費について，税法上の減価償却費を計上して申告した。当該取得費の元手となる資金は，BMBF社がグループ企業であるバークレイ銀行から借り入れたもので，BGEが受け取った譲渡金額は，Deepstream社に預金され，その後バークレイ銀行系列のマン島所在のファイナンス会社に預金され，さらにバークレイ銀行に預金されたのである。

⑵　国側の主張

国側は，一連の取引が人為的であり，事業目的がなく，ラムゼイ原則を適用してBMBF社の減価償却費の計上は認められないと主張した。BMBF社は，1990年キャピタル・アローワンス法第24条の適用を受け，パイプラインの取得費全額につき税法上の減価償却費を計上できると主張した。

⑶　判決の推移

高等法院（2002年７月22日判決）において，Park判事は，BMBF社の取引が商業的実体を欠いていることから，BMBF社の主張を認めなかった。控訴院（2002年12月13日判決。Peter Gibson，RIX，Carnwath控訴院裁判官）は，商業上の概念が問題ではないことからラムゼイ原則の適用が難しいという判断を示して国側敗訴とした。したがって，国側は貴族院に上告した。

⑷　貴族院判決（2004年11月25日判決）

貴族院において，５名の裁判官全員一致でラムゼイ原則の適用を認めず，国側の上告を棄却した。ラムゼイ原則は新たなアプローチであるが，最も重要なことは当該法の目的に沿った解釈を行うことである。本事案は，ファイナンスリース取引が事業であれば，当該法の目的に合致しているといえると判示した。

12 アスタール事案

⑴ 事実関係

アスタール氏（以下「A」という。）は，受託者によって発行された証券と引き換えに金銭を貸し付ける信託を設定し2,700ポンドを拠出した。受託者はAに2,489,851ポンドのゼロクーポン債を2,117,428ポンドで発行した。証券は，65年後に償還するか発行後すぐに発行価格の5％で償還することもできる証券である。証券保有者は，上記以外の条件（市場変動条件）を満たす場合に第三者に証券を譲渡することができる。第三者は65年後に償還するか発行後すぐに発行価格の5％で償還することもできる。Aは，市場変動条件を満たしたため，銀行に額面金額の5％割引で証券を譲渡した。当該取引により，A氏は証券譲渡損失を有することとなり，所得税の軽減を請求した。償還条件は1996年財政法第13条に規定される要件を満たしていた。

⑵ 判決の推移

高等法院（2008年6月27日判決。Peter Smith判事）において，制定法の目的を解釈すれば当該証券は同13条に規定される証券に該当しないとし，Aの主張を認めなかった。

⑶ 控訴院判決（2009年10月9日判決）

控訴院において，Arden，Keene，Sullivan控訴院裁判官は，全員一致でAの主張を退けた。本事案における証券が，1996年財政法第13条に規定する証券に該当するか否かについて，以下のように述べた。税務上の便益を得ることを意図しているという単なる事実は，それだけでは法律上の軽減を受けることができない十分な要件ではない。本件においては，法定の解釈の通常の原則は適用されなかったということを示すものは何もなかった。したがって，1996年財政法第13条が目的論的解釈から免れることはない。目的論的解釈を適用するには，2つの手順を実行する必要がある。第1に，関連条項の目的を特定する。これを行うには，裁判所は，法令がどのような目的を持っていて，議会が目的もなく法制化しなかったことを想定する必要がある。しかし，目的は法令から識別可能でなければならない。裁判所は，基礎のないものを推測してはならない。第2に，法定の条件を満たした取引が実際の事実に対してどのような取引であるかを検討する必要がある。

13　メイズ事案

⑴　概　要

この事案の争点は，高額所得者である個人が利用したSHIP2というスキームにおいて，事前に準備された複合的，人為的かつ租税回避目的を持つ取引が税務上否認されるか否かである。

⑵　事実関係

メイズ氏（以下「M」という。）は，SHIP2という租税回避スキームを利用して，1988年所得税・法人税法（以下「1988年法」という。）第13款第２章により認められた損失控除（corresponding deficiency relief）を根拠に所得税の軽減を図った。課税年度は2003-04年である。

当該スキームは次の７段階から構成されている。

① ジャージー島の居住者であるLovell氏がAIGより２つの債券（生命保険証書で各5,000ポンド，計10,000ポンド）を2002年４月２日に購入した。この１つの債券には，各20の生命保険証書を含み，当初の保険料は，１保険証書について250ポンドであった。

② Lovell氏は，ルクセンブルク法人のJSIに証書を2003年３月６日に256,085ポンドで売却した。

③ JSIは，2003年３月７日にAIGに対して追加保険料として１億５千万ポンドを支払った。

④ JSIは，2003年３月31日に保険の一部解約により③の投資額全額をAIGから回収した。JSIは，英国個人居住者でないことから，当該解約に係る課税はない。

⑤ JISは，証書を英国のLLPであるPESに2003年11月６日に譲渡した。

⑥ PESは，Mに133,104.20ポイントで2003年12月18日に譲渡した。内訳は，５つの証書を含む債券が125,949ポンド，２つの証書を含む債券が7,155ポンドである。

⑦ Mは，証書を2004年１月13日に解約した。Mが受け取った金額は，1,780.94ポンドで，損失額は1,876,134ポンドである。キャピタルゲイン税における損失額は，131,326ポンド（⑦の受取金額と⑥の取得価額の差額）である。

上記③で追加保険料を支払い，④で保険の一部解約を行ったが，これにより支払保険料の20分の１の控除のみが認められることから，受取金額とこの控除額の差額の利得が生じる。JSIは，個人でもなく英国居住者でもないことから，この利得は課税されない。そして，当該利得と支払保険料は，⑦の解約時に所得税において控除となる金額となる。

⑶ 当事者の主張

国側は，本事案の取引は一連の取引であり，かつ自動解消取引である。また，事前に計画された取引であり，それは租税回避を目的とし，商業上の目的のない取引であるとして損失控除を認めないと主張した。

Mは，③は保険料の支払で，④は保険の一部解約という主張であり，この主張が認められると，2004年１月の全部解約が1988年法第549条に規定するcorresponding deficiencyに該当し，M氏は，損失1,876,134ポンドの控除が認められることになる。

⑷ 判決の推移

高等法院（2008年12月15日判決）において，Proudman判事は，本事案はラムゼイ原則を適用するには租税回避の動機だけでは不十分であり，制定法は，純粋な法的分析におけるよりはむしろ事業又は商業的概念として解釈されることができない文言を含んでいない，とし本事案へのラムゼイ原則の適用は認めず，納税者の主張を認めた。

国側は控訴院に上訴した。本事案は，最高裁への上告が受理されなかったので，控訴院判決が最終審となる。

⑸ 控訴院判決

控訴院において国側に主張は退けられた。判決において，ラムゼイ原則は，①人為的な複合取引，②これらの取引の一部が自動解消取引であることを理由に課税上否認されること，③商業目的がなく租税回避目的だけで挿入された取引，という要素だけで，租税回避スキームを否定するような特別な公理ではない，という判断が示された。そして，本事案においては，裁判所は，SHIP2が自動解消取引で，事前に準備された租税回避目的のための取引を挿入したという理由で，1988年法に規定する租税上の便益を納税者から奪うことはできない，とした。したがって，ラムゼイ原則は適用されず，Mの主張が認められた。

⑹　小　括

本判決において，Proudman判事は，直感的にいってこのようなあからさまな租税回避スキームを成功させるべきではない，と述べている。ラムゼイ原則は，いくつかの判例の変遷を経て，このように公然たる租税回避行為に対してラムゼイ原則が適用されない結果となった。このような流れが，直接的ではないにしても一般否認規定導入へインパクトを与えたことは明らかである。

コラム：英国の課税管轄権

平成21年12月３日にわが国の最高裁第一小法廷において判決が出された事案は，チャネル諸島のガーンジー島の税制に関連したものであり，当地に設立された内国法人の子法人に対する課税が，０％から30％の範囲において課税当局と合意した適用税率の問題であった。

この問題となったチャネル諸島のガーンジー島は英国の領土であるが，例えば，日本と英国との間の租税条約（日英租税条約）において定義された「英国」とは，グレートブリテン及び北アイルランド（ＵＫ：連合王国）をいい，ガーンジー島は，日英租税条約の適用外地域となる。このガーンジー島と同様の状況にある英国領土は，ジャージー島，マン島があり，いずれも王室属領という地位にあり，英国の税法はこれらの地域に適用されない。付加価値税については，マン島は同税を課しているが，チャネル諸島は同税の課税はない。

英国領としては，これらの王室属領以外に，タックスヘイブンとして有名なケイマン諸島，英領バージン諸島，バミューダ等があり，これらの地域は，課税に関する自治権を持っていることから英国本土と異なる独自の税制を有している。この例として，中国返還前の香港がこれに当てはまる。香港は，英国の海外領土であったが，英国税法の適用はなく，低税率のタックスヘイブンとして有名であった。

14　英国におけるGAAR

(1)　GAARの制定法化

英国におけるGAARは，2013年７月17日に成立したFinance Act 2013（以下「2013年財政法」という。）第５款及びシェジュール43に規定が置かれた。

(2)　GAAR制定法化の概要

イ　GAAR制定法化

英国には，租税回避防止策として，司法領域において発展してきた公理（Judicial doctrine）としてラムゼイ原則（Ramsay principle）があるが，これは，取引が一定の要件を充足した場合に税務上の便益を否認するものである。当該要件は，判例によって変遷を経ているが，一般的には目的論的解釈によるものとされている。また，特定取引に対する個別的防止対策（Specific anti-avoidance provisions）及び取引の主目的又は主な目的の１つが税制上の便益を獲得するものである場合に適用される特定租税回避防止規定（Targeted anti-avoidance rules：以下「TAARs」という。）がある。2004年には租税回避スキーム開示（Disclosure of tax avoidance schemes：以下「DOTAS」という。）制度を創設した。

上記のような司法上及び制定法上の防止策があるなか，2010年に誕生した連立政権はその連立合意の中に租税回避対策に取り組むことを盛り込み，アーロンソン勅撰弁護士を中心とした研究会が発足した。2011年11月に導入報告書（GAAR STUDY）が公表され，2012年に議会によるGAAR規定の原案が立案された。その後に修正を経て，2013年３月財政法案が提出され，同年７月に女王の裁可が下されたことにより2013年財政法にGAARが規定されたのである。

ロ　アーロンソン委員会報告

導入報告書の公表後，2012年６月12日に，英国歳入関税庁（HM Revenue and Customs：以下「HMRC」という。）は，GAARに関する立法草案を公表して各界からの意見を求めた。その結果，HMRCには，14,000を超える意見が寄せられ，同年12月11日に，その意見は集約されて公表された。その後，2013年財政法第５款及びシェジュール43が一般否認規定であるGAARを規定して2013年７月17日より適用されることになった。

導入報告書における基本的なスタンスは，GAAR導入が課税当局に対して租税回避否認の武器を与えることではなく，また，英国における企業経営に悪影響を与えるという批判も考慮することであった。その結果，広義のGAAR（a broad spectrum general anti-avoidance rule）の導入は，英国の租税システムに適さないという判断が下された。その結果，濫用型の租税回避に対する対抗策としてのGAARが想定され，正常な仕組み取引（responsible tax planning）に対しては適用されないことになった。

導入報告書の附則ⅡにGAARのガイダンス案が添付されている。この案（第２条）には，「異常な仕組み取引（abnormal arrangement）」という概念を使用している。GAARの対象となる仕組み取引がこれである。また，第15条に，仕組み取引（arrangement）について次のような説明がある。

① 取引（transaction）という用語よりも仕組み取引がGAARでは使用されている。

② arrangementという用語は，租税の濫用スキームに見出すことができる諸要素をより適切にカバーしている緩い概念である。

arrangementという用語についての定義がある。

① arrangementは，計画（plan）と黙約（understanding）を含む。これらは法的に実施可能か否かにかかわらない。

② arrangementは，含まれることを意図した取引段階（step）或いは特徴（feature）を含み，かつ，arrangementの要素として，arrangementの一部が法的に実施可能或いは実際に不可避である要素も含む。

ハ　2013年財政法第５款及びシェジュール43の構成

2013年財政法第５款に206条から第215条までGAARに関する規定があり，シェジュール43にはその手続き要件が規定されている。

第５款の各条文の見出しは次の通りである。

第206条：GAARの概要

第207条：仕組み取引（arrangement）及び濫用（abuse）の意義

第208条：租税削減の意義

第209条：租税削減に対する対抗措置

第210条：否認規定からの適用除外

第211条：訴訟或いは審査請求前の諸手続

第212条：GAAR と従前のルールの関連性

第213条：法令の改正

第214条：第５款の解釈

第215条：適用開始と経過規定

シェジュール43では，GAAR適用における監視委員会等に関する規定が置かれている。

ニ　GAARの適用要件

GAARの主な目的は，濫用（abusive）型の仕組み取引を防止することである。濫用と認められなければGAARの対象とはならず，以下に示す①から④までの問題の各々が順番に該当する場合，GAARが適用される。

①　税務上の便益を引き起こす仕組み取引があるか。

②　税務上の便益は，2013年財政法に規定する所定税目に関するものか。

③　税務上の便益を得ることが，主たる目的又は主たる目的の１つであると合理的に結論付けることができるか。

④　その仕組み取引は濫用型であるか。仕組み取引が合理的な一連の行為として合理的にみなすことができない場合に濫用型であるとする。これは，ダブル合理性テスト（double reasonableness test）と呼ばれるもので，英国GAARの特徴の１ついえるものである。

また，立証責任を課税当局に課すものとし，監視委員会の設置等の納税義務者の保護制度を備えたものとなっている。

ホ　GAAR制定法化の意義

アーロンソン勅撰弁護士は，濫用型仕組み取引を対象とするGAARの導入は英国の税体系において意義があるとし，主に以下①から④までを挙げている。

①　作為的で人為的なスキーム（contrived and artificial schemes）に対して抑止効果を発揮すること

②　納税者間に公平性をもたらすこと

③　GAAR制定前において，裁判所は合理的結論を導くために拡張解釈をする傾向があり，不確実な結果をもたらしているが，GAARを導入することによってその不確実性が軽減されること

④　現在の長く複雑な租税に関する法律を，GAAR導入により簡素かつ明確にすることが可能であること

へ　英国におけるGAARの特徴

英国で導入されたGAARの特徴は，以下の通りである。

(イ)　GAARの対象は租税回避（avoidance）ではなく，濫用型（abusive）アレンジメントである。

(ロ)　GAAR諮問委員会（GAAR Advisory Panel）の設置

①　委員会はHMRC（歳入関税庁）から独立している。

②　HMRCのコミッショナーは委員会のメンバーを任命するが，HMRCの職員はメンバーではない。

③　委員会の機能は，HMRCによるガイダンスの承認及びHMRCの付議に対して意見を述べることである。

④　裁判所及び審判所は，納税者が行ったアレンジメントを検討するに際して，委員会の意見を考慮しなければならない。

(ハ)　GAAR適用に関して立証責任はHMRCが負う。

(ニ)　ガイダンスの公表：委員会の承認を得てHMRCがガイダンスを公表している。裁判所及び審判所は当該ガイダンスを考慮しなければならない。

(ホ)　事前確認制度：GAAR独自の事前確認制度は設けていない。

ト　英国におけるGAARの参考資料

英国のGAARに関連するHMRC等の資料は次のとおりである。なお，GAARについて，当初は，General Anti-Avoidance Ruleであったが，その後にGeneral Anti-Abuse Ruleに変更されている。

・2009. 12, HMRC, “Disclosure of Tax Avoidance Schemes (DOTAS)”.

・2010. 3, HMRC, “Disclosure of Tax Avoidance Schemes (DOTAS) Consultation Response Document”.

・2010. 12, HMRC, “Study of a General Anti-Avoidance Rule”

・2010. 12, Gov. UK, Government announces tax avoidance clampdown.

・2011. 1, Details of Avoidance Study Group set out.

・2011. 11, GAAR STUDY Report by Graham Aaronson QC（アーロンソン報告書）

・2011. 11, Gov. UK, Independent study on general anti-avoidance rule published.

・2012. 6, HMRC, "A General Anti-Abuse Rule, Consultation document"
・2012. 6, HMRC, "A General Anti-Abuse Rule, Summary of Responses"
・2012. 10 HMRC, "Guidance Disclosure of Tax Avoidance Schemes"
・2012. 12, HMRC, "A General Anti-Abuse Rule Summary of Responses"
・2013. 3, Seely Antony, "Tax avoidance : a General Anti-Avoidance Rule (GAAR) —background history"
・2013. 4, HMRC, "HMRC'S GAAR GUIDANCE PART A, B, C"(注)
・2013. 4, HMRC, "HMRC'S GAAR GUIDANCE PART D"(注)
・2013. 4, HMRC, "HMRC'S GAAR GUIDANCE PART E"(注)
・2013. 5, HMRC, General Anti-Abuse Rule (GAAR) Advisory Panel : terms of reference.
・2013. 7. 13 Finance Act 2013 Part 5, 施行。
・2013. 7. 19 Gov. UK, Reducing tax evasion and avoidance.
・2013. 10, Seely Anthony, "Tax avoidance : a General Anti-Avoidance Rule"
・2014. 12, Seely Anthony, "Tax avoidance : a General Anti-Avoidance Rule"
・Finance Act 2016 (GAARの罰則規定等を創設)

(注)　それぞれの最新版は下記のとおりである。
①　GAAR guidance with effect from 28 March 2018: Parts A, B and C
②　GAAR guidance with effect from 31 March 2017: Part D
③　GAAR guidance with effect from 28 March 2018: Part E

Ⅳ
日本の租税回避判例

1　租税回避の定義

⑴　租税回避の定義

日本における租税回避についての定義としては，金子宏名誉教授の『租税法』[1]に記述されている次の規定が最も引用される頻度が高い。「私法上の選択可能性を利用し，私的経済取引プロパーの見地からは合理的理由がないのに，通常用いられない法形式を選択することによって，結果的には意図した経済的目的ないし経済的成果を実現しながら，通常用いられる法形式に対応する課税要件の充足を免れ，もって税負担を減少させあるいは排除すること」

その他の研究者等による租税回避の定義及びタックス・シェルターに関する説明としては，八ッ尾順一教授の著書[2]にまとめられている。

谷口勢津夫教授は，租税回避とは，課税要件の充足を避け納税義務の成立を阻止することによる租税負担の適法だが不当な軽減又は排除をいい，これを租税回避の包括的定義としている[3]。さらに，同教授は，租税回避とは，課税要件のうち，①課税を根拠づける要件（積極的課税要件）については，その要件の充足回避による租税負担の適法だが不当な軽減又は排除，②課税を減免する要件（消極的課税要件）については，その要件の充足（対応する積極要件の充足回避）による租税負担の適法だが不当な軽減又は排除をいう，としている[4]。

⑵　租税回避の否認

個別的な否認規定が存在しない場合の否認は，原則として認められないが，個別的否認規定が存在しない場合であっても限られた一定の場合には例外的に，結果として狭義の租税回避と「否認」と類似の効果を持つ課税が認められる余地がある。その２つは，①課税減免規定の解釈による「否認」，②事実認定・私法上の法律構成による「否認」であり，このいずれも場合であっても，課税庁の恣意の入り込む余地はなく，租税法律主義の見地から特に問題はないと考えられる，というのが中里教授の見解である[5]。

また，今村氏の分析によれば，租税回避行為の場合に，当事者が用いた法形式を租税法上は無視し，通常用いられる法形式に対応する課税要件を充足されたものとして取り扱うことを「租税回避行為の否認」といい，これには，「租税法上の実質主義による否認」と「個別否認規定による否認」があり，前者は，経済的実質に即して課税要件事実を認定する方法であり，後者は，同族会社の行為計算否認規定等の明文規定に基づくものであり，さらに，前二者が狭義の否認とするとそれ以外に「私法上の法律構成による否認」があるとしている[6]。

コラム：tax avoidanceという用語の意味

tax avoidanceについての最近の研究書としては，Murray, Rebecca, Tax Avoidance 2nd edition, Sweet & Maxwell, 2013. がある。この著書では，tax avoidanceの特徴として次の２点を挙げている（同書．p. 1)。

① tax avoidanceは，脱税（evasion）ではなく，avoidanceとは犯罪行為の反対の行為で合法的なものである。これは，課税上の便益をルールの枠内において取得するという真正な信念に基づいて行われているのがその理由である。

② tax avoidanceは，租税計画（tax planning）の一形態であるが，納税義務者が立法上の抜け道を探すことにより租税上の便益を得る場合，法律の抜け道は，立法の意図しない欠陥であり，その行為は，tax avoidanceである。納税義務者が作為的で人為的な取引（contrived and artificial transactions）により税務上の便益を得る場合，その行為はtax avoidanceである。その理由は，法がそのような手段により租税上の便益を得ることを想定していなかったからである。

以上のことから，上記の著書におけるtax avoidanceは，脱税を対比されているが，節税という概念を使用していないことに注目したい。

(1)　金子宏『租税法第18版』弘文堂　121-122頁。
(2)　八ッ尾順一『租税回避の事例研究　五訂版』清文社　７頁。
(3)　谷口勢津夫『租税回避論』清文社　280頁。
(4)　同上282頁。
(5)　中里実『タックスシェルター』有斐閣　222-223頁。
(6)　今村隆「租税回避行為の否認と解約解釈」『税理』42巻14号　207-208頁。

2　同族会社の行為計算否認規定の沿革

⑴　規定の創設

同族会社の行為計算否認規定は，大正12年所得税法の改正により創設された規定である[(1)]。この規定は，当該所得税法第73条の２に同族会社の定義（株主又は社員の１人及びその親族，使用人その他の特殊の関係ある者の株式金額又は出資金額の合計がその会社の期末資本金の50％以上）があり，同法第73条の３に同族会社の行為に係る否認が次のように規定されている。

「前条の法人（同族会社：筆者注）とその株主又は社員及びその親族，使用人その他特殊の関係にありと認むる者との間における行為につき所得税逋脱の目的ありと認むる場合においては政府はその行為に拘らずその認むるところにより所得金額を計算することを得」

この上記の規定が創設された背景には，大正９年の所得税法により個人株主への利益配当を他の所得と総合して課税したことがあった。この改正前までは，配当所得は他の所得と区分して非課税であった[(2)]。

この大正９年改正前に遡ると，明治20年の所得税法の創設時からその後の変遷をたどることになる。

明治20年に創設された所得税法では，個人の所得のみが課税になり，法人所得への課税は明治32年以降の同法の改正によっている。そのようになった理由は，法人を個人の集まりと考え，法人の利益がいずれ個人株主に帰属するとして法人に課税せず個人段階で課税することを方針としたのであるが，個人所得からの配当金の脱漏が多くあったことから，明治32年に所得税法の改正が行われ，所得税法の一部に法人課税を規定したのである[(3)]。

明治32年改正の所得税法では，法人所得を第一種（税率2.5％），公社債利子を第二種（税率２％），その他の個人所得を第三種（税率１％から5.5％の累進税率）にそれぞれ区分して課税することになったのであるが，法人利益については，すでに述べたように，当該改正前では個人段階の課税としていたが，課税漏れも多かったことから，法人段階の課税に切り替えたのである。

しかし，個人の配当課税の代替措置として法人所得の課税を行うと，個人株主の所得の大小にかかわらず配当に係る税額は一律になることから，大正９年の改正により，配当を個人所得として総合課税するに至った[(4)]。

その結果，個人の所有する株式を出資して，これを管理する「保全会社」の設立が増加し，他の法人からの配当は，保全会社の所得となるという租税回避が行われたのである。これについて，矢部俊雄氏は，所得の総合課税を免れんがため同族会社を通じて種々なる合法的手段により，負担の軽減を図らんとする者が漸次多くなって到底これを放置することができなくなり，大正12年の改正に至ったと述べている(5)。

結果として，同族会社とその出資者又は親族等の特殊関係者との間における行為により所得税逋脱の目的があると認められた場合，税務官庁は，所得審査会の決議を経た後に，その行為を否認して所得金額を再計算することになったのである。

⑵　大正15年の改正

大正15年改正の所得税法により，第73条の２の規定は次のように改正されている(6)。

「同族会社の行為又は計算にしてその所得又は株主社員若しくはこれと親族，使用人等特殊の関係ある者の所得に付き所得税逋脱の目的あると認めらるるもののある場合においてはその行為又は計算にかかわらず政府はその認むるところによりこれらの者の所得を計算することを得」

まず，注目すべきは，改正前には，「同族会社の行為」を対象にしていたが，改正後では「同族会社の行為又は計算」となり，新たに「計算」が追加されたことと(7)，改正前には，同族会社とその出資者又は親族等の特殊関係者との間における行為にその範囲が限定されていたが，同族会社の行為又は計算にしてその所得又は株主社員若しくはこれと親族，使用人等特殊の関係ある者の所得と改正されて，行為計算の相手方が改正前と比較して特定されていない。したがって，所得税逋脱の目的を有する者としては，同族会社と株主社員若しくはこれと親族，使用人等特殊の関係ある者とその範囲が拡大されたことになったのである(8)。

⑶　行為計算の否認に係る初期の見解

同族会社の行為計算否認について，大蔵省主税局勤務の経験を有する片岡政一氏がその著書(9)において述べていることは，この規定について，当時の立法当局がどのような見解を持っていたのかを窺う上でも検討に値するものと思われる。

最初に，租税回避について，片岡氏は次のように述べている[10]。

租税法に規定する課税要件は，典型的な取引形態を目標として規律されており，立法の精神は，常に正常なる取引形態における普通の取引手段を想定して，これを前提に課税要件の構成要件を選定して一般的に共通することをもって公平な課税を実現することを目的としているのである。この課税要件の立法精神が典型的であればあるほど，納税義務者は，その典型的な経済取引を迂回することを試みるという弊害が生じ易く，課税要件の実現の阻止又は課税要件を最小限度に実現して租税回避を企てるのである。

そして，このような行為又は計算を否認する制裁的な法規を掲げて回避行為を威嚇予防する必要がある，と片岡氏は述べているが[11]，行為計算の否認規定の本質は制裁法規ではなく，正当な課税関係を再現する一種の原状回復手段であるが，規定の持つ効果は威嚇的であり，否認に係る事実認定を行政権に委ねていることが特徴としている[12]。

また，同族会社の行為計算の否認規定にある「租税逋脱の目的」を脱税と解することについて，租税回避の行為自体は真実であり，仮想隠蔽による脱税とは区別している。租税回避行為は，一般社会通念に照らして多少迂回的であり，正常な状態においてはこれを妥当とは認めがたいものであるという認識を示した上で，租税回避行為が法律の禁止する脱法行為であれば，これを否認することはできるが，その本質は，課税の公平を害する課税権の侵害を意味することから，この現実的な侵害を除去するための否認規定が不可欠としている。

この片岡氏の主張は，当時，租税回避と脱税を混同していた見解もある中で，明快に租税回避の本質に言及している。そして，課税権の自衛手段としての同族会社の行為計算の否認は，その最も露骨な手段であるとしている[13]。

同族会社の行為計算否認について，片岡氏の所見をまとめると次の通りである[14]。

①　行為計算否認規定は，同族会社の無配当政策等を対象として発達してきた関係上一般会社には適用にならない。

②　同族会社の行為計算否認は，同族会社の行為又は計算にして所得税軽減を目的とすると認められるものがある場合，その行為に法律上の瑕疵がなく，その計算に手続上の不合理がなくても，税務署長の客観的な認定に基づいて会社の行為計算のいかんにかかわらず，その所得額を算定しうると

いう規定である。行為計算の否認規定の本質は制裁法規ではなく，正当な課税関係を再現する一種の原状回復手段である。

③ 行為計算の相手方は特定の者に限定しない。

④ 所得税の逋脱を目的とすることを要件とするが，逋脱の意思の立証は必要ではない。

その後，1950年に公刊された前尾繁三郎氏の著書(15)によれば，同族会社の行為計算否認についての所見は次の通りである。

① 同族会社の行為計算否認の規定はあくまで法律上適法な行為又は簿記会計上正当な計算を否認することのできる特別な規定である。

② 同族会社自体の租税すなわち法人税の逋脱を目的としてなされたものであること。

③ 行為又は計算の種類については別に制限がなく，いかなる行為又は計算でも否認しうるが，会社の設立又は解散行為自体は否認できない。

④ 行為又は計算の相手方は必ずしも法人の株主又は社員等の同族関係者に限らない。

⑤ 逋脱の意思があることの立証を要しない。

(4) 昭和25年度の改正

昭和15年に法人税が独立した税目になったが，昭和25年度のシャウプ勧告に基づく税制改正により，同族会社の範囲が拡張され，同族関係者を含めて１人で30％以上，２人で40％以上，３人で50％以上，４人で60％以上，５人で70％以上を占めている場合に同族会社とすることになった。

同族会社の行為計算否認の規定（当時の法人税法第31条の２）では，従前に規定があった「租税逋脱の目的」という主観点要件が削除されて，「法人税の負担を不当に減少させる結果となる」という規定に置き換わって以下のようになった。

「政府は，前３条の規定により課税標準若しくは欠損金額又は法人税額の更正又は決定をなす場合において，同族会社の行為又は計算でこれを容認した場合においては法人税の負担を不当に減少させる結果となると認められるものがあるときは，その行為又は計算にかかわらず，政府の認めるところにより，当該法人の課税標準又は欠損金額を計算することができる。」

また，法人税基本通達355に11項目の同族会社の行為計算否認の例示が以下のように示されたが，これらの規定は，1969年（昭和44年）改正で削除されている。

① 資産を時価以上の価額で評価して同族会社へ出資した場合
② 社員から資産を不当に高価で買い入れた場合
③ 社員に廉価で資産を売却した場合
④ 社員の個人的な地位に基づく支出と認められるもの等
⑤ 社員所有の邸宅等の無収益財産を法人に出資又は譲渡し，法人にこれを維持させる場合
⑥ 株主，社員に多額の報酬を支払った場合
⑦ 業務に従事していない社員に対し支給する給与等
⑧ 社員への低利の貸付，低額の賃貸料等の場合
⑨ 株主，社員に特に多額の利子又は賃借料を支払った場合
⑩ 現物出資として受け入れた債権を消却した場合
⑪ 債務を無償で引き受けた場合

なお，この上記の類型については，前出の片岡氏の著書には，15の類型が示されており，時代とともに，類型の内容は若干変化しているが，この形態は1939年から1969年まで継続したことになる。

⑸ 平成18年度改正

平成13年度改正において，企業組織再編税制の整備が行われ，組織再編を利用した租税回避行為を防止するための包括的な否認規定が設けられた（所得税法第157条４項，法人税法第132条の２，相続税法第64条の３）。また，平成14年度改正において，連結納税制度が創設されたことに伴い，連結法人に係る行為計算否認の規定が設けられた（法人税法第132条の３）。平成18年度改正では，これまで，所得税法第157条，相続税法第64条の適用によるこれらの税目の増額更正を行った場合，その相手方である法人税の課税所得等を減少させる計算を行う権限が税務署長に法律上授権されていなかった。平成18年度改正は，税務署長に法人における対応的調整を行う権限を明確にする改正を行ったのである（法人税法第132条３項）。

⑴ 清永敬次「税法における同族会社の行為計算の否認規定⑴—大正12年所得税法及び大正15年所得税法」『法学論叢』第72巻第１号　45頁。

⑵　清永　前掲論文　47頁。矢部俊雄『会社の改正所得税・営業収益税・資本利子税とその実際』文精社　昭和２年　283頁。

⑶　匿名（一税務官吏）「脱税の総本山・保全会社物語」『会計』Vol. 17　№６，大正14年　61頁。

⑷　同上　61-65頁。

⑸　矢部　前掲書　282-283頁。

⑹　清永　前掲論文　60頁。

⑺　武田昌輔氏は，志達定太郎著『会社所得税及営業収益税』（1939年）240頁を引用して，「行為時とそれが及ぼす結果が後日に至るというような場合においても，その結果たる計算を否認するができるものとした」という解釈を述べている（武田昌輔「同族会社と行為計算の否認」『財政経済弘報』第595号　1956年）。なお，引用されている志達氏は，行為の結果当然に起こる計算であってもこれを行為と切り離して別個に否認しうる，と述べている。これについて清永教授は疑問を呈している（清永敬次　前掲論文　63頁，『租税回避の研究』ミネルヴァ書房　324頁）。

⑻　この改正は，同族会社の所得計算上，所得税逋脱の目的があると認められる場合における認定課税の範囲を拡大した，と解釈されている（大蔵省編纂『明治大正財政史』第６巻　経済往来社　1193頁）。

⑼　片岡政一『税務会計原論』文精社。

⑽　同上　261-262頁。

⑾　同上　264頁。

⑿　同上　266頁注２。

⒀　同上　270頁。

⒁　同上　271-275頁。

⒂　前尾繁三郎『新しい法人税の話』原書房　396，398頁。

3　同族会社の行為計算否認等の争点と判例

1　判例と争点

⑴　争点1：創設規定（租税法律主義）か確認規定（実質課税）か（確認規定とする判決)⇒実質主義に基づくもの

・最高裁　昭和37年6月29日判決
・大阪高裁　昭和39年9月24日判決
・東京地裁　昭和40年12月15日判決
・広島高裁　昭和43年3月27日判決
・神戸地裁　昭和45年7月7日判決
・東京地裁　昭和46年3月30日判決
（創設規定とする判決)⇒昭和50年以降はこちらが通説
・東京地裁　昭和51年7月20日判決
・東京地裁　平成9年4月25日判決（課税庁も創設規定であることを明言）
☞確認規定と創設規定に関する学説については，八ッ尾順一著『租税回避の事例研究　五訂版』清文社　12-13頁参照。

⑵　争点2：行為計算の主体

・東京地裁　昭和45年2月20日判決（行集21巻2号258頁）
・東京地裁　昭和54年9月26日判決（税資106号599頁）

⑶　争点3：行為・計算

・大阪地裁　昭和33年9月25日判決（「計算」と「行為」について判示）
・最高裁　昭和52年7月12日判決（山菱不動産株式会社事案）

⑷　争点4：不動産管理会社の事案

・東京地裁　平成元年4月17日判決

⑸　争点5：病院の多額の管理料

・福岡地裁　平成4年2月20日判決

⑹　争点6：土地の譲渡に関連した事案

・福岡高裁　平成11年11月19日判決

⑺　争点7：不当の解釈

・以下5　合理的基準説或いは純経済人基準説参照
・最高裁昭和33年5月29日判決（明治物産株式会社事案）

(8)　争点８：租税法律主義を支持する判決

・東京地裁　昭和51年７月20日判決

(9)　争点９：不当の意味と課税要件明確主義

・札幌高裁　昭和51年１月13日判決

・最高裁　昭和53年４月21日判決

(10)　争点10：同族非同族対比基準

・東京高裁　昭和49年６月17日判決（経済人の行為として不合理・不自然であること：合理性基準）

(11)　争点11：従業員への退職金が過大であるとして過大部分の損金算入を否認したもの

・高松高裁　昭和62年１月26日判決

(12)　争点12：役員への無利息貸付につき利息を認定したもの

・東京高裁　昭和36年２月27日判決

(13)　争点13：代表者の父親から買い受けた土地を父親の死亡後に相続人に売り戻した行為を否認したもの

・最高裁　昭和60年６月18日判決

(14)　争点14：過大役員報酬（未成年で就学中の子供）を過大として否認した事案）

・東京地裁　平成８年11月29日判決（高裁平成10年４月28日，最高裁平成11年１月29日）

(15)　争点15：貸倒償却による損金算入を否認された事例

・那覇地裁　平成７年７月19日判決

(16)　争点16：相続税における同族会社の行為計算の否認の判例

・浦和地裁　昭和56年２月25日判決

・大阪地裁　平成12年５月12日判決

(17)　争点17：逆さ合併

・広島地裁　平成２年１月25日判決

(18)　平和事案

・東京地裁　平成９年４月25日判決

・東京高裁　平成11年５月31日判決

・最高裁第三小法廷　平成16年４月20日決定

・最高裁第三小法廷　平成16年７月20日判決

⒆　IBM事案

・東京地裁　平成26年５月９日判決

⒇　法人税法第132条の２適用事案

・ヤフー事案　東京地裁　平成26年３月18日判決

・ヤフー事案　東京高裁　平成26年11月５日判決

・IDCF事案　東京地裁　平成26年３月18日判決

（参考資料：国税課税関係判例要旨集，八ッ尾順一『租税回避の事例研究　五訂版』清文社）

２　論　点

⑴　適用対象者の範囲：同族会社に限るのか

⑵　主観的要件（逋脱の目的）の要否

⑶　客観的要件の内容

①　不当に税負担の減少をさせること

②　不当性の意味

(a)　他の法人の取引と比較して不当性を判断しているもの

(b)　合理的な経済目的があるかどうかどうかから不当性を判断しているもの

（以上：山田二郎　山田二郎「行為計算の否認規定の適用をめぐる諸問題」『杉村章三郎古希祝賀税法学論文集』所収　三晃社）

⑷　行為否認と計算否認の異同

①　分離説　行為：同族会社と株主社員間の行為，計算：同族会社単独の行為

②　一体説

⑸　合理的基準説或いは純経済人基準説

税負担の不当な減少を結果すると認められる同族会社の行為・計算について，判例では２つの異なる傾向がある（金子宏『租税法第18版』弘文堂　441-442頁）。

①　非同族会社では通常なしえないような行為・計算，すなわち同族会社なるがゆえに容易になしうる行為・計算と解する判例（東京高裁判決昭和40年５月12日税資49号596頁，東京地裁判決昭和26年４月23日行裁例集２巻６号841頁）。

② 純経済人の行為として不合理・不自然な行為・計算がこれに当たると解する判例（東京高裁判決昭和26年12月20日行裁例集２巻12号2196頁，東京高裁判決昭和48年３月14日行裁例集24巻３号115頁，東京高裁判決昭和49年10月29日行裁例集25巻10号1310頁，福岡高裁宮崎支部判決昭和55年９月29日行裁例集31巻９号1982頁）

上記②が合理的基準説或いは純経済人基準説といわれるもので近年の裁判例となっている。

(6) 行為・計算が経済的合理性を欠いている場合

上記５②の考え方では，行為・計算が経済的合理性を欠いている場合に否認が認められると解することになる。

① 行為・計算が異常ないし変則的で租税回避以外に正当な理由ないし事業目的が認められる場合。

② 独立・対等で相互に特殊関係のない当事者間で通常行われる取引とは異なっている場合。

4　日本における租税回避対応規定

(1)　日本における租税回避規定の概要と現状

現行の日本の税法では，同族会社の行為計算否認規定（所得税法第157条，法人税法第132条，相続税法第64条，地価税法第32条）の他に，組織再編成に係る行為又は計算の否認として法人税法第132条の２に次のような包括的否認規定がある。

「税務署長は，合併等の組織再編成に係る次に掲げる法人の法人税につき更正又は決定をする場合において，その法人の行為又は計算で，これを容認した場合には，法人税の負担を不当に減少させる結果となると認められるものがあるときは，その行為又は計算にかかわらず，税務署長の認めるところにより，その法人に係る法人税の課税標準若しくは欠損金額又は法人税の額を計算することができる。」

また，連結法人に係る行為又は計算の否認として，法人税法第132条の３に次のような包括的否認規定がある。

「税務署長は，連結法人の各連結事業年度の連結所得に対する法人税又は各事業年度の所得に対する法人税につき更正又は決定をする場合において，その連結法人の行為又は計算で，これを容認した場合には，法人税の負担を不当に減少させる結果となると認められるものがあるときは，その行為又は計算にかかわらず，税務署長の認めるところにより，その連結法人に係るこれらの法人税の課税標準若しくは欠損金額若しくは連結欠損金額又はこれらの法人税の額を計算することができる。」

さらに平成26年度税制改正の国際課税の分野において，総合主義から帰属主義への変更が最大の改正事項であるが，適正な課税の確保のために，外国法人のPE帰属所得及び税額の計算に関し，同族会社の行為計算否認規定に類似した租税回避防止規定を設けられた。

上記以外では，役員給与等の各種の個別的な否認規定が設けられ，1961年答申において述べられた包括的否認規定の創設には至っていない。しかし，租税回避と租税法律主義の関係が問題視された武富士事件（最高裁平成23年２月18日判決）等に触発されて，その適用範囲を限定しないGAARの導入という意見もあったが，そのような状況に至っていない。しかし，他方，租税回避事案数は増加傾向にあり，その対策の方向性が示されている状態ではない。

⑵　移転価格税制の意義

以下は，個別否認規定の例として移転価格税制を検討する。

イ　行為計算否認の意義

日本における同族会社の行為計算否認についてすでに述べたが，これと同様の内容であるが，山田二郎氏は同族会社の行為計算の否認を次のように定義している[1]。

「行為計算の否認は，納税義務者の選択した行為ないし計算が実在しかつ私法的には有効なものであるにもかかわらず，租税回避の防止の見地から，その達成せんとしている経済的目的に照らし，通常の場合と比較して異常であるとして，課税の面においてこれを否定したうえで，通常の場合のあるべき行為ないし計算を想定して（通常の場合なみの行為ないし計算をフィクションして），この想定したものを課税客体として，これに税法を適用しようとするもの」

このことを言い換えれば，行為計算の否認の場合は，課税庁がフィクションしたものを課税対象とする，ということである[2]。

ロ　米国の移転価格税制

行為計算否認の基本的な考え方は，日本と米国の税法いずれにおいても共通する事項といえることから，以下では，米国における移転価格税制の規定（内国歳入法典第482条：以下「482条」という。）について記述する。

482条の特徴をまとめると次のようになる。

⑴　条文の目的

①　所得明瞭基準

②　租税回避の防止

③　関連者間と非関連者間における課税の均衡

⑵　適用範囲

①　所定の関連者間における取引

②　財務長官の権限行使は，不適切な会計の場合，虚偽，偽り，仮装取引等の場合，或いは所得或いは諸控除を操作することによる租税回避の場合に限定されない。

③　納税義務者は，実際の取引金額ではなく，独立企業間価格に基づいて申告を行う。

(ハ)　条文の内容

財務長官に所得等を配分する権限を与えたものである。その権限は，①脱税（判例では租税回避を含む。）の防止，②関連者間の所得を明瞭に反映させるため，に行使される。

すでに述べたように，行為計算の否認の場合は，課税庁がフィクションしたものを課税対象とするものであるが，482条は，関連者間の実際の取引のいかんにかかわらず，所得を明瞭に反映させるため等の理由がある場合，財務長官に所得等を配分する権限を与えたものである。

ハ　日本の移転価格税制

米国の482条に対応する日本の移転価格税制は，租税特別措置法第66条の４に規定されている。この規定の概要は次の通りである。

法人が国外関連者との間で資産の販売等を行った場合，当該取引につき，当該法人が当該国外関連者から支払を受ける対価の額が独立企業間価格に満たないとき，又は当該法人が当該国外関連者に支払う対価の額が独立企業間価格を超えるときは，当該国外関連取引は，独立企業間価格で行われたものとみなす，というものである。

この規定は，独立企業間価格である時価よりも低価による販売等，又は独立企業間価格よりも高価な支払等がある場合，租税条約等を通じて国際的な共通概念となっている独立企業間価格の概念を用いて，独立企業間価格によって取引が行われたものとみなす，としたものである。

日本の移転価格税制の性格について，小松教授は，わが国の場合には，諸外国の立法例のように課税庁の更正処分を待つというのではなく，申告納税制度のもとで納税義務者自身による価格規制という仕組みをとっているところに特質があるとも述べている[(3)]。この小松教授の解釈に基づけば，日本の移転価格税制は，行為計算否認規定ではないことになるが，財務省のホームページにある移転価格税制について「移転価格税制は，このような海外の関連企業との間の取引を通じた所得の海外移転を防止するため，海外の関連企業との取引が，通常の取引価格（独立企業間価格）で行われたものとみなして所得を計算し，課税する制度」と説明していることから，会社計算による価格等が通常取引の場合と比較して異なる場合，課税の面においてこれを否定した上で，通常取引の場合のあるべき計算を想定して課税するのであるから，行為計算否認規定の側面があると解するのが相当と思われる。

つまり，移転価格税制の規定は，会社計算上の価格にかかわらず，税務申告では独立企業間価格による納税義務者の側における修正を示唆しているのであるが，独立企業間価格に引き直し計算をすることであり[(4)]，明文上は，税務署長の権限等として明定されていないが，その本質としては，行為計算否認規定を持つといえよう。

ニ　租税条約における特殊関連企業条項

現行の日米租税条約（平成16年条約第２号）の９条（特殊関連企業条項）１項は，特殊関連企業間取引による所得の移転を是正するための規定である。

この規定は，移転価格税制に関する条約上のルールを定めてもの[(5)]であり，独立企業間価格に引き直して課税を行うことができるという移転価格課税を条約上も容認する規定である。また，この規定は，租税条約のみでは実際の適用ができないことから，国内法である移転価格税制の適用を受けることになる。この租税条約の規定は，特殊関連企業間取引における所得の移転を通常の取引における状態に引き直して所得を配分し，課税をするという内容であることから，行為計算否認の規定と解することができる。以上のことから，租税条約において移転価格税制を定めた特殊関連企業条項と国内法の関連から考えても，日本の移転価格税制は，行為計算否認規定と解することができるものと思われる。

(1)　山田二郎「行為計算の否認規定の適用をめぐる諸問題」『杉村章三郎古希祝賀税法学論文集』所収　三晃社　1970年　356頁。

(2)　同上　358-359頁。

(3)　小松芳明『租税条約の研究［新版］』有斐閣　52頁。小松芳明『逐条研究　日米租税条約［第３版］』税務経理協会　122頁。

(4)　浅川雅嗣編著『コンメンタール　改訂日米租税条約』大蔵財務協会　89頁。この編著者は，現行日米租税条約を締結した際の財務省の担当者である。同頁には，特殊関連企業間の取引では，取引価格を人為的に操作することを通じた租税回避が行われるおそれがあるために，我が国を含め各国とも，そのような場合にその行為計算を否認して適正な租税負担を求める移転価格税制を国内法上設けている，と記述されているが，日米租税条約９条の規定を行為計算の否認規定とは説明していない。

(5)　小松芳明監修「逐条研究　日米租税条約［第12回］　11条　特殊関連企業」『国際税務』国際税務研究会　Vol. 7　№10，29-30頁。

5　1961年の国税通則法制定に関する答申

1959年４月に設置された税制調査会（会長：中山伊知郎氏）により第二次答申として1961年７月５日に「国税通則法制定に関する答申」（以下「答申」という。）が出され，その二に「実質課税の原則等」という項目がある。

⑴　実質課税の原則

答申では，税法の解釈・適用に関して，現行法においても従来からいわゆる実質課税の原則の適用があるという認識に立って，税法の解釈及び課税要件事実の判断については，各税法の目的に従い，租税負担の公平を図るよう，それらの経済的意義及び実質に即して行うものとするという趣旨の原則規定として実質課税の原則を設けることを提言している。

実質課税の原則が，所得税法或いは法人税法に実質課税の原則として規定されていることについて[1]，答申当時の検討において，吉国二郎氏は，中小企業等協同組合法に規定する企業組合の例を挙げて，多数の個人営業者が集まって法人組織により活動している事態を踏まえて，課税技術的な側面の強い規定であると述べている[2]。また，忠佐市氏は，実質課税の原則を同族会社の行為計算否認規定まで持ち込むのは拡張された用例という考え方を示している（同上57頁（忠発言））。

さらに，忠佐市氏は，実質課税の意義について，所得の帰属者を特定する場合と，法律事実について法律の形式を越えて物事を経済的客観的に集約する場合の２つがあるが，所得税法及び法人税法に掲げた規定は，前者の所得の帰属者を特定する実質所得者課税の原則と考えるべきものと述べている（同上65–66頁（忠発言））。

これについてコメントすると，実質主義は，取引等の法形式と課税における実態が異なる場合，法形式を実態に即して引き直すというものであり，実質主義を租税法律主義との調和を図ろうとする意図が上記の答申の記述から窺うことができるのである。このことから，上述の忠佐市氏による，実質課税の原則を同族会社の行為計算否認規定まで持ち込むのは拡張された用例という見解は妥当な解釈といえるものと考えるのである[3][4]。

⑵　租税回避行為

答申では，租税回避を，私法上許された形式を濫用することにより租税負担を不当に回避し又は軽減すること，と定義し，税法においては，租税回避を許されるべきではないという考えがあることを指摘している。そして，実質課税の原則の一環として，租税回避行為を否認できる規定を国税通則法に設けるべきであると提言している。

結果として，この提言は国税通則法の制定に盛り込まれることがなく，いわゆる租税回避行為を否認できる規定としての一般否認規定の創設に関して，現在においても議論の対象となっている事項である。

⑶　行為計算の否認

答申における提言は，法人税法等の個別税法に規定されている同族会社及び特定の行為計算の否認規定について，その適用範囲の拡大と当時通達に定められていた態様を国税通則法に基本的な規定を設けるとしている。

その理由として，同族会社等の行為計算のみに限定する理由に乏しいと認められることから，それの適用範囲を特殊関連者間の行為計算についても以下に掲げる取引等を否認できる規定を設けることが主張されている。

① 非同族である会社とその系列下にある会社間及びそれら系列下にある会社間の行為計算
② 非同族である会社と株主（社員）又は役員間の行為計算
③ 企業組合等と組合員間及び組合の構成員相互間の行為計算
④ 医療法人，財団法人等とその理事者等との間の行為計算
⑤ 親族等の特殊関係にある個人間の行為計算

結果として，上記の主張は立法されることはなかったのであるが，上記①は，関連者間における移転価格等の問題であり，これは現在においても，検討すべき対象となっている。

そして，否認の対象となる行為計算の態様として，当時の通達において示された取引等が行為計算の態様であるとして，法令において明らかにすることを提言している。

⑷　行為計算の態様

行為計算の態様については，昭和44年の法人税基本通達改正まで各態様が列挙されていたことはすでに述べた通りである。その態様の例として，昭和25年発遣された法人税取扱通達その後の法人税基本通達にもある，過大出資に対する出資払込否認がある。

この過大出資については，同族会社設立時等において，株主或いは社員から時価以上の価額で現物出資を受け，当該出資された資産の譲渡時に譲渡損が発生して法人利益を減殺することになり，また，譲渡しない場合にあっては，多額の償却費，評価損の発生を招くというのがその内容である。

その根拠となった裁決及び判決が片岡氏の著書には引用されている(5)。裁決としては，「第一種所得金額及び営業純益金額審査決定に対する訴願裁決（昭和９年８月15日蔵文第65号)」において，裁決は，同族会社がその社員より買い入れたる建物及び器具の価格について，税務官庁が所得税法第73条の２，収益税法第27条を適用して，会社の計算を否認し適当と認める価格を評定したことを正当という判断を示している。

これ以外にも，片岡氏の著書には14の態様が記述されているが，いずれも判決等により解釈が行われたことを示している。この態様別に何に（例えば，判決等）基因したのかは，前出の前尾氏以降に出版された法人税法の解説等を主とする著作にはその記述がない。

(1)　答申の27)「実質所得課税の原則」という見出しで1953年に所得税法第３条の２，法人税法第７条の３にこの規定が置かれた。現行では，実質所得者課税の原則という見出しに改正されている（所得税法第12条，法人税法第11条)。

(2)　租税法研究会編『租税法総論』有斐閣　1958年　55-56頁（吉国発言)。

(3)　山田二郎氏は，行為計算の否認と実質主義の相違について次のように述べている。行為計算の否認は，課税庁がフィクションしたものを課税対象とするのに対して，実質主義の場合は，現実の取引の実態そのものを課税対象とするので，これらの点で両者が異なるとしている（山田二郎　前掲論文358-359頁)。

(4)　答申に関する動向については，松田直樹「実質主義と法の濫用の法理―租税回避行為の否認手段としての潜在的有用性と限界」『税務大学校論叢』55巻　2007年　14-18頁に詳しい説明がある。

(5)　片岡　前掲書　287-289頁。

6　日本における租税回避への対応　(1)実質主義

(1)　実質主義の概念

実質主義（実質課税と同義）については，次の２つに区分する見解がある[(1)]。

① 法的実質主義：法形式（法適用上仮装された表見的事実）対法実質（法適用上真実の法律事実）

② 経済的実質主義：法形式（私法上の法律要件を満たした法律事実）対経済的実質（経済的成果をもたらす事実）

実質主義とは，法的実質主義であり，経済的実質主義は認められないという解釈が一般的である。実質主義は，実質所得者課税の原則と租税回避否認規定としての性格を有している。すなわち，実質主義に基づいて否認をする場合，私法上の法律関係から離れて，その実質に基づいて課税要件事実の認定を行うことになる。

○ 神戸地裁昭和45年７月７日判決：実質主義に基づく否認を認めた判例

○ 東京高裁昭和47年４月25日判決：租税法律主義の見地から実質主義による租税回避の否認は許されないとして事案

なお，金子教授によれば，借用概念は実質課税の原則を根拠として租税法に自由な解釈を持ち込むことに対して歯止めをかけることに役立つことを指摘している[(2)]。

(2)　判　例[(3)]

○ 岩瀬事件（実質主義が認められなかった事案）

第一審　平成７（行ウ）213　平成10年５月13日　東京地裁（課税庁側勝訴）

控訴審　平成10（行コ）108　平成11年６月21日　東京高裁（納税義務者側勝訴）

上告　平成15年６月13日　不受理決定（納税義務者側勝訴）

(3)　1961年の国税通則法制定に関する答申（128頁以降参照）

(1)　吉良実『実質課税論の展開』中央経済社　64-65頁。

(2)　金子宏「租税法と私法」『租税法理論の形成と解明』上巻所収　386頁。

(3)　判例評釈としては，谷口勢津夫「私法上の法形式の選択と課税」『租税判例百選　第４版』別冊ジュリスト№178。

7　日本における租税回避への対応　(2)私法上の法律構成の否認

(1)　私法上の法律構成の否認の意義

私法上の法律構成の否認を主張する今村氏によれば，課税要件事実の認定は，外観の形式に従ってではなく，真実の法律関係に即して認定がなされなければならないが，その結果，当事者が用いた法形式が否定されることがあり，このような場合も当事者が用いた法形式を否定するという意味で「否認」と呼ぶこともできるということである[(1)]。

(2)　私法上の法律構成の否認への批判

谷口教授によれば，私法上の法律構成の否認論は，租税回避の試みが問題となる事案に関しては，租税回避目的を，訴訟法・証拠法上，課税要件事実に係る真実の法律関係（主要事実）認定における「重要な間接事実」として捉える考え方であると解されている[(2)]。そして，この否認論は，「裁判規範としての一般的否認規定」という推論ルール（租税法律主義の下では立法者しか行ってはいけないはずの租税回避に対する価値判断を，裁判官が，訴訟法・証拠法の視点から課税要件法の解釈を通じて，行うことによって形成した裁判上の推論ルール）において，租税回避目的を重要な間接事実として捉える考え方である[(3)]。

(3)　実質主義との相違

今村氏の上記論文によれば，実質主義とは，経済的事実に即して課税要件事実を認定する方法であり，私法上の法律構成による否認は，真実の法律関係に即して認定するであり，当事者が用いた法形式が否認されることは両者共通となるが，後者は，税法固有のものではなく，私法上の事実認定或いは契約解釈の方法によるものである[(4)]。

(1)　今村隆「租税回避行為の否認と契約解釈」『税理』第42巻　第14号　208頁。
(2)　谷口　前掲書　292頁。
(3)　同上　295頁。
(4)　今村隆　前掲論文　208頁。

8　日本における租税回避への対応　⑶課税減免規定の解釈による否認

この方式は，一定の政策目的等を達成するためにわざわざ導入される課税減免規定の解釈・適用に当たり，納税義務者の採用する私法上の取引形式を課税減免規定の射程外とするものである（中里　前掲書223頁）。

租税回避否認規定が存在しないにもかかわらず課税減免規定の限定解釈による否認を認めた（のと同じ効果を認めた）判例として有名なのが，米国最高裁のグレゴリー事案判決である（中里　同上226頁）。なお，同判決の詳細は，本書Ⅱ３参照。

これは，所定の政策目的遂行のための税負担減免の規定（課税減免規定）が形式的に該当する取引等であっても，その規定が税負担の減免を主たる目的とする濫用に使用されている場合がある。

銀行の外国税額控除余裕額利用事案

○　三井住友（旧住友）銀行事案

大阪地裁　平成13年５月18日判決（納税義務者勝訴）

大阪高裁　平成14年６月14日判決（国側勝訴）

最高裁　　平成17年12月19日判決（国側勝訴）

○　りそな（旧大和）銀行事案

大阪地裁　平成13年12月14日判決（納税義務者勝訴）

大阪高裁　平成15年５月14日判決（納税義務者勝訴）

最高裁　　平成17年12月19日判決（国側勝訴）

○　UFJ（旧三和）銀行事案

大阪地裁　平成14年９月20日判決（納税義務者勝訴）

大阪高裁　平成16年７月29日判決（納税義務者勝訴）

最高裁　　平成18年２月23日判決（国側勝訴）

9　最近の日本における租税回避判例

以下は，租税回避等に関連のあるものの一部を列挙したものである。

○　公正証書事案（名古屋高裁平成10年12月25日判決　納税義務者敗訴，最高裁平成11年６月24日判決　上告棄却）

○　航空機リース事案（第一審，控訴審：納税義務者勝訴）（名古屋高裁平成17年10月27日判決，平成15年（行ウ）第26号・名古屋地裁平成16年10月26日判決）

その他，津地裁平成17年４月19日判決，静岡地裁平成17年７月14日判決があり，いずれも納税義務者側の訴えが認められている。また，平成17年度税制改正により損益通算が規制された。

○　船舶リース事案（第一審，控訴審：納税義務者勝訴）　最高裁（第一小法廷）平成20年３月27日上告不受理決定（納税義務者勝訴）

○　ガーンジー島タックスヘイブン税制事案　最高裁平成21年12月３日（第一小法廷）判決

☞平成23年度税制改正により控除対象外国法人税が改正された。

○　武富士事案　最高裁平成23年２月18日（第二小法廷）判決

○　オウブンシャ・ホールディング事案　最高裁平成18年１月24日（第三小法廷）判決

○　銀行の外国税額控除事案　最高裁平成17年12月19日（第二小法廷）判決

☞平成21年度税制改正により控除対象外国法人税が規制された。

○　匿名組合事案　最高裁平成20年６月５日上告不受理決定，東京高裁平成19年６月28日判決

☞平成14年度税制改正により匿名組合の課税が改正された。

○　ユニマット事案　東京高裁平成20年２月28日判決（国側上告断念）

○　LLC事案　東京高裁平成19年10月10日判決

○　LPS事案　大阪地裁平成22年12月17日判決，大阪高裁平成25年４月25日判決，東京地裁平成23年７月19日判決，東京高裁平成25年３月13日判決，名古屋地裁平成23年12月14日判決，名古屋高裁平成25年１月24日判決

○　ヤフー事案　組織再編税制における行為計算の否認（東京地裁平成26年３月18日判決（平成23年（行ウ）第228号），東京高裁平成26年11月５日判決（国側勝訴））

V
世界各国のGAAR

1　アイルランド

1　GAARに係る基礎データ

(1)　アイルランドが注目される理由

アイルランドは，EUの加盟国であり，かつ，他のEU加盟国と比較して低税率（法人税率12.5%）である等の特徴があることから，租税回避事例等にしばしば登場する国である。最近では，米国のIT企業が，アイルランド，オランダ及びタックスヘイブンを利用して米国国外源泉所得に係る税負担を軽減した「ダブルアイリッシュ・ダッチサンドイッチ」というスキームを利用したことでも知られており，また，最近では，EUの欧州委員会から特定企業への租税法の差別的優遇措置が，EU機能条約で禁止されている国家補助に当たるという決定を受けている。

このように，アイルランドは，オランダとともに，欧州では租税回避に使用される国として登場する頻度が高いが，EU等からの指摘を受けて租税回避に対して国内法を整備していることから注目されるのである。

(2)　アイルランド税制の特徴

アイルランド税制の特徴は，法人税率が12.5%という低率で，しかもこれが優遇税制ではなくすべての産業分野の能動的事業活動から得られる事業所得に対する標準税率である。この他に，同国は，外国からの投資を誘致するために各種の税制優遇措置を設けている。法人に対する税金としては法人税，キャピタルゲイン税，付加価値税，印紙税，資産取得税があり，企業活動から生じた所得に対する地方税（州・市レベルを含む。）は存在しないが，地方自治体によって商業用不動産に課される固定資産税（レイツ）がある。

(3)　2013年の改正

2013年の財政法の改正により，2013年10月24日以降にアイルランドで設立された法人で次の要件をすべて満たすものは，2015年1月1日以降アイルランドで居住法人とされることになった。

①　管理支配が租税条約締約国で行われていること

②　アイルランドで設立され，法律により居住法人と定められていること

③　アイルランドの法律で居住法人とみなされないこと

さらに2015年の財政法第43条第1項の改正により，2015年1月1日以降アイルランドで設立された法人についてはアイルランド居住法人とされることとなった。

⑷　ATADの影響

2016年7月12日にEU理事会で採択された租税回避対策指令（Anti-Tax Avoidance Directive：ATAD）をEU加盟国であるアイルランドは国内法として導入することを迫られている。

⑸　アイルランドのGAAR等

アイルランドの課税当局の名称は，Irish Tax and Customsである。その運営は，3名の責任者（Commissioners）から構成される機関により行われており，そのうちの会計担当者がこの機関の議長となる。

アイルランドにおけるGAARは，1989年財政法（Finance Act, 1989）第86条（租税債務を回避するための取引）として創設され，現行では租税統合法（Taxes Consolidation Act, 1997：以下「1997年法」という。）PART33（租税回避防止）第2章第811条（以下「第811条」という。）に規定され，租税回避防止に関しては，民法上の権利濫用の規定が適用される場合がある。なお，加算税等に係る規定は，同法第811A条である。

第811条は，全10項から構成されており，カナダのGAAR規定である所得税法第245条と類似の構成であるが，両国の規定解釈に相違があるという指摘がある[(1)]。

第1項は，租税上の便益（tax advantage），租税回避取引（第2項に規定），課税標準及び納税額等（tax consequences），取引（transaction）等の定義規定である。

第2項は，租税回避取引（tax avoidance transaction）に関する規定であるが，租税回避取引と判断される要素として，①取引に成果があること，②その取引がこれらの成果をもたらすための手段として使用されたこと，③歳入庁担当者（Revenue Commissioners）は取引により租税上の便益が生じたか生じる可能性があるか，かつ，当該取引が租税上の便益以外を主目的として行われなかったか，行われたかについて，見解（opinion）を表明する場合がある。

第3項は，適用除外になる場合の規定である。

第4項は，歳入庁責任者の権限に関する規定であり，①取引が租税回避取引であることの見解表明，②租税上便益の額の計算，③第５項(e)の規定により処分時の課税標準及び納税額の決定，④第５項(c)の規定により二重課税からの救済金額の算定，が行われる。

第６項は，歳入庁担当者が見解を表明した場合，納税義務者に租税回避である旨の通知（notice）を発行するが本項はその詳細である。

第７項から第９項までは，通知に関する規定である。この処理については，以下の(4)において記述する。

第10項は，歳入庁担当者は通知の訂正等に係る規定である。

(6)　GAARの執行

GAARの執行で問題となる点は，GAAR審査委員会の有無であるが，アイルランドにはこの機関がなく，他国の例にあるようなアドバンス・ルーリングの制度もない。

GAARの執行であるが，第811条第２項により，歳入庁担当者が見解を表明した場合，納税義務者に租税回避である旨の通知を発行する。当該通知を受領した納税義務者は，受領した日より30日以内に異議申立てを行うことになる。2012年４月現在，28のスキームが調査され，585件の通知が発行されたが，GAAR導入時の1989年以降の10年間では，この通知は発行されていない[(2)]。

2　GAAR規定のガイダンス

アイルランドの課税当局は，GAARに関するガイダンスとなる文書を公表している[(3)]。

このガイダンスによれば，第811条は，商業的実体がなく税負担を回避又は減少させるもの，或いは，人為的に控除或いは税額控除を創出することを主として意図された取引の効果を否認するものである。この規定の対象となる税目は，所得税，法人税，譲渡収益税，付加価値税，印紙税，社会保険料等である。

課税当局による賦課徴収が可能な除斥期間は，通常，４年である（1997年法959Z条，959AA条及び959AB条）。課税当局の処分が確定すると，追徴税額に20％の加算税と延滞税が課されることになる。

3　アイルランドの優遇税制

アイルランドは，経済的に他のヨーロッパ諸国よりも恵まれていなかったこと等を理由として，過去に各種の優遇税制を立法して外国からの投資を呼び込んで雇用等を促進することにより経済発展を遂げてきた。

以下の事案でその適用が問題となる輸出促進優遇税制（Export Sales Relief Legislation）は，1956年に他のヨーロッパ諸国と比較して経済状況の悪いアイルランドの発展のための政策として５年の時限立法として導入されたものであり（その後適用を延長），当初は，法人税の50％軽減であった。この税制の効果として1963年には，1956年比で輸出が129％増加している。その後，アイルランドは，EECとの調和等を重視する観点から，この税制の適用を製造業に限定し，これらに代わって法人税率を12.5％に引き下げてすべての業種に適用することになった[4]。

また，アイルランドにおいて製造された製品からの所得又はアイルランドにおける役務提供（ソフトウエア開発，データ処理等）に基因する所得は，2010年末まで10％の税率適用となっていた。また，シャノン空港開発地域において認定を受けたサービス活動による所得及びダブリンの国際金融サービスセンターにおいて認定を受けた国際金融サービスによる所得は，2005年末まで10％の税率適用となっていた。この国際金融サービスとは，国際金融，保険，資金管理，仲介，ディーラー活動，財産管理，金融上の助言及びこれらの活動の事務管理である。

この前者の措置は，諸外国の企業から注目を集めていたが，2011年１月１日以降，10％の税率は廃止されて，一律12.5％の税率が適用されている。

4　オーフリン事案最高裁判決

(1)　本事案の基礎データ

アイルランドの裁判制度は，地方裁判所（District Court），巡回裁判所（Circuit Court），高等裁判所（High Court）と最高裁判所（Supreme Court）に分けられる。巡回裁判所は，地方裁判所より重大な事案（殺人，高額な損害賠償等）を扱い，８つの巡回裁判所地区に分けられている[5]。

この判決は，GAARの適用に関する最高裁判決[6]で，2011年12月14日の判決である。最高裁は，３名或いは５名の裁判官により審理が行われるが，本事案では，５名の裁判官により３対２に判決となり，国側の訴えが認められたのである。この判決の持つ意義は，最高裁がGAARに関連して初めての判断を示したことである。国側の訴えを認める判決文は，O'Donnell裁判官が作成し，反対意見はMckechnie裁判官が作成している。なお，本判決において適用されるGAARの規定は，1989年財政法第86条である。

⑵　**事実関係**

O'Flynn Construction Ltd.（以下「X」という。）では，２名が株主でありかつ役員である（John O'FlynnとMichael O'Flynn）。Xは，建設業で輸出等の業務を行っていないが，受取配当が免税となる優遇税制の適用を計画した。

Mitchelstown Export Company Limited（以下「M社」という。）は，輸出促進優遇税制の適用を受けて，適用所得に対する法人税の免税と同社の個人株主に対する直接・間接の配当に対する課税はない。なお，本事案の取引が生じたのは，1991年12月５日から1992年１月24日の間である。この優遇措置は1990年４月５日をもって廃止されたが，その後15年間にわたり，段階的にその適用が縮小される経過措置が講じられた。

Xは，配当原資を有していたが，株主にそれを配当すると株主段階で課税が生じることになる。他方，M社は，配当を行うのに十分な留保金額を有していなかったことから，優遇税制の適用を受けることができなった。その優遇税制をXの株主に享受させるために，その留保金額をX及びその他の会社に譲渡した。その結果，Xの２名の株主は配当を受領した。なお，この経過は大変複雑であり，判決文にその事実経過が記述されている。

課税当局は，1997年８月12日付で，課税処分の通知（Notice of Opinion）を送付し，本事案の取引が租税回避取引であり，1989年財政法第86条が適用されるとした。課税当局は，租税上の便益（tax advantage）をXとその株主が得たとして第86条適用の租税回避取引であるとした。

高等裁判所において，Smyth裁判官は，当該取引が租税回避取引であると判示した。異議審査庁（the Irish Appeal Commissioners）は，当該取引が租税上の便益を生じ，租税上の便益を得ることのみを目的としていると判断したが，Smyth裁判官は，この判断を支持している。同裁判官は，取引の両当事者における主観的な意図ではなく，客観的な観点から判断すべきとしている。

⑶　**関連ある先例判決**

本事案がGAARの適用に関する初めての最高裁判決であるが，租税回避に関しては，1988年の最高裁判決（McGrath v. Mcdermott: [1988] IR 258）がある。この事案は，McGrathが関連者から取得した株式を同額で非関連者に譲渡したのであるが，譲渡収益税（Capital Gain Tax）の適用上，取得価額を時価で取得したものとみなされるため，多額の譲渡損が生じるというものである。本事案の納税義務者は，実際の損失を被っていない。課税当局及び異議審査庁は，実損がない場合救済しないという公理（Doctrine of Fiscal Nullity）を適用したが，高裁，最高裁は，この判断を退けている。アイルランドにおいて，1989年財政法第86条が創設された背景には，この判決の影響がある。

(4)　最高裁判決

裁判所は，伝統的な文理解釈尊重の立場（英国のウエストミンスター貴族院判決）を離れて，本事案の取引が高度に人為的で，商業上の目的を欠く租税回避取引であり，実質として，Xは，配当を免税にすることをその実質とするというアプローチを採用している。この判決に対する反対意見は，輸出促進優遇税制の解釈から，免税の範囲及びその性格等が不確定であり，この事案において同規定の目的として濫用（abuse）或いは不正使用（misuse）を判断することはできないとして，判決が退けた文理解釈尊重の立場からの主張を展開している。

前出のアイルランド課税当局発行のガイダンスでは，租税回避を判断する重要な概念は，取引の実質（substance of a transaction）であると述べていることもあり[7]，この判決は，このガイドラインの考え方と同様の立場からの判断ということになろう。

(1)　Galvin, Turlough and Hunt, Emer, "The Supreme Court's first ever GAAR decision" 24 April 2012.
（http://www.lexology.com/library/detail.aspx?g=72ebd194-6963-442e-910d-9168aa736ac8）（2014年8月6日ダウンロード）.

(2)　Ernst & Young, op. cit., p. 54.

(3)　Office of the Revenue Commissioners Guidance Notes, Part 33 Anti-Avoidance, Chapter 2 Miscellaneous 811, Transactions to avoid liability to tax.

(4)　Clarke, Peter, "Introduction of Exports Sales Relief—A 50 Year Review"
（http://www.accountancyireland.ie/Archive/2006/February-2006/Introduction-of-Exports-Sales-Relief- - -A-50-Year-Review/）（2014年3月2日ダウンロード）.

(5)　（http://www.globe.co.jp/information/society/society-3.html）（2014年2月18日ダウンロード）.

(6)　Revenue Commissioners v. O'Flynn Construction & ors, [2011] IESC 47.

(7) Office of the Revenue Commissioners Guidance Notes, p. 12.

2　イタリア

1　GAARに係る基礎データ

イタリアのGAARの制定は1973年９月29日の大統領令第600第37条の２であったが，この規定の適用範囲が限定されていることから，GAARといえるかどうかという問題が残っていた。

2015年９月２日から新法（Legislative Decree 128：以下「新法」という。）が施行され，上記の旧法は廃止された。

新法は，関税を除くすべての税目に適用となり，経済的実質を欠く１以上の取引が税法に従うことなく適切でない租税上の便益を得ることを法の濫用と定義している。新法は，旧法では明確でなかった濫用の立証責任は，税務当局にあり，納税義務者側は事業目的があったことを示す義務がある。

2　イタリアの税制

⑴　法人の居住形態

イタリア居住法人は，全世界所得に対して法人税（imposta sul reddito delle società, or IRES）が課される。法人の居住形態は，イタリアに事業所を登録すること，管理支配の場所がイタリアであること，その主たる活動がイタリア国内であること，のいずれかに該当すると居住法人となる。

なお，別段の定めがある場合を除き，①当該外国事業体がイタリア居住事業体或いは個人居住者により直接，間接に支配されている場合，②外国事業体を経営する取締役会の構成員の大部分がイタリア居住者である場合のいずれかを満たすときは，イタリア法人を管理する外国の事業体は，課税上，イタリア居住者とみなされる。

また，外国法人は国内源泉所得が課税となる。

⑵　法人税率等

法人所得税率は24％（2017年以降）で，石油等のエネルギー産業で所定の要件を満たす法人については，6.5％の付加税が課されるので，実効税率は34％となる。2011年から2013年の間の付加税率は10.5％に引き上げられ，実効税率は38％となっている。また，金融機関は3.5％の付加税が課される。

(3)　名目利子控除（Notional interest deduction）

2010年に導入された制度で，2011年から2013年の間の利子率は３％である。この制度は，外国法人の支店を含むイタリア企業に認められるもので，課税所得の計算において，所定の資本金等の金額に定められた利率を乗じた金額を控除するものである。

3 インド

1 GAARに係る基礎データ

インドのGAARに係る基礎データは次のとおりである。

(1) 導入の沿革

インドにおける所得税法は，1961年制定法である。

GAARに係る規定については次のような変遷がある。

① 直接税（Direct Taxes Code：以下「DTC」という。）法案に提案されたのは，2009年である。

② 2010年のDTC改正案では，GAARの適用除外規定が導入された。

③ 2012年3月16日に公開された2012年財政法案において，所得税法にGAARを導入することが提案され，当初案では，2012年4月1日から施行であったが，2013年財政法及び2015年財政法により，GAARの適用は2017年4月1日まで延期されている。2017年4月1日前に行われた投資に基づく仕組み取引或いは租税上の便益に関して，GAARは適用されない。

上記の2009年案，2010年案，2012年案の比較表は，最終報告書のAnnexe-1にある[1]。この専門家委員会は，2012年7月17日に組織され，同年9月に上記の最終報告書を作成している。2013年財政法について，同委員会は2013年1月14日にGAAR導入に関する提言を公表している。

(2) GAARの規定の概要

2013年財政法案（Finance Bill 2013）に規定されたGAARは，Chapter X-Aの95～102に規定され，所得税法に次の規定が創設された。

95以下の見出しを列挙すると，95（GAARの適用可能性），96（認められない租税回避の一連の仕組み取引），97(商業上の実体を欠く仕組み取引)，98(認められない租税回避の一連の仕組み取引の結果)，99（関連者の取扱い），100（本章の適用），101（ガイドラインの立案），102（諸定義），である。GAARは，上述のように適用が開始されたが，財務省及び歳入庁は，2017年1月27日にCircular No. 7 of 2017を発遣している。これは，Q＆A形式で16問のQに対して，GAAR執行に関する事項を説明している。

2　最近の訴訟との関連

インド法人の株式の間接譲渡を巡って次の高裁及び最高裁判決がある。

① 2010年9月8日，ムンバイ高等裁判所判決（Vodafone International Holdings B.V. vs. Union of India & Anr.）writ petition No. 1325 of 2010. 納税義務者側敗訴。

② 2012年1月20日，インド最高裁判所判決（Vodafone International Holdings B.V. vs. Union of India & Anr.）civil appeal No. 733 of 2012. [2012] 341 ITR 1 (SC).（以下この事案を「V事案」という。）納税義務者側勝訴。

③ 2013年2月15日，インドのハイデラバード所在のアンドラ・プラデッシュ高裁判決（Sanofi事案：以下「S事案」という。）がある。

上記①及び②はボーダフォン事案では，ケイマン法人が関与することから，インドとケイマンには租税条約がなく，課税の根拠はインドの国内法ということになる。ただし，ケイマン法人とインド法人の間にモーリシャス持株会社等が介在するのは，インド・モーリシャス租税条約の特典を利用するタックスプランニングがあるものと思われる。

これに対してS事案は，インド・フランス租税条約の解釈が関係することになる。インド政府は，最高裁判決敗訴の後に，インド所得税法第9条（国内源泉所得）第1項に係る規定を改正することで対処している。インドの立法当局としては，このような事案を視野にいれていることは推測できるが，GAAR制定に背景とこの判決が直接に関連しているとはいえないのである。なお，インドの所得税部門の責任者（Commissioner of Income Tax）であるAjit Korde氏は，V事案の最高裁判決が2012年財政法におけるGAAR導入を促したという見解を示している(2)。

3　GAARの規定の検討

一連の仕組み取引（arrangement）が租税上の恩典を得ることが主たる目的と判定されるのは，次に掲げる4つの要因のいずれかに合致する場合である。

① 一連の取引が第三者間では通常生じない権利及び義務を作り出すこと

② 税法の規定の誤った使用或いは濫用をすること

③ 商業上の実体（commercial substance）を欠くか又は欠いているとみな

される場合
④　真正な目的のために通常であれば採用されない方法により遂行されること

4　認められない租税回避の一連の仕組み取引（impermissible avoidance arrangement）

一連の仕組み取引が事業上の目的を欠いているとみなされるのは次の場合である。
①　一連の仕組み取引の全体としての実質或いは効果が，ここの取引の形態から大きくかけ離れていること
②　循環金融，協調的団体，相互に相殺の効果を持つ要素がある場合，一以上の者を通じて行われ，かつ，資金の支配等を偽る取引を含む場合
③　租税上の便益を得る以外に事業上の目的がなく，資産の場所，取引の場所，関係者の居住地国が問題となる取引

5　審査委員会の概要と役割

⑴　審査委員会の役割

2012年財政法144BA条に審査委員会に係る条項が新設されたが，2013年財政法案により全面的に改正された。
①　調査担当者（Assessing Officer）は，GAARの適用に関して調査責任者（Commissioner）にその旨を通知することができる。
②　責任者は，通知を受領すると，納税義務者から事情を聴く機会を設ける必要がある。そして，納税義務者からの回答が十分でなく，かつ，GAARの適用が要請されると判断したときは，調査責任者は，審査委員会に通知する。また，調査責任者は，一連の取引が否認対象かどうかを決定する。
③　審査委員会は，納税義務者からの事情聴取後，60日以内に通知に関する処分をする。その処分とは，一連の取引が否認対象か否かを判定する。

⑵　オーストラリア，カナダと同制度との比較

オーストラリア及びカナダの委員会は，税務職員のGAARの執行を助けるための組織であるが，法律上の規定に基づくものではない。インドの審査委員会は，両国の委員会と異なり，法律に規定された組織であり，税務職員の執行を

助けるための組織でもない。審査委員会の役割は，GAARの適用の可否を管理することにある。その立場としては，課税当局と納税義務者間において中立の立場である。

委員会構成員における比較では，オーストラリアは，税務職員，ビジネスマン，専門家から構成されている。英国の場合は，独立の第三者が委員長になる。カナダの場合は，政府の各部門からの代表により構成されている。納税義務者の立場からすると，政府と関係のない第三者から選ばれるのが望ましいが，選定過程の透明性，就任期間，守秘義務等について問題が生じ，インドでは，民間から委員を選出していない。

⑶　委員会の権限

オーストラリアとカナダの委員会は，税務職員及び納税義務者により提出された事実に基づいて助言することがその役割である。そして，同委員会は，争点となっている箇所について，さらに調査を進めるように税務職員に述べることができる。インドの審査委員会は，この両国の委員会よりもその権限が強く，調査責任者に対して必要な調査を行うことを命令することができる。オーストラリアの場合は，委員会が納税義務者から事情聴取又は文書を受け取ることができるが，カナダは，文書の提出だけが認められている。

⑷　オーストラリア，カナダの委員会の活動

2007年７月から2011年６月までの期間におけるオーストラリアの委員会は，事案の64％に対してGAARの適用を助言し，事案の17％についてより以上の情報収取を依頼した。GAAR適用を申請した55件のうち，10件がGAARの適用ができなかった。カナダの委員会では，GAARの規定を導入した1988年以降，73％の事案にGAARの適用が認められた。

⑸　審査委員会の特徴

インドよりも先行してGAARを実施したオーストラリア，カナダ等の委員会と比較してインドの審査委員会の権限は強力である。その意味から，インドにおけるGAARの適用除外としての安全装置の重要性がある。

6　インドにおける間接譲渡判例とGAAR

⑴　概　要

インドでは，Ｖ事案の他に，インド法人に係る事業譲渡類似課税について，

2013年2月15日にインドのハイデラバード所在のアンドラ・プラデッシュ高裁判決（Sanofi事案：S事案）がある[3]。

このS事案では，インド法人の資産が当該法人の株式の間接譲渡（インド法人の株式を所有する親法人の株式を祖父法人等が譲渡すること）が生じている。前述のV事案では，最高裁判所において国側が敗訴している。この最高裁敗訴を受けて，インド政府は，インド所得税法第9条（国内源泉所得）第1項の規定を改正すると共に，これを約60年前まで遡及して適用することになった。

このV事案判決と，GAAR導入の時期が重なったことから，GAARが遡及適用されるという誤解も生じているようであり，また，GAAR導入がV事案敗訴を契機としたという説をすでに紹介したが，V事案は，2010年のムンバイ高裁では，国側勝訴している。GAAR導入は，2009年のDTCにおいて提案されたことから，両者を無関係とは言い切れないが，直接的な因果関係があるともいえないのである。仮に，GAAR規定が導入されたとしても，間接譲渡事案のGAARを適用して課税することは問題があるといえよう。

(2)　V事案に関する基礎資料

本事案に関する基礎資料となる高裁及び最高裁判決は再掲すると次の通りである[4]。

① 2010年9月8日ムンバイ高等裁判所判決（Vodafone International Holdings B.V. vs. Union of India & Anr.）writ petition No. 1325 of 2010. 納税義務者側敗訴。

② 2012年1月20日インド最高裁判所判決（Vodafone International Holdings B.V. vs. Union of India & Anr.）civil appeal No. 733 of 2012. [2012] 341 ITR 1 (SC). 納税義務者側勝訴。

なお，V事案は，ケイマン法人が関与することから，インドとケイマンには租税条約がなく，課税の根拠はインドの国内法ということになる。ただし，ケイマン法人とインド法人の間にモーリシャス持株会社等が介在するのは，インド・モーリシャス租税条約の特典を利用するタックスプランニングがあるものと思われる。これに対してS事案は，インド・フランス租税条約の解釈が関係することになる。

(3)　V事案の事実関係

ボーダフォン・グループは，本社を英国に置く多国籍携帯電話会社である。

この取引は，インドにおいて携帯電話事業を行っているハチソン・グループをボーダフォン・グループが買収するためのものであった。最初に，ハチソン・グループにおけるグループ法人間の関係を明確にすると，関与した法人は，次の通りである。

① インド法人（Hutchison Essar Limited：以下「HEL」という。同社は後に商号を変更してVodafone Essar Limitedになっている。）

② ケイマン法人（CGP Investment（Holding）Limited：以下「CGP」という。）はモーリシャス他の中間持株会社を介してHEL株式の67％を間接に保有していた。

③ ケイマン法人（Hutchison Telecommunication International Limited：以下「HTIL」という。）は，CGPの株式を100％保有していた。

この取引（2007年２月の契約）は，HTILがその所有するCGP株式をオランダン法人であるVodafone International Holdings B.V.（以下「原告」という。）に約110億米ドルで譲渡したのである。インドの課税当局は，原告に対して約26億米ドルの源泉徴収を課したのである。

V事案の特徴は，インド非居住者である外国法人が，その保有するインド法人株式を譲渡したのではなく，インド法人と株式を譲渡したHTILとの間にCGPというケイマン法人及びモーリシャス法人等の持株会社を介した形になっていることから，中間に介在するCGP株式を譲渡したのである。このような間接譲渡がインド所得税法第２条第14項（資本資産の定義），第５条第２項（非居住者の課税所得）及び第９条（国内源泉所得）第１項(i)の規定に該当するのか否かが争われて事案である。なお，インドにはタックスヘイブン税制がない。

(4)　原告及び被告の主張

原告は，当該取引が国外におけるケイマン法人株式の譲渡であり，インドの課税権は及ばないと主張した。これに対して，被告は，2007年２月の契約書及びその他の取引文書を解釈すると，インド源泉所得或いはインドに所在する資産若しくはインドに所在する資本資産の移転を通じて譲渡法人側に所得が発生或いは発生したものとみなされる結果から，譲渡者であるケイマン法人（HTIL）によるインド法人（HEL）の権利の移転を含む複合取引であると主張し，原告に対して当該取引に伴う源泉徴収義務があると主張した。

(5) 高裁判決

高裁の判断は次のとおりである。

① 本事案の株式の譲渡は，その取引の本質において，株式以外の権利及び権原の移転を含むものであり，これらの権利及び権原は，所得税法第2条第14項に規定する資本資産の意義に含まれるものである。

② 所得税法第5条第2項及び第9条の適用上，資本資産がインドに所在するのであれば，それらを通じて，直接又は間接に発生或いは取得するインドにおいて発生或いは取得した所得とみなされる。

③ 所得税法第195条の適用に関して，租税を課される者と課税を行う国の間に，十分な領土的関連或いは連環（nexus）があるとすれば，所得税は，その者の国外源泉所得まで拡張し適用することができる。

(6) 最高裁判決

最高裁判決にはいくつかの判断が示されているが，所得税法第9条の解釈に関するものは次の通りである。

資本資産の譲渡による課税の3要素は，①譲渡，②資本資産の存在，③インド国内における当該資産の所在，であり，インド非居住者の課税は，その所得の発生場所がインド国内でない限り納税義務はない。換言すれば，非居住者がインド国外において直接・間接に発生又は取得することになる所得は，インド所在の資本資産の譲渡の結果として当該所得が生じたものとして，インドにおいて生じたものとみなすと擬制されない限り課税にはならない。課税当局の理解では，外国法人がインド法人の株式を保有する外国法人の株式を譲渡することと，インド法人の株式譲渡を同等とする「ルックスルー」できるとしている。判決では，所得税法第9条第1項(i)にある「直接又は間接」という用語は，所得に係る用語であり，資本資産の譲渡に係る用語ではないという判断が示されている。

(7) 日本の課税への引直しによる検討

V事案の場合は，株式の譲渡を受けた者による源泉徴収義務の問題であったが，日本の事業譲渡類似課税は，譲渡益を得た者の課税である。したがって，日本の場合は，特殊関係株主等の納税義務者の範囲の問題となる。私見としては，現行の事業譲渡類似課税に係る国内法の規定では，V事案における課税は難しいと思われるが，ケイマン法人の株主が日本に所在するのであれば，タックスヘイブン対策税制の適用も想定できることから，課税のループホールは生じないものと思われる。また，非居住者の所在国と日本の間に租税条約が締結されている場合，租税条約により課税なしという状況も考えられるのである。

⑻　インドにおける事業譲渡類似課税に係る判例（租税条約の適用事案）：S事案の背景

S事案は，インド法人に係る事業譲渡類似課税について，2013年2月15日にインドのハイデラバード所在のアンドラ・プラデッシュ高裁判決が原告の請求を認め，国側敗訴とした事案である。

課税当局は，V事案が最高裁敗訴（2012年1月20日判決）となったため，2012年財政法により国内源泉所得に係る規定を改正したことは前述のとおりである。

⑼　印仏租税条約の譲渡収益条項（同租税条約第14条）

S事案では，V事案のようにインドの国内法の適用ではなく，インドと租税条約を締結しているフランスの居住者（フランス法人）のインドにおける課税（源泉徴収課税）であることから，課税の内容はV事案と同様であるが，V事案がインドと租税条約を締結していないケイマン法人であるのに対して，S事案は，印仏租税条約の適用が問題となる。

そこで，印仏租税条約第14条では，同条第4項に不動産化体株式の規定があり，同条第5項に次のような規定がある。

「4の規定が適用される場合を除くほか，一方の締約国の居住者である法人の株式を10%以上保有する当該株式の譲渡収益は，当該一方の締約国において課税することができる。」

第4項の不動産化体株式の規定には，直接保有ばかりではなく，間接保有に係る規定もあるが，第5項にはこの文言はない。第5項は，フランス法人がインド法人の株式の10%以上を保有して，その株式を譲渡して収益を得た場合，インドにおいて課税が生じることを規定したものである。

⑽　事実関係

S事案の株式譲渡に関与する法人は次のとおりである。

①　インドのハイデラバード所在のインド法人（1993年設立）のShanta Biotechnics Ltd.（略称：SBL）は医薬品の研究開発を行う法人である。

②　フランス法人のShanH SAS（略称：ShanH）は，次の③と④に掲げる法人のジョイントベンチャーである。

③　フランス法人のMerieux Alliance（略称：MA）は②の法人の株式の80％を所有。
④　フランス法人のGroupe Industriel Marcel Dassault（略称：GIMD）は②の法人の株式の20％を所有。
⑤　株式を取得したフランス法人のSanofi Pasteur Holding SA（略称：Sanofi)。

ShanHがインド法人SBLの株式を80％している。MAとGIMDは，ShanHの株式を共同で100％所有しており，そのすべての株式をSanofiに譲渡した。結果として，Sanofiは，SBLの株式の80％を所有することになった。MAとGIMDは，2009年7月の契約に基づいてShanHの株式を５億５千万ユーロでSanofiに譲渡した。

⑾　**判　決**

本事案は印仏租税条約の適用であることから，租税条約が国内法に優先適用することになる。ただし，租税条約に明定なき用語については，課税する国の国内法により解釈することが印仏租税条約第３条第２項において定められている。

判決における争点の一部は，租税条約に関連した事項であり，印仏租税条約第14条第５項と同租税条約第３条第２項の解釈である。

裁判所は，印仏租税条約第14条第５項について間接譲渡（いわゆるsee-through）の適用を認めていない。

さらに，条約に明定なき用語に係る規定の適用について，課税当局は，同租税条約第14条第５項にあるalienation，participationについて，同租税条約に定義がないことから，第３条第２項の適用について，判決では，ウィーン条約法条約の文言を引用して，租税条約は，文脈に従って条約に与えられた通常の意味により誠実に解釈されるという立場から，これらの用語が間接譲渡を含むという解釈が採用されていない。

⑴　Final Report on General Anti Avoidance Rules（GAAR）in Income -tax Act, 1961.
⑵　（http://www.bcasonline.org/articles/artin.asp?1049）（2014年６月19日ダウンロード）
⑶　本判決に関する評釈としては，手塚崇史「インド・Sanofi事件判決の検討～インド法人株式のいわゆる間接譲渡と租税条約の適用関係～」（『国際税務』Vol. 33 №12）がある。
⑷　参考文献としては，居波邦泰「インドのボーダフォン判決に係る考察（上）―ボンベ

イ高裁判決の分析―」,「同（下）―インド最高裁判決の分析―」『税大ジャーナル』第18号，第19号がある。

4 インドネシア

1 インドネシアの否認規定

インドネシアには，GAARはなく，租税条約の特典を制限する規定等の個別規定がある。1983年制定の所得税法には，次の規定がある（同法第４条）。

インドネシア国内或いは国外において納税義務者により受領或いは発生した経済的価値の増加と定義される所得が課税対象であり，名義形式を問わず，納税義務者の消費或いは富の増加をもたらすもので，所定のものが含まれる，としている。含まれるものとしては，例えば，役務提供所得，事業所得，譲渡収益，利子所得，配当所得，使用料所得，不動産所得等である。この上記の条文における納税義務者の純資産を増加させるものは所得であるという定義は，純資産増加説であり，「名義形式を問わず」として，それを所得と定義している[(1)]。なお，GAARについては導入を検討する案が出されている。

2 インドネシアの税制

現行のインドネシアにおける個人及び法人所得税は，1984年に改正され（income tax law 1984），その後，2000年，2008年及び2009年に改正されて現在に至っている。

法人税制では，インドネシア内国法人は，同国の法令に準拠して設立されたもの，又は住所を有するものであり，全世界所得が課税となる。内国法人以外の外国法人は，国内源泉所得のみが課税となる。法人税の基本税率は25％（2010年１月１日より）である。なお，上場法人は基本税率の５％減，年間売上480億RPまでの中小企業は，48億RPまでの課税所得に対して税率が半減される。

付加価値税では，非課税となるものを除き，国内における資産の譲渡，役務の提供，資産の輸入取引に対して10％の税率が適用となる。

(1) インドネシア所得税法1983年法の英語版
（http://www.expat.or.id/info/2008-IncomeTaxSDSN.pdf#search='IndonesianIncomeTaxLawArticle4%27'）（2014年３月21日ダウンロード）

5　オーストラリア

1　GAARに係る基礎データ

⑴　制定法上の規定

オーストラリアのGAARは，所得税法（Income Tax Assessment Act 1936：以下「1936年法」という。なお，1936年法のその後の改正については，ネット上にあるINCOME TAX ASSESSMENT ACT 1936 - NOTES参照。）の第4編A（所得税を減少させるスキーム）の第177A条から第177G条までの全10条に規定されている。以下の規定は，2013年6月にGAAR規定等が改正された後のものである。

以下，各条における見出しは，第177A条（解釈），第177B条（本編の適用），第177C条（租税上の便益），第177CB条（租税上の便益を照合するための所得等の金額），第177D条（本編が適用となるスキーム），第177E条（会社利益の剥奪），第177EA条（課税済み負債の創設と課税済み債権の否認），第177EB条（連結納税申告における課税済み債権の否認），第177F条（課税上の便益の否認），第177G条（申告の修正），である。

イ　スキーム（scheme）の解釈

第177A条の見出しは，解釈（Interpretation）であるが，内容はこの編における用語の定義である。同条第1項にあるスキームは，次のように規定されている。

⒜　スキームは，明示されたものか或いは暗示されたものか，法的手続きにより執行可能か或いは施行可能であることを意図したか否かにかかわらず，合意（agreement），仕組み取引（arrangement），了解（understanding），約束（promise），或いは事業（undertaking）を意味する。

⒝　スキームは，構想（scheme）といわれるもの，計画（plan），提案（proposal），行動（action），一連の行動或いは一連の行為等を意味する。

ロ　租税上の便益（tax benefit）

第177C条第1項において，納税義務者がスキームに関連して租税上の便益を得る場合を次のように分けて列挙している。

①　スキームの実施により課税所得金額が減少した場合

② スキームの実施がなければ認められない控除が，控除されている場合，また，純損失，繰戻損失，外国税額控除，源泉徴収税額の控除についても同様である。

第177C条第２項(a)において，納税義務者がスキームに関連して租税上の便益を得ていることに該当しない場合としての適用除外について次のように規定している。

① 納税義務者の所得に含まれないことが1997年制定の所得税法に規定されている合意等において明定等されている場合

② 当該スキームが，宣言（declaration），合意，選択等を行うための必要である環境或いは状況等を作り出す目的でいずれかの者により行われたものでないこと。

なお，同項(b)では控除，同項(c)では損失，同項(d)では外国税額控除についての適用除外が規定されている。

ハ　税務上の便益を得る目的のスキーム

第177D条第１項は，本編が適用となるスキームとして，スキームに関与又は実施する者が，自身或いは関連する者にとってスキームによる税務上の便益を得る目的であったと結論づけられるもの，或いは，便益を得る者が当該納税義務者の関連者或いは第三者の場合もこれに含まれる。なお，この場合，スキームの実施者が関連する納税義務者或いは第三者である納税義務者であるかどうかにかかわらずである。

第177D条第２項は，否認対象となるスキームの判定要素として，(a)から(h)までに，スキームの態様，形式と実質，実施された期間等である。

第177F条は，課税上の便益の否認について規定されている。

上記の規定をまとめると，課税上の便益とは，課税所得の減少，控除関連項目の金額の増加をいい，これらを目的とする合意，契約等のスキームは，原則として否認されることになるが，適用除外の規定もある。したがって，否認される状況は次の順序となる。

① 第177Aに規定するスキームが存在すること。

② 適用除外となる場合を除いて，納税義務者が租税上の便益を得ていること。

③ スキームに関与した者の目的が租税上の便益を得ることであること

2　ATOにおけるGAARの取扱い

オーストラリア国税庁（ATO）は，GAARに対する取扱いに係る通達[1]を公開している。

⑴　GAAR委員会（GAAR PANEL）

GAAR委員会（以下「委員会」という。）の概要は，メルボルン大学のアン・オコーネル氏により2013年６月作成の資料[2]によると次の通りである。

イ　委員会の概要

委員会の概要は次の通りである。

① 委員会は，2000年に設置され，2005年に名称変更等が行われている。

② 委員会の構成員は，ATOの上級職員３名とATO長官（以下「長官」という。）により招請された外部の者３名（３年契約）であり，議長は，ATO上級職員である。

③ 委員会に持ち込むかどうかは，ATO職員の判断による。

④ 納税義務者は，意見の有無にかかわらず，委員会への出席に招待される。

⑤ 委員会は会議の議事録を作成し，納税義務者に開示する。

ロ　委員会の役割

委員会の役割は次の通りである。

① 委員会は，透明性と整合性の改善のために長官により導入されたもので，法的裏付けはない。

② 委員会は長官に対してGAAR及びそれ以外についても助言をすることが役割であり，決定機関ではない。

③ 2012年における委員会の処理件数は31件である。

④ 長官は委員会の助言に拘束されない。

⑤ 委員会は，メルボルンとシドニーに置かれている。

委員会は，英国におけるGAAR委員会が法律により設置され，独立性が高いのに比べて，その影響力の点で弱いものがある。

⑵　GAARと照会の回答（Private ruling）

納税義務者は，仕組み取引へのGAAR適用について課税当局に対して照会してその回答を得ることができる。GAARの適用以外の事項についての照会についても，課税当局はGAARの適用を判断することになる。

3 GAAR規定の各論

以下は，GAAR通達による説明の概要である。

(1) 現行GAAR規定の変遷

1936年法第4編A（GAAR規定）の前身は，1936年法第260条であった。GAARの規定は，長官に租税上の便益を否認する裁量権（1936年法第177F条第1項）を与えている。第4編は，1981年の改正により創設された規定（適用は1981年5月27日以降）であり，スキームの実行された場所については，国内，国外或いは一部国内・一部国外のいずれの場合でも適用となる（第177D条第5項）。

(2) GAAR規定の改正点

オーストラリア政府は，2012年11月16日に，GAARの規定を改正するための草案を公表している。2013年2月13日に，改正法案を審議している。そして，2013年6月25日に，Tax Law Amendment（Countering Tax Avoidance and Multinational Profit Shifting）Bill 2013：以下「2013年改正法」という。）が成立している。

以下は，2013年改正法に関する覚書[3]を参考にしている。

イ 改正の目的

改正の目的は，1936年法におけるGAAR規定の改正と1997年法（Income Tax Assessment Act 1997）における移転価格税制に関連する改正である。前者は，国側敗訴となった事案[4]判決において明らかになった1936年法のGAAR規定の欠陥が納税義務者に租税回避を許す結果となったことから，その欠陥を補正し，当該規定の適用に関する予測可能性を高めることであった。

ロ 改正点

2013年改正法では，旧法における第177CA条と第177D条が削除され，新たに，第177CB条と第177D条が新たに創設された。

ハ 第177CB条の改正点

第177C条は，租税上の便益に関する規定であり，第177CB条では，租税上の便益として影響する項目として，申告所得金額，認められない控除，生じなかった損失，認められない外国税額控除，源泉徴収義務のある納税義務者，があり，これらが租税効果（tax effect）である。

租税効果が生じる状況は次の２つのうちのいずれかである。

① 納税義務者が問題となるスキームを行わなかったならば生じたであろう租税公課

② スキームが生じなければ結果することが合理的に期待されたであろう租税公課

したがって，租税上の便益に係る判定は，上記２つの選択的な前提条件により行われることになった。この２つの前提条件の特徴として，①は，スキームをなくした場合の租税公課であり，②は，スキームがあるとして復元した場合の租税公課，ということになる。

ニ　新第177D条

繰り返しになるが，GAAR適用の基本的な要件は次のとおりである。

① 第177Aに規定するスキームが存在すること。

② 適用除外となる場合を除いて，納税義務者が租税上の便益を得ていること。

③ スキームに関与した者の目的が租税上の便益を得ることであること。

上記②は，第177C条，第177CB条の適用領域の問題である。上記③は，新第177D条の適用に関するものであり，第177D条第２項は，否認対象となるスキームの判定要素として，(a)から(h)までに，スキームの態様，形式と実質，実施された期間等が明定されたのである。

上記③の「目的」（dominant purpose test）であるが，課税当局が主観的に目的の有無を判定するのではなく，英国のタックスヘイブン税制にある適用除外の基準である「意図基準」にあるように，課税当局が租税軽減の意図を認定するものと理解すべきであろう。

4　GAAR関連の判例

1936年法におけるGAARの規定は，1981年と2013年に改正されて現在に至っているのであるが，1981年改正後の規定に係る最高裁（High Court of Australia）が，次に掲げる①と②であり，これについては判例評釈がある[5]。なお，同国における判例法の公理として選択原則（choice principle）がある。この原則は，課税となる選択肢と課税にならない選択肢がある場合，税法における禁止がない限り，納税義務者が課税につながらない選択肢を選択する権利を否定することはできない，とするもので，英国のウエストミンスター事案貴族院判決（1935年）の影響といわれている[6]。

① Federal Commissioner of Taxation v. Peabody［1994］HCA 43（以下「Ｐ事案」という。）

② Federal Commissioner of Taxation v. Spotless Services Ltd.［1996］HCA 34（以下「Ｓ事案」という。）

そして，1936年法のGAAR規定は前述の通り2013年改正法により現行の規定となったのであるが，2013年改正を促した判決は次の③である。

③ RCI Pty Limited v. Commissioner of Taxation［2011］FCAFC 104（高裁判決），Commissioner of Taxation v. RCI Pty Ltd.:［2012］HCATans 29（最高裁判決）（以下「Ｒ事案」という。）

④ Orica Limited v Commissioner of Taxation［2015］FCA 1399

この事案は，Oricaグループ内取引により豪法人であるOrica Finance Ltd.による支払利子の控除等に対するGAAR規定の適用によりオーストラリア国税庁（ATO）が勝訴したものである。

なお，オーストラリアの司法制度は，裁判所単独（Federal Court），控訴審が連邦裁判所合議体（Full Court of the Federal Court），最高裁（High Court of Australia）である。

⑴　Ｐ事案

この事案は，1994年９月28日の最高裁判決であるが，GAAR規定の解釈に多く引用されている。最高裁では納税義務者が勝訴している。

イ　事実関係

テランス（Terence Elmore Peabody：以下「Ｐ」という。）は，1963年にコンクリートの強化剤の製造を父親他と開始した。1985年には，ピーボディー家がこの事業の62%，クレインシュミット（Ray Kleinschmidt：以下「Ｋ」という。）が38%を所有していた。この事業は４社（以下「Ｐグループ」という。）により行われていた。Ｐの株式は，TEP持株会社（以下「Ｔ社」という。）を受託者とする信託（裁量信託）に預けられていた。Ｐの妻マリー（Mary Peabody：以下「Ｘ」という。）と２人の息子がこの信託の受益者である。ＰとＸは，Ｔ社の取締役である。Ｐは，Ｋから株式を取得して，証券市場に50%流通させることを計画し，1985年10月14日にＫから株式を860万ドルで取得するという契約を交わしたが，Ｋはこの取引を公にすることを拒否し，Ｐもこれに同意した。この株式は上場すると2,400万ドルとなることが予測された。株式の市場売却に際して，当該株式を市場に公開する直前にＫからＸが取得したことが目論見書において明らかになる。

このことから，２つの問題が生じた。第１は，ＫからＸへの購入価格が明らかになること，第２は，取得後12か月以内の譲渡が課税になるということである。

そこで，これらの問題点を解消するために，次のような取引が行われた，

① Ｔ社は，売却することを目的とした会社（shelf company）であるLoftway社（以下「Ｌ社」という。）を取得し，Ｋは，38％分の株式をＬ社に約860万ドルで売却した。

② Ｌ社が優先株式を発行して株式購入資金をWestpac銀行から調達した。Ｌ社にはＰグループから配当が支払われ，Ｌ社はこの資金を原資として銀行に配当を行った。この配当は銀行からの融資額の利子相当額であるが，配当を受領する銀行には税額控除が認められたため，通常の融資を受けて利子を支払うことと比較して，低コストによる資金調達となった。

③ Ｌ社はこれらの株式を価値のないＺクラス優先株式に代えたことで，株式の価値は減少した（約860万ドルから500ドルに減少）。

④ Ｔ社は，Ｐグループに株式を3,000万ドルで売却し，その資金でＬ社株式を償還した。

このスキームの課税上のポイントは，ＸがＫから株式を購入しこれを売却すれば，多額の譲渡益が生じ課税となる。そこで，Ｋから取得した株式の譲渡であれば課税になるが，Ｔ社は，Ｋから取得した株式ではなく，Ｌ社の優先株式に変えた点である。

課税当局は，Ｘ（1986年６月30日とする課税年度）に対して課税処分を行ったのである。

第一審は，このスキームの主たる目的が課税を免れることで租税上の便益を得ることであると判示して，国側勝訴とした。

控訴審は，Ｐの主たる目的はＫからの株式購入とその売却という商業目的のもので，Ｘが租税上の便益を得るためのものではなかったとして納税義務者勝訴とした。

ロ 最高裁判決の判旨

判決は，納税義務者側勝訴である。控訴審では，スキームの内容をKからの株式の取得からその売却までとしたが，最高裁では，Kから取得した株式の価値の減少とその処分からの利益はL社に帰属するという判断を示した。したがって，Kから取得した株式の価値の減少が生じなければ生じたXの所得とすることはできないという判断を示したのである。

ハ 小 括

1936年法のGAARの規定に係る司法上の判断がP事案において示されたことになる。最高裁は，控訴審とは異なる理由から納税義務者勝訴という判決を出しているが，1981年改正によるGAARの規定にある，スキーム，租税上の便益，スキームの目的について，第一審，控訴審，最高裁と異なる解釈が示されたことになる。

⑵ S事案

この事案の最高裁判決は，1996年12月3日である。P事案最高裁判決が1994年であり国側が敗訴しているが，本判決ではGAARの適用が認められ国側が勝訴している。

イ 事実関係

Spotless Service社（以下「X」という。）は，1986年9月に上場して約4,000万ドルの短期投資資金を得た。XとSpotless Service Finance Pty Ltd.（以下「SF社」という。）は1986年12月8日に書面契約を締結し，クック諸島への共同事業を行うことで合意した。この投資は便宜上Xの名義で行われることになった。

1987課税年度において，Xは，クック諸島所在のEuropean Pacific Banking Company Ltd.（以下「E銀行」という。）から4,000万ドルの預金利子として，2,670,663ドルを受け取った。同時期に，SF社は，E銀行に295,688ドルの利子支払を請求した。オーストラリアとクック諸島の間には，租税条約はないが，1953年所得税（国際課税）法（Income Tax（International Agreement）Act 1953）の第23条qによりクック諸島源泉の利子について，源泉徴収がクック諸島で行われた場合，オーストラリアでは免税となる旨をXは主張した。クック諸島における源泉徴収税率は5％である。この第23条qの規定は，オーストラリア居住者が，源泉地国において免税とならない国外源泉所得を得た場合，オーストラリアでは免税となるというものである。クック諸島の利率は，オーストラリアの銀行利子率よりも低いが，利子の免税措置があるために，クック諸島への預金は全体としては有利になる。

課税当局は，GAARの規定するスキームにより租税上の便益を納税義務者が得たということを根拠として利子に課税をした。したがって，本事案における争点は，当該利子所得の所得源泉地に係るものではなく，GAARの適用の可否ということであった。

第一審（Spotless Services Ltd. v. Federal Commissioner of Taxation (1993) FCA 276）は，納税義務者側の請求を認めた。

控訴審（Federal Commissioner of Taxation v. Spotless Services Ltd. (1995) 63 FCR 244）は，国税庁長官による控訴を棄却した。

ロ　最高裁判決の判旨

最高裁は，国側勝訴としたが，最高裁において示された判断は次の通りである。

① 国税庁長官がGAARに基づいて課税処分を行う場合，第177D条に掲げる客観的要件を満たす必要があるが，GAAR規定にあるスキームに関連して租税上の便益を得たことを立証する必要がある。

② 控訴審における多数意見では，納税義務者の主たる目的は，租税上の便益を得ることではなく，投資資金からの果実の極大化であると判断した。

③ 合理的商業上の意思決定（rational commercial decision）と投資の際の納税義務者の主たる目的（the dominant purpose of the taxpayers in making the investment）を対立したものとしている原審判決は誤っている。

④ 第1に，スキームであることを立証するには，第177D条に掲げる8つの要件の検討が必要である。第2に，スキームに関連して租税上の便益を得ることを主たる目的とするスキームを納税義務者が実施したことを検証する必要がある。

⑤ 投資先を国内からクック諸島に変更したことで納税義務者は租税上の便益を得たことになる。

ハ　小　括

これは当時，国外所得免除方式を採用していたオーストラリア税制の適用関係において，所得源泉地を国外に振ることにより租税上の便益を得る投資に対して，GAARの適用の可否を争点として事案である。オーストラリアでは，1997年所得税法（ITAA97）のDivision770において，外国税額控除（foreign income tax offset）が規定され，2008年7月1日から適用されている。

⑶　R事案

この事案の事実関係は次の通りである。

イ　事実関係

この事案の判決の経過は次の通りである。

① 第一審：RCI Pty Limited v. Commissioner of Taxation［2010］FCA 939（国側勝訴）
② 控訴審：RCI Pty Limited v. Commissioner of Taxation［2011］FCAFC 104（納税義務者側勝訴）
③ 最高裁：Commissioner of Taxation v. RCI Pty Ltd.:［2012］HCATans 29（上告棄却）

この事案の概要は，米国とオーストラリアで事業活動を行っているJames Hardie Group（以下「JHグループ」という。）の組織再編の課税に係るもので，オーストラリア居住法人であるRCI Pty Limited（以下「X」という。）が，米国子法人の株式を同グループのオーストラリア非居住法人に売却し，譲渡収益を得たのであるが，その売却の6か月前に当該米国子法人は，Xに免税となる配当をしているのである。課税当局はこの配当が譲渡収益の額を低くするスキームであるとして課税処分を行ったのである。

この事案に関係する法人は次の通りである。

① 本事案の原告であるオーストラリア居住法人であるRCI Pty Limited（以下「X」という。）は，JHグループの米国子法人の親法人である。
② James Hardie Industries Limitedは，オーストラリア居住法人で2001年10月までJHグループの親法人である。
③ James Hardie Holdings Inc.（以下「JHHI社」という。）は，JHグループの米国子法人であり，この法人の株式はすべてXが保有している。

本事案における組織再編の過程は次の通りである。

① 1998年3月に，JHHI社は，その所有するJames Hardie USA Incの株式を再評価した結果，3億1,800万ドルの価値の増加があった。
② JHHI社の取締役会は，1998年3月30日に，株式価値の増加分に相当す

る配当を行うことを宣言した。同社の株式をすべて保有するXは，この配当の受益者であった。

③　JHHI社は，Xに対して2,000万米ドルの現金配当を行った。また，同社は，手形を担保にして307,415,972米ドルを借り入れ（1998年9月28日満期日），配当を行った。

④　1998年8月26日，XはJHHI社による570株増資に対して，50,229,768米ドルを出資した。その結果，Xの持株数は1,070株になり，その時価は，94,290,968米ドルとなった。

⑤　1998年10月15日に，Xは，JHHI社の株式すべてをXのマルタ子法人に時価で売却した。

この事案では，Xは，その株式を譲渡する法人（JHHI社）から譲渡前に配当を受け取ったが，当該受取配当は，課税がなしである。さらに，JHHI社は配当を行ったことでその株式の時価は下落し，Xの譲渡収益は低くなるのである。

ロ　高裁の判旨

高裁では，スキームの有無の結果を比較して，租税上の便益がないという判断を示したのである。株式の譲渡に課税がなされるのであれば，組織再編は行われなかったことは明らかであるというのがその理由である。これは，組織再編が租税上の便益を目的になされたものではないということである。

(1)　ATO Practice Statement Law Administration PS LA 2005/24, "Application of General Anti-Avoidance Rules".

(2)　(http://www.sbs.ox.ac.uk/sites/default/files/.../Ann-o-connell.pdf)（2014年2月10日ダウンロード）

(3)　Clarifying the operation of the income tax general anti-avoidance rule (Part IVA). (http://parlinfo.aph.gov.au/parlInfo/download/legislation/billsdgs/2299302/upload_binary/2299302.pdf;fileType=application%2Fpdf#search=%22legislation/billsdgs/2299302%22)（2014年2月10日ダウンロード）

(4)　高裁：RCI Pty Limited v. Commissioner of Taxation [2011] FCAFC 104, Commissioner of Taxation v. Futuris Corporation Ltd. [2012] FCAFC 32. 最高裁：Commissioner of Taxation v. RCI Pty Ltd.: [2012] HCATans 29.

(5)　Cassidy, Julie, "Peabody v. FCT and Part IVA" Revenue Law Journal Vol. 5 1995, 及び今村隆「オーストラリア一般否認規定の研究」『駿河台法学』第24巻第1・2合併号。

(6)　今村隆「主要国の一般的租税回避防止規定」本庄資『国際課税の理論と実務』所収　大蔵財務協会　680頁。

6　オランダ

1　国際税務におけるオランダの存在

⑴　日本への影響

オランダの税制は，日本の国際税務にいくつかの影響を与えてきている。

タックスヘイブン対策税制の昭和60年度改正の基因となった例がある。この例では，内国法人がオランダ子法人を介してタックスヘイブンの特定外国子会社等を有する資本関係に変更して，特定外国子会社等からの配当を資本参加免税の適用があるオランダ子法人が受け取ることにした。その結果，当該子会社の受取配当についてはオランダで課税が免除され，当時の税制では，内国法人の日本における合算課税において当該配当部分の課税がなかったのである。そこで，この改正では，このような租税回避を防止する観点から，特定外国子会社等の留保所得の計算上，所定の支払配当の全額を控除しないこととしたのである。

また，最近では，武富士事案，ガイタント事案，オウブンシャ・ホールディング事案等の租税事案において，オランダ法人等の存在があったのである。

⑵　オランダ税制の特徴

オランダの税制のどのような特徴が上記のような状況を引き起こしたのであろうか。例えば，法人税率をみても，2011年１月以降，基本税率が25%，20万ユーロまでの所得については20%の税率が適用されていることから，この国は，いわゆる軽課税国とはいえないのである。以下は，オランダ税制の特徴となる項目を掲げる。

イ　資本参加免税

一定の要件を満たす場合，オランダで設立された法人は，その適格な資本参加に関連して生じる所得，すなわち，配当等及びその株式の処分に伴う譲渡収益については課税されないというのがこの制度である。したがって，オランダに持株会社を置くことがこの税制を有効に利用できる１つの方法といわれている。

この適用要件は，資本参加先の法人の額面払込資本の５%を保有し，かつ，資本参加先の法人の資産の50%以上がポートフォリオ投資でないことである。

ロ　アドバンス・タックス・ルーリング（ATR）の利用

この制度は，納税義務者とオランダの課税当局が事前に課税問題について協議し合意できるものである。例えば，国際的な利子或いは使用料所得の課税において，課税が減免されるオランダの租税条約の利用が有利となる場合がある。従前からの例として，オランダに中間会社となる金融子会社を設立して，当該子会社を利子が通過する形態を採り受取利子と支払利子の両建てをすることになるが，その場合のオランダにおける課税所得となる差額（ミニマムスプレッド）について，この制度の利用が可能であり，同様に，ロイヤルティ会社をオランダに設立する場合も同様なことがいえた。

この制度は，2001年３月の省令等により，新ATR，移転価格に係る事前確認制度（APA），及び旧ATRに区分されている。新ATRの対象となるのは，次のものである。

①　資本参加免税の適用関係

②　ハイブリッド金融商品に係る取扱い

③　PEの認定

ただし，グループ企業内の利子又は使用料の受取りに従事する法人でその実態がオランダ国内に存在しないもの等の法人については，新ATRの適用はないことになった。この新ATRは，その適用期間が４年を基準としている。

ハ　租税条約による課税の減免

オランダは多くの国と租税条約を締結していること，また，国内法において利子及び使用料所得についての源泉徴収はないのである。したがって，仮に，Ａ国とＢ国間の租税条約における限度税率が10％であった場合，Ａ国→オランダ→Ｂ国のルートを使用した方が税負担を減らすことができる。

以上のようなオランダ税制の特徴を生かすために，例えば，日米間の投資であっても，オランダを経由して行われる場合が多い。日本からの外国直接投資（1951年から2000年まで間の累計額）によれば[(1)]，第１位は米国であるが，第２位はオランダである。ちなみにこのランキングでは，第４位にパナマ，第７位にケイマン諸島，第８位に香港というタックスヘイブンが並んでいる。

2　GAARに係る基礎データ

(1)　２つあるGAAR

オランダは，上記１で述べたように，国際的租税回避に関与することが多い国である。そのような国にあるGAARという意味では，多少，他の国の場合と事情が異なるように思われる。

オランダにおけるGAARは制定法の規定と判例法における公理（以下「公理」という。）の２つがある。さらに，GAAR以外に個別的な否認規定がある。

制定法の最初の規定は，1924年に導入され（rightful levying, in Dutch: richtige heffing），1925年から施行されてきた。この規定（Dutch administrative law）は，直接税のみの適用であり，その内容は適正な課税という内容である。現行の規定は，1959年以降，一般租税法典（General Tax Act）の第31条（以下「第31条」という。）に規定されている。

判例法におけるGAARの公理は，ローマ法に由来するfraus legisの考え方で，1926年のオランダ最高裁（Hoge Raad）で確立した概念である。この公理は，形式よりも実質を重視する概念である。そして，2012年の最高裁判決により，この公理は付加価値税にまで適用することになった(2)。

(2)　第31条

この規定は，「他の事実や状況に基づくと，一般の人が推測するような現実の関係や行為に実質的な変化を生じないことから，賦課の全部又は一部を不可能にするために役立つのでなければ考慮されなかったような法的行為は，直接税の賦課の際に考慮されない。」というものである(3)。

しかし，税務訴訟ばかりではなく，課税当局における否認の根拠として，第31条を根拠とするものは少なく，公理の考え方が採用されることが多いといわれている。

(3)　公理の概要

この公理はローマ法に由来するもので，その原則は，悪しき考えにより便益を得ようとする場合，法の保護を受けることができないというものである。この公理は，私法において発展したものであるが，租税回避対策として制定法及び判例法における公理として進展したものである。オランダは司法の場においてこの公理を確立したのであるが，ベルギーとイタリアは，この公理の適用を私法に限定し，租税回避の否認については利用していない。この原則が意味するものは，契約及び法律により生ずる権利の行使が，真正な考えに反するものであれば当該権利の行使を法の濫用とみなすことになる。この公理は，ローマ法の影響を受けないコモンローの国々では，判例法としての解釈原則が確立するが，そのアプローチは多少異なっている[4]。

オランダは，租税回避対策として法律の解釈を事実の解釈に適用するという方法ではなく，司法により確立した原則に従う国があり，同国は制定法がありながら，最高裁が確立した公理に従うのである。第31条がオランダにおいて適用されない理由の１つは，その適用において財務省の承認を要するという手続き上の煩雑さであるといわれている。

公理はある種の権利濫用を扱う原則であるが，すでに述べたように，この原則は税法に規定のあるものではない[5]。しかしながら，オランダでは，第31条が機能不全に近い状態であることから，公理が課税当局の判断の基礎となっている。そして，納税義務者の行った取引が，法的に正当と認められる場合であっても，①取引の主たる目的が租税回避であること，②納税者の行為が税法の精神及び目的を阻害すること，の要件を満たす場合，その取引を実質的な観点から引き直しすることができることになっている。

⑷　「法の濫用」と「権利の濫用」

法の濫用は，法の濫用（abuse of law）か権利の濫用（abuse of rights）かを検討している論文[6]がある。

この論文では，法の濫用とは，法規の文言通りだとその法規が適用されるが，その法規の趣旨を考えるとその法規を適用させるべきではないとする法理であり，この法理は，近世ヨーロッパでは，国際私法の分野や租税法の分野で復活した考え方であるとしている。これに対して，権利の濫用とは，中世ヨーロッパにおいて，exceptio doli generalisといわれていた法理で，19世紀になって，フランスやドイツで発展した考え方で，私人間の権利行使に当たり，他方の権利を害する意図で自らの権利を濫用するのを禁止する法律と説明されている。そして，租税法の分野では，権利の濫用ではなく，法の濫用と考えるべきとしている[7]。

また，この論文では，ドイツ，フランスという大陸法系の国は，法の濫用と権利の濫用とを区別するが，英米法系の国では「権利の濫用」という考え方を避ける傾向があることが指摘されている[8]。

なお，日本における権利濫用に関する重要な判例は，宇奈月温泉事件（大審院昭和10年10月５日判決）である。

3　オランダの賦課課税制度

オランダにおける所得税，法人税，相続税の税額決定は，賦課課税制度であり，課税当局が，その調査によって課税額を決定することになる。その決定のプロセスは，暫定的な賦課決定が２度行われ，１度目は過去２事業年度の平均的所得をベースに行われ，２度目は予測される所得に基づいて行われる。事業年度終了後３年以内に，最終的な課税額の決定が行われる。最終的な課税額が当初申告と異なる場合，欧州中央銀行の預金利率に基づく利子相当額が賦課又は還付されることになり，新たな事実が生じた場合には，事業年度終了後５年以内に，課税額の再決定が行われる。なお，オランダ国税庁（Belastingdienst）は大蔵省の外局である。このオランダの賦課課税制度は，現在では申告納税制度に変更されている英国における20世紀初頭の制度と類似するものである。

4　オランダの一般否認規定の他国との比較

本書Ｉ・９「GAARの類型的区分」において，オランダのGAARについては，以下のように分類している。

① ドイツ，エストニア・アプローチ

② ベルギー・アプローチ

③ オランダ，フランス・アプローチ

④ アングロ-アメリカン・アプローチ

③にあるオランダ，フランス・アプローチでは，オランダにおける租税回避防止策については，すでに述べたことからここでは省略するが，この両国に共通する原則は，真正な権利の行使と権利の濫用という私法上の原則を基礎としている点である。フランスの租税手続法（French code of tax proceedings）第64条がGAARの規定であるが，フランスの場合は，課税当局により権利の行使がこの規定の適用に限定されていることである。さらに，その適用要件については，Janfin事案（CE, 27 Sep. 2006, No. 260050）により取引が濫用であるとする条件が強化されている。

前出②のベルギーGAARの特徴は，隣国のオランダとは租税回避否認の法理が異なっている。ベルギーの場合は，私法上の取引を租税法においてもこれを認めるという原則がある。同国憲法第170条は，租税法律主義を規定していることから，租税法の解釈は厳格であり，類推解釈の類は認められない。ベルギーの最高裁は，権利濫用の法理及び経済的実質の公理の使用を禁止している。裁判所は，取引が見せかけのもの（sham transaction）かどうかを判断している。結果として，租税回避となる場合は，課税当局が取引を見せかけであると立証した場合，或いは，納税義務者による租税回避の意図を立証した場合である。このことは，私法上の取引の意義が，租税法上の取引の意義の解釈に優先することである。

5　ATADの影響

本書のⅠにおいて述べているATAD（EU Anti-Tax Avoidance Directive）がEU指令として出されたことで，2019年１月以降の適用に際してATADと国内法との調整が必要になった。

(1)　渡辺裕泰『国際取引の課税問題』，社団法人日本租税研究協会　２頁。

(2)　R.H.C. Lusia, Regulation of corporation tax avoidance in the Netherlands, Electronic Journal of Comparative Law, vol. 14. 3.
（http://www.ejcl.org/143/art143-12.pdf#search='Dutch+Supreme+Court%2C+tax+avoidance'）（2014年１月13日ダウンロード）

(3)　今村隆「租税回避とは何か」『税務大学校論叢40周年記念論文集』所収　40-41頁。

(4)　Grauberg, Tambet, "Anti - tax - avoidance measures and their compliance with community law" JURIDICA INTERNATIONAL XVI/2009. p. 142.

(5)　Ibid. p. 146.

(6)　今村隆・川村祐紀「租税法における濫用の法理―欧州司法裁判所と我が国の最高裁判所における判決を比較して―」『法学紀要』53巻。

(7)　同上　297-298頁。

(8)　同上　298頁。

7　カナダ

1　GAARに係る基礎データ

現行のGAARは，1988年に所得税法第245条（以下「第245条」という。）として導入された。その取扱い等については，カナダ歳入庁（Canada Revenue Agency：以下「CRA」という。）による通達（INFORMATION CIRCULAR, NUMBER: 88-2, October 21, 1988：以下「通達」という。）がある。

第245条は，カナダ所得税法（Income Tax Act）第16款（PART XVI）の見出し「租税回避（TAX AVOIDANCE）」に規定され，同条は全８項から構成されている。

同条第１項は，定義規定であり，tax benefit（租税上の便益），tax consequences（課税標準及び納税額等），transaction（一連の取引を含む）が定義されている。

同条第２項は，GAARに係る次のような規定である。

「取引が租税回避取引（avoidance transaction）である場合，その者の課税標準及び納税額等は，租税上の便益を否認することが正当であるものとして決定されることになる。その状況は，直接間接に当該取引或いは当該取引を含む一連の取引から生じるものとする。」

同条第３項は，租税回避取引に係る規定である。第３項(a)では，直接間接に租税上の便益を得るものが租税回避取引に該当し，真正な目的のために遂行された取引とみなされる場合は適用除外となる。同項(b)では，取引が一連のものである場合も同様になることを規定している。

第４項は第２項の適用，第５項は課税標準及び納税額等に係る規定，第６項は更正の請求等の調整に係る規定，第７項は例外規定，第８項は課税当局の責任に関する規定である。

また，通達の２において，GAARの適用に関してCRAがアドバンス・ルーリングを発遣することになるとしている。

2　GAARに対する評価と実績

GAARについてその取扱いを含む規定の内容が多くのカナダの納税義務者に

とって不明瞭であったという評価がある[1]。

また，一般の税法の規定が技術的に正確な文言により規定されるのに対して，第245条自体が，不確定概念により定義されているため曖昧であるという指摘もある[2]。

同上論文[3]によれば，1997年から2009年までの間にカナダ租税裁判所（Tax Court of Canada）においてGAARに関連する判決は，37件あり，そのうち，GAARが適用されたものは13件である。13件のうち，増差所得が100万ドルを超えた事案は，６件でいずれも納税義務者は法人である。

また，カナダのGAARは，米国の最高裁判例のように，事業目的或いは経済的実質を導入しようとする立法意図であったが，英国のウエストミンスター貴族院判決（1935年）の影響が強いという指摘がある[4]。

3　GAAR委員会の概要

GAAR委員会（the GAAR Committee：以下「委員会」という。）は，GAARの立法時にオタワに設置された。この委員会の役割は，税務調査により生じるGAARの適用可能性について審査することである。この委員会の構成員は，CRA，司法省，財務省の経験ある職員である[5]。

CRAが公表した資料（2013年６月）によると，1988年以降，委員会が扱った件数は，1,125件で，GAAR適用が認められた件数が865件で，GAARが主たる更正理由となる件数が378件，副次的理由となるものが487件である。裁判となった件数は，52件で，納税義務者と国側はそれぞれ26件ずつ勝訴している（最高裁は，国側勝訴18件，納税義務者側勝訴13件である。）。司法判断が求められた事案の75％が法律の誤った使用或いは濫用を争点としている[6]。

4　GAAR適用のプロセス

同上資料によれば，GAARの適用は次のようなプロセスとなる。

① 調査担当者がGAAR適用の可能性があるとして，濫用事案担当部門（the Aggressive Tax Planning Division：以下「担当部門」という。）に上申し，同部門は調査を行う。

② 調査担当者は，GAARの適用を分析して調査結果の書面（proposal letter）を納税義務者に送付し，納税義務者からの回答を待つ。納税義務者

からの回答があると，調査担当者は，担当部門に，その内容と調査担当者の意見等を伝える。

③　担当部門は，GAARの適用について，自らの調査と関連官庁との調整を行った上で，委員会に申請するか否かの最終判断をする。

④　委員会の申請内容が，新たな争点である場合は，担当部門が案を添え，そうでない場合は提言を行う。

⑤　委員会には，調査担当者の意見，納税義務者の回答，担当部門の見解等が添えられる。

⑥　委員会は，GAARの適用に関する勧告を行う。

5　GAARに関する判例

カナダにおけるGAARの規定の実態についてはすでに述べた通りである。前述の通り，2013年までにGAARに関連した最高裁判決は31件である。GAARに関連する最高裁判決として注目すべきものは次の５事案である。

①　Stubart Investment Ltd. v. The Queen (1984) 1.S.C.R. 536. 1984年６月７日最高裁判決（以下「スチュバート事案」という。）

②　Canada Trustco Mortgage Co. v. Canada, 2005 SCC 54. 2005年10月９日最高裁判決（以下「カナダ・トラスト事案」という。）

③　Mathew v. Canada, 2005 SCC 55. 2005年10月19日最高裁判決（以下「マシュー事案」という。）

④　Lipson v. Canada, 2009 SCC 1. 2009年１月８日最高裁判決（以下「リプソン事案」という。）

⑤　Copthorne Holdings Ltd. v. Canada, 2011 SCC 63, [2011] 3 SCR 721. 2011年12月16日最高裁判決（以下「コプソーン事案」という。）

なお，カナダのGAAR関連判決については，今村隆教授の論考がある(7)。

前出の論文(8)によれば，GAARの解釈に関してカナダでは租税裁判所が重要な役割を果たしているとされている。租税裁判所の判決のうち控訴審（Federal Court of Appeal）において逆転したのは２件であり，最高裁において逆転した例はない。また，租税裁判所の判決37件のうち，18件が控訴され，18件のうちの６件がGAARの適用である。

⑴　スチュバート事案（1984年最高裁判決）

カナダが1988年の税制改正によりGAARの規定（所得税法第245条）を導入した背景には，本事案における最高裁判決において，国側が敗訴したことが原因といわれている[9]。

イ　事実関係

Stubart Investment Ltd.（以下「S社」という。）は，1951年設立の持株会社Finlayson Enterprises Limited（以下「F社」という。）の子法人である。S社は，1962年に食品関係事業のStubart Brothers Company Limitedを買収し，被買収会社の社名に変更したが，1969年に現行の社名に再変更した。

F社の100%子法人に建設資材の製造販売を行っているGrover Cast Stone Company Limited（以下「G社」という。）がある。G社は1965年までに多額の損失を計上し，これは所得税法上の損失として認識され，繰越しできるものである。1966年にF社のタックス・アドバイザーの立てた計画により，S社の資産をG社に売却して，G社はS社に経営を委任し，事業の損益は，G社に帰属するものとした。1966年から1968年の間，S社はその所得をG社に帰属させ，G社はその所得を加えて納税申告を行った。G社は1969年に経営を第三者に売却している。

課税当局は，G社に帰属させた所得をS社に帰属するものとして更正した。異議審査庁（The Tax Appeal Board）は，S社の請求を却下した。その理由は，当該取引が見せかけ（sham）であると判断したからである。

第一審（The Trial Division of the Federal Court）と控訴審（The Federal Court of Appeal）は，S社の請求を却下した。控訴審では，取引が見せかけであることを立証することの必要性を認めず，S社とG社の取引が不完全（incomplete）であったという判断を示したのである。その理由としては，取引価格が暖簾（goodwill）を考慮していないこと等を判断したものである。

ロ　判　旨

最高裁における争点は，①取引が不完全であるか否か，②事業目的の有無，の2点である。この②は，英国の判例であるラムゼイ事案，バーマオイル事案，ドーソン事案[10]において判示された原則である（判決文パラ16)。

上記①の点について，1966年のS社からG社への経営の移転及び売却は，法的に完全であるという判断が示された。G社は経営の所有者であり，S社がG

社の計算で経営を代行していると判示した（同パラ25）。

第2の点については，本事案における取引が見せかけのものではなく，有効な取引であるとして，事業目的テストと見せかけテスト（the sham test）は別のものであるという判断が示されている。そしてウエストミンスター事案貴族院判決[11]におけるTomlin卿の判決文である，「すべての者は，関連する法律により生じる租税額の額を軽減するために，課税に関連する事象を調整する権利がある。」が引用され（同パラ73），上告人である納税義務者の請求が認められたのである

⑵　カナダ・トラスト事案（2005年10月最高裁判決）

本判決と次に述べるマシュー事案最高裁判決は，同年同日の判決であるが，本判決は，GAARの適用を認めず，マシュー事案最高裁判決は，GAARの適用を認めるという内容から対比されるものである。なお，以下の金額表示はカナダドルである。

イ　事実関係

カナダ・トラスト社（Canada Trustco Mortgage Co.：以下「CT社」という。）は，金融会社である。同社は，1996年12月17日に多くのトレイラー車を1億2千万ドルでリース会社（Transamerical Leasing Inc.：以下「TL社」という。）から購入し，これらを同日に有限責任会社である英国法人（Maple Assets Investment Limited：以下「ML社」という。）にリースした。その目的は，1997課税年度においてトレイラー車の税務上の減価償却（capital cost allowance：以下「CCA」という。）を請求することであった。

次に，ML社からTL社に再リースが行われた。トライラー車の購入資金は，ジャージーの信託銀行（Royal Band of Canada Trust Company (Jersey) Limited：以下「信託銀行」という。）からノンリコースで借入れをした。その後，CT社はML社から受け取る債権を信託銀行に譲渡している。

課税当局は，CT社のCCAを否認したことから，CT社は訴えを起こしたのである。租税裁判所は，所得税法に規定するCCAに係る趣旨と目的に合致しているとして原処分破棄の判決を出した。そして，GAARの規定（所得税法第245条）は，租税上の便益を否認するために適用できないとした。控訴審は租税裁判所の判決を支持した。最高裁も課税当局による上告を棄却した。

ロ　GAAR適用の３段階

GAARの適用は，次に掲げる３つに段階から判断することになる。

① 所得税法第245条第１項及び第２項に規定する取引から租税上の便益が生じているか否か。

② 取引が所得税法第245条第３項に規定する租税回避取引に該当するか否か。

③ 所得税法第245条第４項に規定する濫用型の租税回避か否か。

立証責任は，上記①と②は納税義務者，③は課税当局側にある。

ハ　争点と判旨

課税当局は，当該事案には租税上の便益があり，租税回避取引に該当するという租税裁判所の判断に同意している。残された争点は，上記ロ③である。

所得税法第245条第４項について，第１に，裁判所は，租税上の便益が生じる規定の分析を規定に忠実に行うこと，第２に，租税回避取引が該当する規定の趣旨或いは目的を妨害するかどうかを決定するために事案の事実関係を念査すること，の２つの検討が必要となるが，裁判所が濫用型租税回避と判断するためには，事実関係の一部からでは不十分である，として本事案では，規定のの文理解釈を重視したのである。

結果として，最高裁は，租税裁判所の判決を支持して，本事案における取引が通常の形態であり，CCAに係る規定の趣旨，目的に合致しているという判断を示している。

⑶　マシュー事案（2005年10月最高裁判決）

イ　事実関係

Standard Trust Company（以下「Ｓ社」という。）は不動産貸付を行う会社であったが，1991年５月に破産して清算人が任命された。破産時には，Ｓ社は９つの不動産で時価総額33,000,000ドルの不動産担保を持つ債権17件を有していた。この不動産の取得価額は85,000,000ドルで，Ｓ社が清算すると約52,000,000ドルの損失が生じることになる。以下は取引順序である。

① Ｓ社は含み損を持つ債権をパートナーシップＡ（以下「Ａ」という。）に独立企業間価格ではない価格で譲渡し，Ａは，Ｓ社が持つ債権の99％を取得した。なお，Ａは，Ｓ社とＳ社が100％株式を所有する子会社（1992年10月21日設立。以下「Ｓ子会社」という。）が1992年10月23日に設立し

たパートナーシップであり，同日，Ｓ社はＡに対して99％の債権を出資し，残りはＳ子会社が出資した。

② Ｓ社は，所得税法第18条第13項に基づき，未実現の損失をＡに移転し，Ａは，取得した債権を第三者に譲渡した。

③ 1993年１月，Ｓ社は第三者であるOSFC持株会社（以下「持株会社」という。）と交渉を開始し，同年５月31日にＡから権利を買い取ることで合意した。この契約によれば，Ａの損失が通算できれば，持株会社はＳ社に対して500万ドルを支払うことになる。結果として，Ｓ社は，5,200万ドルの損失を500万ドルの現金に換えたことになる。

③ 1993年７月５日，持株会社TFTI持株会社は，SRMPパートナーシップ（以下「Ｂ」という。）を設立し，Ａから債権を取得し，Ｂの構成員である上告人は，その損失の所定の割合を自己の所得計算に組み入れた。パススルーの規定は，所得税法第96条である。

課税当局は，損失を通算したＢの構成員に対してGAARの規定（第245条）を適用して損益通算を否認する更正処分を行った。租税裁判所及び控訴審のいずれも原処分を支持した。

所得税法第18条第13項は，損失を関連者間で移転することにより実現させることを保持する規定である。したがって，Ｓ社がＡを経由して第三者であるＢに損失を移転しても，当該損失を所得税法上他の所得と通算することはできない。しかし，Ａが第三者であるＢに当該損失を移転したのであれば，第18条第13項に規定する制限の適用はなくなるため，Ｂが受領した損失は，Ｂをパススルーしてその構成員に帰属するというのが本事案における納税義務者側のプランである。

ロ　租税裁判所及び高裁における判決

租税裁判所は，本事案の先例となる判決（OSFC Holdings Ltd. v. Canada, (2002) 2F.C. 288, 2001 FCA 260：以下「OSFC事案判決」という。）の判旨を認めてその訴えを却下した。このOSFC事案判決は，2001年９月11日に高裁判決，2002年６月20日に最高裁判決があり，いずれも国側の主張が認められたGAAR適用の事案である。この高裁判決において，前出⑵ロで記述したGAAR適用の３段階が示されたのである。

高裁は，本事案の事実関係がOSFC事案判決と実質的に同様であり，OSFC

事案判決に追随したものであるが，この判決では，GAARについて，２段階アプローチを採用した。すなわち，第１段階として，高裁は，所得税法第18条第13項と同法第96条の適用については，これを認めたが，第２段階として，租税法上の便益を認めることが，納税義務者間における損失を取引することを規制している所得税法の趣旨に反することから控訴人の請求は認められないとした。

ハ　最高裁判決の判旨

判旨は次の通りである。

① 上告人は，未実現損失を第三者間取引により移転したことで，所得税法第18条第13項の適用を主張しているが，問題点は，パートナーシップが第三者に該当するか否かではなく，取引により生じるtax consequences（課税標準及び納税額等）が問題である。

② 条文上は，所得税法第245条第４項の適用である。すなわち，この取引が租税上の便益を得るための濫用型の租税回避取引（abusive tax avoidance）に該当するか否かである。

③ 所得税法第18条第13項が適用となるパートナーシップに要件としては，第１に，金融業者が抵当権或いは類似する非有形資産を処分し，第２に，パートナーシップが決められた期間の終了時に財産を取得する権利を有し，第３に，パートナーシップが当該納税義務者と独立企業間としての取引をしていないこと，である。

④ 損失の控除を認めることは，所得税法第18条第13項とパートナーシップに係る規定の趣旨を破ることになることから，課税当局がGAARの規定を適用したことを判決は支持している。立法時に，上記の２つの規定を統合して適用することを意図したものではない。未実現の損失を第三者に譲渡することは，第245条第４項に規定する租税回避の濫用に該当する（パラ58）。

⑷　リプソン事案（2009年最高裁判決）

本事案は，GAAR適用の判決である。

イ　事実関係

1994年春にリプソン夫妻（Earl Lipson & Jordan Lipson）は，自宅（75万ドル）の購入の契約をした。妻は，1994年８月31日に，夫の経営する同族会社の株式購入資金として銀行から562,500ドルを借り入れて，株式を時価で購入した。夫はこの株式売却代金を自宅購入資金に充当した。夫妻は銀行から562,000ドルを借り入れ，自宅に抵当権を設定した。その借入金は，妻の負債の返済に充てられた。

このような取引を行ったのには次の理由がある。

① 夫から妻への株式の譲渡は，時価ではなく，税務簿価（adjusted cost）で引き継がれるため，課税繰延べとなる（所得税法第73条第１項）。

② 所得税法第74条の規定により，夫婦間で譲渡した財産からの生じる所得と損失は，課税上，その財産を譲渡した者に帰属する。結果として，妻は株式を所有しているが，当該株式に生じる配当所得と利子（所得税法第20条第３項適用）は夫に帰属する。

1994年～1996年の間，夫は，利子を控除し，配当を所得として計上した。課税当局は，夫の控除した支払利子（1994年：＄12,948.19，1995年：＄47,370.55，1996年：＄44,572.95）を否認した。

課税当局は，その処分理由として，借入金を使用する経済的目的が所得を取得するものではないことから，当該支払利子が所得税法第20条第１項(c)に該当しないことを理由としたが，租税裁判所に提訴される前に，処分理由をGAARの適用に差し代えた。

租税裁判所における争点は，当該取引が租税上の便益を得るための租税回避取引に該当するか否かである。そして，裁判長は取引全体を判断して，原告の訴えを認めなかった。

高裁は，租税上の便益を得るために法の誤った使用（misuse of the Act）の決定に際して，租税裁判所が採用した取引を一連のものとし，かつこれらの取引の全体の目的を考慮したことを支持し，また，法の誤った使用を租税裁判所が指摘したことにも同意している。

最高裁は，GAARの規定を適用して支払利子の控除を認めない判決を出した。

ロ　シングルトン事案最高裁判決（2001年）

本事案と類似したものとしてシングルトン事案最高裁判決(12)がある。

この事案は，1988年10月に，法律事務所のパートナーであるJohn R. Singletonがパートナーシップの出資金から30万ドルを引き出して自宅を購入した。他方，銀行から298,750ドルを借り入れてパートナーシップにその資金を預けた。シングルトンは，1988年及び1989年の所得税申告書において支払利子の金額を控除した。課税当局は，借入金は自宅購入資金で，パートナーシップへの出資金ではないとして利子の控除を否認した。租税裁判所は，シングルトンの請求を却下し，高裁は逆にこれを認めたので，国は最高裁に上告した。

最高裁は，国側の訴えを却下し，利子の控除を認める判決を出した。この判決には先例としてBronfman Trust［87DTC5059］の最高裁判決があり，この判決では，利子の控除可能か否かが判断の要素とされたのである。

納税義務者側は，本事案（リプソン事案）において，シングルトン事案判決を考慮すべきことを主張したが，本事案は，シングルトン事案にはないGAAR及び所得税法第74条第1項の適用であることから，本事案判決では，シングルトン事案最高裁判決は適用されなかった（判決文パラ19）。

ハ 判 旨

本事案判決は，GAARの適用を認めたのであるが，すでに述べた，英国のウエストミンスター貴族院判決（1935年），シングルトン最高裁判決（2001年），カナダ・トラスト事案最高裁判決（2005年）という納税義務者側の請求を認めた判例を支持する最高裁裁判官の見解（Binnie J. Deschamps JJ. And Rothstein J.）もあったのである。

この判決を主導したLe Bel裁判官は，全体の目的よりむしろ取引全体の成果（overall result）を租税回避取引の濫用を判断する際の要素とした。GAARについては，不確定概念であることを認めたが，法律を前例のない状況に適用させるためには，これが必要であるとしている。そして，GAARは罰則的な規定ではなく，租税回避の濫用を防止し，租税体系における公平性を維持することを意図したものという見解を示している（同パラ52）。

6 コプソーン事案

(1) 本事案の基礎データ

本事案の裁判の経緯は次の通りである。

① 租税裁判所判決（2007年8月28日判決：2007 TCC 481）原告：Copthorne Holdings Ltd.被告：Canada（Her Majesty The Queen），裁判官：Campbell J.

② 連邦控訴裁判所（Federal Court of Appeal：2009年5月21日判決：2009 FCA 163），控訴人：Copthorne Holdings Ltd.，被控訴人：Canada（Her

Majesty The Queen）裁判官（３名）：Ryer J.A. Desjardins, J.A. Evans J. A.：判決文はRyer判事が起草

③　連邦最高裁判所（Supreme Court：2011年12月16日判決：2011 SCC 63, [2011] 3 SCR 721）上告人：Copthorne Holdings Ltd., 被上告人：Canada（Her Majesty The Queen）裁判官９名（McLachlin, Beverley; Binnie, William Ian Corneil; LeBel, Louis; Deschamps, Marie; Fish, Morris J.; Abella, Rosalie Silberman; Charron, Louise; Rothstein, Marshall; Cromwell, Thomas Albert）Rothstein Jが判決文を起草

なお，カナダでは，GAAR導入の契機となった，1984年６月７日最高裁判決である，Stubart Investment Ltd. v. The Queen（1.S.C.R. 536）以降，前出のGAARに係る最高裁判決があり，本事案は最新の判決である。

⑵　判決の経緯

イ　租税裁判所判決

裁判所は，本事案に対するGAARの適用を認めたが，原告の請求の一部も認めている。

ロ　連邦控訴裁判所判決

租税裁判所における事実認定は誤っていないと判示し，控訴人（Copthorne）は敗訴した。

ハ　連邦最高裁判決

最高裁は，GAARの適用を支持し，上告人の訴えを退けた。

⑶　事案の概要

この判決はカナダ最高裁が示したGAARに関する最新の判決である（国側勝訴）。本事案は，香港の長江実業の創始者である李嘉誠（Li Ka-Shing）一族の支配するグループ法人によるものである。同グループ法人であるコプソーン持株会社は，1981年にトロントのホテルを買収し，1989年にこれを譲渡して多額の譲渡益を得た。他方，同グループの他の法人は，投資に失敗して所有株式に多額の含み損が生じた。この含み損を実現して利益法人に帰属させて譲渡益の年度に繰り戻して通算した。

さらに，第２の点は，カナダの税制改正（FAPI）によりカナダ法人の外国子会社の受動所得がカナダにおいて課税となる事態となったため，カナダからの資本を国外に脱出するために，組織再編により，親子会社を兄弟会社にした

上で合併することで，合併後の会社の出資金額が兄弟会社の資本の合計になることから，当該合併会社の親会社に対して株式の償還を行い，出資金額の払い戻しとして原告側は課税されないとした。課税当局は，この組織再編が所得税に個別規定がないことから，GAARを適用して，出資金額を減額調整し，償還額と減額調整後の出資金額の差額をみなし配当として金額を支払った会社に対して源泉徴収義務と加算税を課した。

⑷ 事実関係[(13)]

イ 本事案関連法人

本事案に関連する法人は次の通りである。

A：Copthorne Holding Ltd.：同一社名で3度登場することから，それぞれをC1社，C2社，C3社とする。C1社は1981年にオンタリオ州で設立され，親会社はオランダ法人のBig City社である。C2社及びC3社は，C1社の後継法人である。

B：VHHC Investments Ltd.：1987年にオンタリオ州で設立された法人。李一族のビクターが直接間接に支配。

C：VHHC Holdings Ltd.：1987年にオンタリオ州で設立された法人。Ⓑの100％子会社。

D：Big City社：李嘉誠に間接に支配されているオランダ法人。Ⓐの親会社

E：Copthorne Overseas Investment Ltd.（COIL）：C1社の子会社（バルバドス法人）。

F：Asfield B.V.：ビクターが主たる受益者となる信託により間接的に保有されているオランダ法人。

G：L.F. Holdings Ltd.：李嘉誠に支配されているバルバドス法人。

H：VHSUB Holdings Inc.：Ⓒの子会社（カナダ法人）。

I：Husky Oil Ltd.：李一族が一部所有するカナダ法人。

J：Copthorne International Investment Ltd.（CIIL）：1994年設立の英領バージン諸島法人。

K：L.F. Investment Ltd.：1994年設立のⒼのバルバドス子会社。

ロ 1993年の株式の譲渡前まで

以下，関連法人については，上記の⑴にあるAからKで表記する。

⑴　利益を得た不動産投資活動

①　李一族のグループ会社として，Dがあり，その子会社がC1社（1981年設立）である。

②　1989年にC1社はホテルを売却して多額の譲渡益を得た。

③　C1社は，ホテル売却後にEを設立し，同社のシンガポール支店が債券取引で利益をあげたのである。

⑵　損失となった株式投資活動

①　1987年に李嘉誠の長男であるビクターによりオンタリオ州にBを設立。ビクターは，VHHCの議決権株式と無議決権株式の18.75％を所有した。無議決権株式の残りは，Fが所有した。

②　1987年から1991年の間に，ビクター，F及びGは，Bに96,736,845ドル（普通株式と優先株式）を投資した。

③　Bは，67,401,279ドルをCの普通株式に投資した。1991年末のCの資本金は67,401,279ドルである。

④　1991年末にCは，Hを所有し，Hは，Iへ投資したが，同社株の価値の下落によりHは多額の含み損を抱えることになった。

⑶　損失移転の取引

1992年に，Bは，Cの株式（出資額67,401,279ドル）を額面額でC1社に譲渡した。次に，Cは，Hの株式の大半をAに譲渡した。Hは含み損を有していたが，損失持ち込み禁止（stop-loss rule）により含み損を反映しない価額で取引され，Aは，Hの株式を時価で第三者に譲渡したことで含み損が実現した。Aは，Hの株式による譲渡損を繰り戻してホテルの譲渡益と相殺した(14)。

ハ　C1社（親会社）とVHCC持株会社（子会社）の合併

①　1993年に李一族は，C1社，Cと他のカナダ法人2社を合併することを決定した。その結果，法人別であった損失と所得の通算が可能になったこと，李一族のカナダにおけるグループ企業の関係が簡素化することになった。

②　1993年の合併に先立って1992年に損失を移転するための取引をした理由は，損失移転取引よりも合併が先になる場合，合併後の損失は，C1社の繰戻損失に利用できないからである。

③　1992年の取引により，BがCをC1社に譲渡した結果，C1社（親会社），

Cが子会社になる。会社法によれば，両社の垂直的合併によりBの出資金は消去されることになる。C1社はCの出資金を保持するために，1993年7月7日にC株式をDに時価で譲渡した（1993年の株式譲渡）。課税当局は，この1993年株式譲渡取引を租税回避取引と認定した。

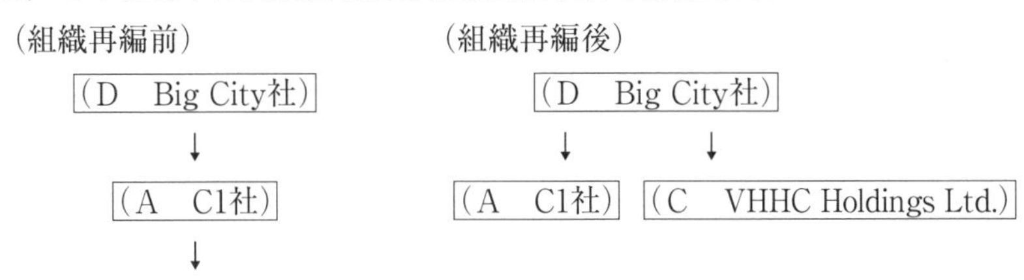

④　1994年1月1日に，C1社，Cと他のカナダ法人2社が合併してCopthorne Holdings Ltd.（以下「C2社」という。）を設立した（第1次合併）。

⑤　合併までに，Dは，C1社の株主であると共に，Cの普通株式(67,401,279＋1ドル）の所有者であった。合併後，これらの株式は67,401,280ドルを含むC2社の株式20,001,000株と交換された。

ニ　C2社所有のVHHCの合併

①　カナダの税制には，カナダ居住者が支配する外国子会社の受動所得(foreign passive income）に対して当該外国子会社の持分に応じて課税するという課税方式(FAPI：Foreign Accrual Property Income)がある。1994年にFAPI改正の要望が出され，C1社の100％子会社であるバルバドス法人のEがこの課税対象となる可能性が生じた。

②　李一族Eの株式を処分してカナダ国外に投資することとした。また，C2社とIを合併することにした。

③　1994年11月にKはバルバドスに設立され，オランダ法人であるDは，所有するC2社とBの株式すべてをKに譲渡して，多額の譲渡益を得た。この譲渡益については，カナダ・オランダ租税条約により，Dの居住地国はオランダであることから，源泉地国であるカナダでは課税がなかった。

④　1995年1月，C2社，B及び李グループのカナダ関連会社が合併（第2次合併）して，C3社が設立された。

⑤　KはC3社のクラスD株と払込資本（C2社の普通株式の払込資本である67,401,280ドルと，VHHCの普通株と優先株合わせて96,736,845ドル，合

計164,138,125ドルを所有した（Kを親会社として，C3社とBは兄弟会社になったのである。)）。

ホ　株式償還

C3社は，Kに所有されているクラスDの優先株142,035,895ドルを償還した。C3社は，払込資本相当額の償還であったことから，この償還に際してみなし配当（カナダ法人C3社から非居住法人L.F. Investment Ltd.に対する配当）に対する源泉徴収をしなかった。その理由としては，第２次合併後，164,138,025ドルの出資金は，C3社が所有している。それ故に，C3社は，源泉徴収を行わなかった。

ヘ　課税処分

2000年２月１日に課税当局は，GAARを適用してコプトーン社の源泉徴収に対する課税処分を行った。C3社償還金額とクラスDの払込資本との差額はみなし配当（58,325,223ドル）である。C3社は非居住であるLF投資に支払う配当に源泉徴収しなければならない。みなし配当については，15％の源泉徴収税額と加算税が10％である。

⑸　事実関係のポイント

本事案の事実関係におけるポイントは２つである。

第１は，トロントのホテル売却に伴う多額の譲渡益に対して，グループ会社の株式投資に基因する含み損を，組織再編を通じて繰戻損失適用のための各種の取引を行ったことである。

第２は，株式償還に伴うみなし配当に係る源泉徴収と加算税の課税問題である。カナダの税法では，非居住者に対する出資金の償還については源泉徴収義務が免除されており，本事案のこの規定に該当するか否かというのが争点である。

本事案は，香港の李一族がカナダにおいて，ホテルの売買を通じて利益を得たが，石油会社に対する投資により損失を被った。この利益と損失を通算し，さらに，カナダにおける投資により生じた利益を国外に課税なしで移転するために，払込資本の償還であれば課税がないことから，組織再編の手法を用いて払込資本を過大となるような仕組み，結果として，カナダにおける利益をバルバドスに移転するための一連の取引を行ったのであるが，払込資本の規定に関して租税回避があるとしてGAARが適用され，最終的に最高裁において国側勝訴となったのである。

本事案におけるポイントは，親子会社間の垂直的合併の場合，子会社の払込資本は消去されることになるが，共通の支配を受ける兄弟会社の水平的な合併の場合，これらの法人の払込資本は合併後の会社に合計されて残ることになる。この払込資本の償還に関して所得税法に個別規定がないことから，GAARが適用されたのである。

(6) GAARの規定

カナダ所得税法（Income Tax Act）第245条は全８項から構成されている。

同条第１項は，定義規定であり，tax benefit（租税上の便益），tax consequences（課税標準及び納税額等），transaction（一連の取引を含む。）が定義されている。

租税上の便益とは，この法律により納付することになる租税等の額の減少，回避，課税繰延べ或いは，租税等の還付金額の増加を意味し，租税条約に基づく同様の事項についてもこれらを含むものとする。

同条第２項は，次のような規定である。

「取引が租税回避取引（avoidance transaction）である場合，その者の課税標準及び納税額等は，租税上の便益を否認することが正当であるものとして決定されることになる。その状況は，直接間接に当該取引或いは当該取引を含む一連の取引から生じるものとする。」

同条第３項は，租税回避取引に係る規定である。第３項(a)では，直接間接に租税上の便益を得るものが租税回避取引に該当し，真正な目的のために遂行された取引とみなされる場合は適用除外となる。同項(b)では，取引が一連のものである場合も同様になることを規定している。

第４項は税法の誤った適用或いは濫用がある場合，第２項の適用となることを規定している。

本判決では，tax benefit，avoidance transaction，税法の濫用等が判断の重要な概念となっている。

(7) 課税当局の処分[15]

課税当局の処分の要点は次のとおりである。

① LF投資は，GAAR（所得税法第245条第１項）に規定する税務上の便益を受領した。

② 租税上の便益とはLF投資が負担する源泉徴収課税の回避であった。

③ 租税上の便益は，C3社の優先株式（クラスD）の払込資本金の不適正な増加に基因していた。それは，第245条第3項に規定する「租税回避取引」を含む一連の取引から生じたものであった。

④ 「租税回避取引」は1993年の株式譲渡であった。

⑤ 「租税回避取引」は第245条第4項に規定する法の濫用であった。

⑥ 租税上の便益を否認した結果，クラスD株式の資本金は67,401,280ドルに減少し，58,325,223＄が課税対象の配当となり，第3C社からLF投資会社へ支払われる配当である。

⑦ C3社は8,748,783.40ドル（みなし配当の15%，カナダ―バルバドス租税条約の限度税率）を源泉徴収することになる。

⑧ C3社は源泉徴収を怠ったため，10%の加算税（874,878.34ドル）の納税義務が生じた。

(8) 租税裁判所の判決要旨

租税裁判所の判決要旨は次の通りである[16]。カナダの租税裁判に関する論文[17]によれば，GAARの解釈に関してカナダでは租税裁判所が重要な役割を果たしているとされている。租税裁判所の判決のうち控訴審（Federal Court of Appeal）において逆転したのは2件であり，最高裁において逆転した例はない。本事案の裁判の経緯も先例と同様であり，その意味では，租税裁判所の判断の比重が重いといえる。

① 裁判長は，一連の取引，租税上の便益，租税回避取引及び取引の濫用というGAAR適用のすべての要素があると判断している。

② 関連した取引（a related transaction）が一連の取引の一部である。

③ 親子会社であったC1社とCについて，C1社が子会社Cの株式をC1社の親会社であるDに譲渡する一連の取引が株式の償還と強い関連（strong nexus）を有しているというのが裁判長の判断である。

④ 裁判長の示した判断の第2は，払込資本を減額しない取引をしたことは，Kが源泉徴収を受ける金額を減少させ，かつ，C3社は源泉徴収義務があったのである。この源泉徴収に係る事項が課税上の便益である。

⑤ 裁判長の示した判断の第3は，租税回避取引の目的が租税上の便益を得ることで，真正な目的がなかった。

⑼ 連邦控訴裁判所判決

本判決は，租税裁判所の判決において示された租税回避取引が濫用であるという判断を支持したが，GAARの適用に関しては租税裁判所と異なる見解を示した。租税裁判所では，第89条第１項，第87条第３項，第84条第３項を検討対象としたが，本判決は，第89条第１項の適用のみで問題がなく，取引はこの規定の濫用であり，GAARの適用は適切であるとして，国側勝訴としている。

⑽ 連邦最高裁判決

イ 概 論

取引が租税回避取引であるという要件は，当該取引により租税上の便益が生じること及びその主たる目的が租税上の便益を得ることである。取引が租税回避取引と認定されると租税上の便益は否認されることになる。逆に，租税回避取引が所得税法の規定の濫用或いは誤用でない場合，租税上の便益の否認はない。過去の最高裁判例[18]では，GAARの適用を判定する基準として次の３つが示されている（本判決パラ33）。

① 租税上の便益存在の有無。

② 取引が租税回避取引に該当し，租税上の便益を生み出しているか。

③ 租税上の便益を生む租税回避取引が法の濫用か。

本判決は，上記に示された３基準について，本事案への適用を検討している。

ロ 租税上の便益存在の有無[19]

課税当局は租税上の便益があるという認識であるが，納税義務者はこれに反論する責任がある。この租税上の便益の存在については，租税裁判所の判決においてその存在が認められていることから，納税義務者側が反証を示す必要がある。

本事案の租税上の便益を巡る取引についての，1992年の取引により，VHHC Investments Ltd. がVHHC Holdings Ltd. をC1社に譲渡した結果，C1社（親会社），VHHC Holdings Ltd. が子会社になり，その後，両社の垂直的合併ではなく，C1社はVHHC Holdings Ltd. の出資金を保持するために，1993年７月７日にVHHC Holdings Ltd. 株式をBig City社に時価で譲渡して，C1社とVHHC Holdings Ltd. が兄弟会社となったことについて，上告人は，納税義務者として，垂直的合併を選択することはなく，そのような選択は非合理的と主張している。

租税裁判所の判断では，垂直合併が，組織をより簡略するにする活動と断じている，最高裁は，垂直合併と水平合併の比較をすることを支持し，上告人が租税上の便益がないことの立証をしていないと判断し，租税裁判所の判断を支持している。

ハ　取引が租税回避取引に該当し，租税上の便益を生み出しているか[20]

所得税法第245条第３項は，取引が租税上の便益を生む租税回避取引であり，かつ，その目的が租税以外の真正なものではなかった場合に適用となる。租税回避取引は，単独或いは一連の取引の一部として租税上の便益を生み出しているものである。

検討すべき第１の点は，租税上の便益をもたらす一連の取引の存在である。これは，所得税法第248条第10項に定義されているが[21]，取引が一連の取引の一部であるとみなされる必要がある。検討すべき第２点は，当該取引のいずれかが租税回避取引に該当するか否かである。

本事案において，水平的合併に租税上の便益はない。租税上の便益は，C3社が源泉徴収なしに株主に対して株式を償還したことで実現したのである。したがって，株式償還取引が，一連の取引の一部であり，兄弟会社にする取引とその後の合併を含むものであることを決定しなければならない。

両当事者間において，VHHC Holdings Ltd. の株式をBig City社に譲渡して，C1社とVHHC Holdings Ltd. が兄弟会社となり合併してC2社となった取引が，一連の取引の一部であることに争いはない。しかしこれらの取引から租税上の便益は発生していない。租税上の便益はC3社による株式償還により生じることから，この取引がC2社合併取引とつながる一連の取引であることを決める必要がある。

判例法（OSFC Holding Ltd. v. Canada）[22]では，一連の取引にある取引が事前に決められていたかどうかというのが第１の点である。この判例における公理は，所得税法第248条第10項に規定としてある。両当事者の意見が分かれる点は，株式償還取引がそれ以前の関連取引の目論見の下で行われた関連した取引とみなせるか否かである。租税裁判所は，組織再編と株式償還に強い関連性（払込資本の維持と株式償還）があると判断した。

この件に関する最高裁の判断は，株式償還取引が組織再編取引と一連の取引であり，その一連の取引が税務上の便益を生み出すとしている。

ニ 一連の取引に租税回避取引が存在するのか[23]

本事案では，すでに述べているように，租税回避取引は1993年の株式譲渡（C1社がVHHC Holdings Ltd. 株式をBig City社に譲渡した取引）であると租税裁判所及び連邦控訴裁判所において判断されている。最高裁は，この取引が真正なもので，租税目的ではないことを上告人側により証明されていないという判断を下している。

ホ 租税上の便益を生む租税回避取引が法の濫用か[24]

この事案における最も難しい争点は，租税回避取引が所得税法の濫用或いは誤用（この２つの用語に区分はない）また，ウエストミンスター事案判決文[25]にあるように，納税義務者は，税負担を最小限にする行動を選択する権利が認められている。GAARは，ある種の法律上の装置であり，納税義務者により適用された規定或いは規定の目的等を決定するために，法律の規定の背後にある理由を述べるという一般的でない義務を議会が司法に与えたものである。また，GAARは課税当局により適用され，納税義務者にとっては不確定概念である。そして，裁判所が留意すべきことは，第245条（GAAR）は，最終的に頼りにするものという規定として制定されたということである。

過去の判例では[26]，取引の濫用的性格が明らかな場合にのみ租税上の便益否認にGAARが適用されると判示されている。

取引が濫用的であると裁判所が判断するためには，納税義務者が適用した規定の目的，趣旨等を決定することになる。

本事案において，納税義務者が適用した条文は，第89条第１項（払込資本の定義規定），第87条第３項（合併後の法人の払込資本が被合併法人の払込資本の超えないことを規定），第84条第３項（株式償還に係る規定）である。濫用かどうかの判定に際しては，第87条第３項が中心となる。

第87条第３項について，最高裁は次のように判断している。この規定の対象，趣旨及び目的は，親子会社の合併に際して，子会社の払込資本の維持を禁止している。この維持が株主に認められる場合とは，合併法人の株式償還に際して，みなし配当が生じない資本の返還として払われる場合である。第87条第３項の対象，趣旨及び目的を照合することは，当該規定が本事案におおいて濫用されたか否かを決定するために必要である。

問題は，コプソーン社の行為が法の趣旨に反する行為か否かということである。これまで述べたように，親子会社を合併するのではなく，払込資本を維持するために兄弟会社にすることが租税回避取引である。GAARは，この取引が第87条第３項の趣旨に反するかどうかを決定することである。納税義務者はこの取引により価値ある資産を放棄することをしていない（払込資本を維持することでみなし配当を防いでいる。)。この納税義務者の資産の便益を否認するためにGAARの適用となったのである。

ヘ　判　決

取引自体が濫用に当たり，GAARを適用した査定は適正である。

⑾　本事案の意義

本事案に先行する３つの最高裁判決では，カナダトラスト事案が国側敗訴となっていることから，本事案の最高裁判決では，この判決が多く引用され，GAAR適用の要件が細かく分析されている。

本事案は，カナダにおけるGAAR適用を巡るものであるが，本論で示された３つの要件は，租税回避事案の判断をする際に参考になるものと思われる。

⑴　(http://www.pacific-first.com/phsp/gaar.php)（2014年１月30日ダウンロード）
⑵　Jinyan Li and Thaddeus Hwong, "GAAR in Action: An Empirical Exploration of Tax Court of Canada Cases (1997-2009) and Judicial Decision Making" Canadian Tax Journal (2013) 61: 2, p 329.
⑶　Ibid. pp. 342-343, p. 346.
⑷　今村隆「主要国の一般的租税回避防止規定」本庄資『国際課税の理論と実務』大蔵財務協会　678頁。
⑸　(http://www.advisor.ca/images/other/aer/aer_1105_guardedgaar.pdf#search='canada%2CGAAR+committee')（2014年１月31日ダウンロード）
⑹　Fitzsimmons, Timothy, "Canada Revenue Agency Provides Update On Rulings And GAAR At Toronto Centre CRA & Professionals Group Breakfast Seminar" June 7 2013
(http://www.mondaq.com/canada/x/243752/Audit/Canada+Revenue+Agency+Provides+Update+On+Rulings+And+GAAR+At+Toronto+Centre+CRA+Professionals+Group+Breakfast+Seminar)（2014年１月31日ダウンロード）
⑺　今村隆「一般否認規定についてのカナダ最高裁判例の研究」『駿河台法学』21-2 2008年，今村隆「カナダの一般否認規定についての同国判例とその含意」『税務事例』第41巻第１号2009年１月。
⑻　Jinyan Li and Thaddeus Hwong, op. cit., p. 364.
⑼　今村　前掲2008年論文　６頁。
⑽　R.T. Ramsay Ltd. v. Inland Revenue Commissioners, 54 TC 101 (1981), IRC v. Bur-

mah Oil Co Ltd., [1982] STC 30, 54 TC 200, HL, Furniss (Inspector of Taxes) v. Dawson, [1984] STC 153, [1984] AC 474, [1984] 1 All ER.

(11) Duke of Westminster v. Commissioners of Inland Revenue, 19 TC 490 (1935).

(12) Canada (appellant) vs. John R. Singleton (respondent) [2001 SCC 61].

(13) 事実関係については，最高裁判決付属（Appendix A）を参考にした。

(14) 当時のカナダの税制では，損失の繰戻し期間は３年であった。

(15) 租税裁判所判決パラグラフ23参照。

(16) 最高裁判決パラグラフ21-28。

(17) Jinyan Li and Thaddeus Hwong, op. cit., p 364.

(18) Canada Trustco Mortgage Co. v. Canada, 2005 SCC 54. 2005年10月９日判決。

(19) 最高裁判決パラグラフ34-38。

(20) 最高裁判決パラグラフ39-64。

(21) For the purposes of this Act, where there is a reference to a series of transactions or events, the series shall be deemed to include any related transactions or events completed in contemplation of the series.

(22) 2001 FCA 260, [2002] 2 F.C. 288.

(23) 最高裁判決パラグラフ59-64。

(24) 最高裁判決パラグラフ65-122。

(25) Duke of Westminster v. Commissioners of Inland Revenue, H.L. [1935] 19 TC 490.

(26) Canada Trustco Mortgage Co. v. Canada, 2005 SCC 54 (at para. 50).

（補遺）

カナダのGAAR規定は1988年制定の所得税法第245条であるが，人為的な取引等に関する規定は古く，1917年制定の戦時所得税法（Income War Tax Act）にその起源はあり，1948年所得税法において，「人為的な取引（Artificial Transactions）」の見出しが付き同法第137条に規定がある。これらのことから，現行法第245条は，新規の規定ではなく，旧規定の改正という位置づけとなるものと思われる（参考文献：Carswell GAAR Interpreted (CANADA))。

8　韓　国

1　韓国の否認規定

韓国では，GAARが制定法化されていないが，国税基本法（Basic National Tax Act），法人所得税法（Corporate Income Tax Law），国際課税調整法（Law of the Coordination of International Tax Affair）に実質主義原則（substance-over-form）が制定法化されている。

実質主義原則が国税基本法に規定されたのは，1960年代であり，1990年，2007年，2010年とこの規定は改正されている。また，他の法令の同規定は，国税基本法から波及したものである。

国税基本法に基づく実質主義原則が適用となる条件は次の２つである。

① 課税対象となる所得，利益，財産及び取引行為の所有権者が名目に過ぎず，その所得等が他の者に帰属するものである場合，後者は納税義務を負う。

② その権原或いは形式にかかわらず，課税所得計算の規定は，所得，利益，財産及び取引行為の実質部分に対して適用される(1)。

2　韓国の法人税制

⑴ 納税義務者，課税所得の範囲等

韓国において，内国法人とは本店又は主たる事務所を韓国内に有する法人をいう。韓国において設立された法人は，本店又は主たる事務所を韓国内に有することが必要とされ，内国法人に該当する。そして，内国法人は全世界の所得に対して課税される。

外国法人とは，内国法人以外の法人をいい，韓国の国外に本店又は主たる事務所を有する法人は，その主たる活動範囲が韓国内であっても外国法人となる。外国法人は，韓国源泉所得に対してのみ課税される。

⑵ 税率等

法人税率は，内国法人及び韓国内に恒久的施設又は不動産所得を有する外国法人については，課税所得が２億ウォン以下は10%，それを超える金額については22%である。また，付加税として，所得税額の10%が住民税として課税さ

れることから実効税率は24.2%となる。

(3) 個別否認規定

韓国における否認規定としては，国内では，日本の同族会社の行為計算の否認に類似する「不当行為計算の否認」があり，国際課税関連では，移転価格税制，過少資本税制，タックスヘイブン税制等が規定されている。

3 ローンスター社事案

米国の投資会社であるローンスター（Lone Star：以下「X」という。）の行ったソウル市内の45階建ての建物の譲渡に関連して1億1,000万米ドルを課税した韓国国税庁の処分が，韓国行政裁判所により支持された。

この事案には，韓国・ベルギー租税条約の適用がある。当該譲渡物件は，Xのベルギーにある子法人が2001年にシンガポール投資庁から購入したものである。この事案は，韓国不動産を所有するベルギー法人（Star Holdings：以下「S」という。）の株式を譲渡することで，当該韓国不動産の所有権を移転するという間接譲渡の事案である。

Xの主張では，韓国・ベルギー租税条約が適用されて，株式の譲渡益はSの居住地国であるベルギーでのみ課税となるとことであった。これについてコメントすると，株式の譲渡益は，租税条約に規定する「その他所得」の適用となり，その株式の発行法人の所在地国（本事案ではベルギー）でのみ課税となるのである。

これに対して，裁判所の判断は，Sが脱税のためにベルギーに設立された導管法人（a conduit company）であり，同社は，事業活動も行わず，利益に対する管理支配の権利もないという判断を下した。そして，韓国財務省は，Xの居住地国は米国であり，株式等の譲渡益は，その所得の発生した国において課税すべきであることから，米韓租税条約の適用という見解を示した。

Xは，当初の主張を変えず，控訴する意向である（Lone Star Must Pay South Korean Tax On Tower Sale by Mary Swire, Tax-News. com, Hong Kong 06 July 2007）（http://www.tax-news.com/news/Lone_Star_Must_Pay_South_Korean_Tax_On_Tower_Sale_ _ _ _27796.html）（2014年3月17日ダウンロード）。

Xは，本事案以外に，韓国為替銀行（Korea Exchange Bank）の株式譲渡益に対する課税処分を2007年６月に受けており，この事案の概要は，上述の事案と同様の，株式の譲渡益と租税条約の適用による課税問題である。

Xは，米国のダラスに本拠を置く投資ファンドで，値下がりした韓国の物件を購入して，後に値上がりしたときに，これを売却して多額の譲渡益を得て韓国において納税せずに，その資金を国外に持ち出すというものである[(2)]。

日本の場合も，バブル崩壊後に，倒産寸前の銀行を米国のファンドが再生を引き受け，政府の資金援助等を得ることで再生し，値上がりした同銀行株式を譲渡して課税にならなかった（当時の日米租税条約に課税する規定がなかったのが原因である。）ことから，現行の日米租税条約では，第13条（譲渡収益条項）第３項にこの種の譲渡益を源泉地国において課税する規定がある。

(1) Ernst & Young, op. cit., p. 72.
(2) Lone Star's "eat and run" in S. Korea By Yoo Seungki, 2011-11-19.
(http://news.xinhuanet.com/english2010/indepth/2011-11/19/c_131257688.htm)（2014年３月19日ダウンロード）

9　シンガポール

1　GAARに係る基礎データ

シンガポールは，1988年1月29日より1988年制定の所得税法（以下「1988年法」という。）が適用されている。シンガポールにおけるGAARは，1988年法により創設され，同法第33条（以下「第33条」という。）に次の規定がある。この1988年法第33条の前身は，1985年所得税法第33条であり，さらにその前は，1947年所得税令（Income Tax Ordinance 1947）第29条であり，この第29条は，1922年制定の植民地所得税令第22条Bをベースにしている。香港における現行のGAARの規定もシンガポールと同様である(1)。

第33条第1項：コントローラーがその仕組み取引（arrangement）の目的又は効果が直接，間接に，次に該当すると認定する場合は否認されることになる。

(a)　いずれかの者によりの納付又は納付することになるであろう要件を変更する場合

(b)　本法に基づいて納税又は申告をする責任からある者を解放する場合

(c)　本法によりいずれかの者に課される又は課されるであろう債務を減額又は回避する場合

第33条第2項：本条における「仕組み取引（arrangement)」とは，スキーム，信託，許可，証書，合意書，処分及び取引を意味し，実効性のあるすべての手段を含むものである。

第33条第3項：本条が適用にならない場合は次の通りである。

(a)　1988年1月29日前に行われた仕組み取引である場合

(b)　真正な商業上の理由及び租税回避がその主たる理由でない場合の仕組み取引等

以上の規定により，コントローラーは，1988年法第33条第1項に規定する3つの状況のいずれかに該当する仕組み取引について否認する権限を有している。適用については，次の条件となる。

①　税法に規定する仕組み取引等に該当すること

②　仕組み取引等の下で税負担の減少があること

③　仕組み取引等の目的或いは効果が租税債務を変更，回避，減少させるこ

と

2　GAARの概要(2)

第33条の適用の概要は次のとおりである。

① 適用対象は，法人及び個人
② 遡及適用については合意が第33条施行前の場合は遡及する。
③ 個別否認規定としては，1988年法第19条Ｂ—知的財産権の償却を認める規定，第10Ａ条に，関連者から取得した知的財産権の償却を否認する規定がある。
④ 1988年法には事業譲渡類似課税の規定はない。
⑤ 立証責任は納税義務者にある。
⑥ GAARの適用は，通常の税務調査において適用する。
⑦ 適用上の要件は特にない。

3　GAAR適用のルーリング等(3)

シンガポールにおける税務行政（Inland Revenue Authority of Singapore）にはアドバンス・ルーリング制度がある。その適用は申請した者及びルーリングの発遣を求めた事案に対してのみ適用となる。英国とは異なり，シンガポールでは，GAARの適用に関する委員会（Panel）はない。

4　シンガポールの国内法

⑴　シンガポール国内法の特徴

イ　持株会社の課税等

シンガポールの税制のうち本稿と関連ある事項は，シンガポールの税制には，譲渡収益に対する課税がないことである。ただし，企業が事業活動として行う資産の譲渡については，事業上の所得として課税になる。また，シンガポールの税制では，持株会社（Headquarters）に関する課税上の特例措置がある。この持株会社税制では，国内の子会社等を統括する国内持株会社と海外の子会社等を統括する国際持株会社に区分され，一定の期間，所定の所得に関して０～15％の特別な税率の適用となる。

2003賦課年度以降，控除しきれない当期の損失及び税務上の減価償却費について，他のグループ法人への振替控除が認められる。この場合，適用対象となるグループ法人とは，シンガポールで設立された所有割合75%以上の親子会社，及び同一のシンガポール法人によりともに75%以上を所有されている兄弟会社をいう。

ロ　配当課税

シンガポールでは，2003年１月に配当に対する課税に係る規定が改正された（2007年末まで経過規定が適用）。

改正前の規定によれば，賦課課税制度を採用しているシンガポールでは，法人税の賦課決定通知前に配当決議がなされるため，配当は税引前利益を原資とすることとなる。その結果，配当を支払う居住法人は，法人税相当額を差し引いて配当を支払うことになり，この控除額のことを源泉控除といっている。この措置は，法人税相当額の確保のためのものであり，配当受領者に対する源泉徴収税とは異なるものであるが受取法人側では税額控除することになる。

2003年１月以降，従前の制度は改正され，法人税の最終課税として法人利益に対する課税とし，配当については免税とする新制度（ワンティア制度）が導入され，2007年末まで旧制度の経過規定が認められた。

改正後の適用では，シンガポール居住者の法人株主の場合，配当所得にから控除できる損金がない場合には，新旧どちらの制度による配当も税負担額は同額であるが，資金を借入れして利息が発生するような場合，旧制度では借入利息を損金算入できるが，改正後では所得が免税となるため損金算入できず，支払利息がある場合，新制度下では，税負担が増加することになる。以下項目５における事案は，この経過規定の適用を巡るものである。

5　AQQ事案高等法院判決[4]

(1)　基礎データ

この事案の適用条文は，1988年法第33条（GAAR）である。この事案は，課税当局が租税回避としてGAARの規定を適用して課税し，審査庁採決（The Board of Review）[5]の段階では，この課税処分は認められたが，高等法廷（High Court）及び上訴法廷（Court of Appeal）と争われた事案である。この判決の意義は，1988年法第33条の適用を巡る初めての判決ということで注目されたのである。

① 審査庁裁決：AQQ v. Comptroller of Income Tax〔2011〕SGITBR 1

② 高等法廷：AQQ v. Comptroller of Income Tax〔2012〕SGHC 249,〔2013〕1 SLR 1361. 2012年12月18日判決

③ 上訴法廷：Comptroller of Income Tax v. AQQ〔2014〕SGCA 15. 2014年２月26日判決

⑵ 事実関係

この事案は，資金が循環する取引（circular transaction）と配当課税に対してGAAR（1988年法第33条）の適用の可否に関するものである。

イ　組織再編前の組織

マレーシア上場法人である親法人（以下「Ｂ社」という。）は，その100％子法人であるＣ社（マレーシア法人）とＤ社（シンガポール法人）を有している。Ｃ社とＤ社は，シンガポール法人Ｆ社，Ｇ社，Ｊ社の株式をそれぞれ50％ずつ保有している。

ロ　組織再編後の組織

組織再編をした結果，Ｂ社は，2003年５月に100％子法人であるシンガポール法人AQQ社を設立し，AQQ社は，Ｄ社，Ｆ社，Ｇ社，Ｈ社の株式を100％保有する持株会社となった。組織再編後，Ｂ社は，マレーシア法人であるＣ社とAQQ社の株式を100％保有することになり，AQQ社を通じて，グループ内のシンガポール法人を間接保有することになった。

ハ　2003年８月18日の組織再編に係る資金の動き

組織再編に係る資金の動きは次の通りである。なお，以下の通貨単位は，シンガポール・ドルである。

① AQQ社がモーリシャス法人（以下「Ｎ銀行本店」という。）のシンガポール支店（以下「Ｎ銀行支店」という。）に対して手形（２億2,500万ドル：邦貨換算約186億円・１Ｓドル＝約82円）を発行して融資を受けた。この借入金の利率は，年8.85％，期限は10年である。

② AQQは，借入金２億2,500万ドルを使って次の株式を取得した。

(i) Ｂ社からＤ社の株式すべてを7,500万ドルで取得した。

(ii) Ｃ社からＦ社，Ｇ社，Ｈ社の株式の50％を7,500万ドルで取得した。

(iii) Ｄ社からＦ社，Ｇ社，Ｈ社の株式の50％を7,500万ドルで取得した。

③ Ｎ銀行支店は，同本店に対して，２億500万ドルの手形と2,000万ドルの

手形を売却し，同支店は，AQQ社からの利子の受取りを条件として，8.845％の利子を支払うことを約した。

④ Ｎ銀行本店は，Ｃ社と契約して，③の取引により取得した手形をマレーシア法人Ｃ社に売却した。

⑤ Ｃ社は，④における手形購入の資金をＢ社から7,500万ドル，Ｄ社から7,500万ドルを無利子で借り入れ，Ｃ社が②(i)で売却した株式の対価7,500万ドルで手当てした。

⑥ Ｃ社は，Ｄ社から借入金のうち2,000万ドルを支店に手形の保証金として預けた。

ニ AQQ社のタックスプランニング

すでに述べたように，2003年１月に改正されたシンガポールの配当課税が，2007年末まで経過規定として旧規定が適用されたのである。この改正前には，資金を借入れして利息が発生するような場合に借入利息を損金算入できたが，改正後では所得が免税となるため損金算入できないことになった。

AQQ社の子法人は，2004年から2007年まで（経過規定適用年分）において，83,173,945ドルの配当を支払い，同期間におけるAQQ社の支払利息は，67,096,467ドルであった。そしてこの支払利息を控除した結果，還付金が13,561,794.44ドルになった。

ホ 課税処分

課税当局（Comptroller of Income Tax）は，2004年から2006年までの決定通知書（日付は，2004年９月24日，2005年８月27日，2006年11月８日）により，9,589,816.84ドルを通知した。しかし，課税当局は，2008年８月７日に，それ以前の決定通知書を破棄して，2004年から2007年まで間の支払利息の損金算入と配当に係る税額控除を否認した。その理由は，この取引に経済的合理性がないことから，GAARの適用により受取配当と支払利子を否認したのである（2007年決定通知書）。課税当局は，2004年から2006年までの間の還付金約960万ドルを徴収するために，追加決定通知書を発行した。

(3) 第一審判決

第一審では，Ｎ銀行が2003年４月以前に作成したこの取引案等からこの組織再編は，税務上の恩典を得るために仕組んだ租税回避であると判断してGAAR規定の適用を支持したのである。

⑷　高等法院判決

高等法院の裁判官（Andrew Ang J）は，次の点で第一審判決と異なる判断を示した（判決文パラ59～61）。課税当局側の法廷弁護士は，第33条には，人為的（artificiality），作為的（contrivance）という性格があることが，同法改正時の財務大臣の声明にあると主張したが，納税義務者側の法廷弁護士は，第33条第３項⒝にある適用除外規定の適用により判断すべきであるとして異なる見解を示したが，裁判官は上告側の意見を支持している。

また，この事案における資金取引等に係る仕組み取引（Financial Arrangement）が第33条⒞に規定する「本法によりいずれかの者に課される又は課されるであろう債務を減額又は回避する場合」に該当しているという点では，裁判官は，課税当局側の主張を受け入れている（同パラ79～81）。

第33条第３項⒝の適用除外に係る規定（真正な商業上の理由及び租税回避がその主たる理由でない場合の仕組み取引等）の適用については，英連邦の国々の判例（オーストラリア，ニュージーランド等の判例）を参考にしつつ，裁判官は，第33条の立法時の意図が意図的であからさまな租税回避を防止することで通常の商業上の取引を阻害するものではないという見解を示している（同パラ103）。

AQQの組織再編が2003年改正のグループ内損益通算等の特典を得るための商業上の理由があることは裁判官も認めているが，納税義務者側は，資金取引等に係る仕組み取引等が真正な商業上の理由から行われたという理由を証明することを怠っていると指摘されている（同パラ111）。

判決は，課税当局における２度目の賦課決定を認めず，AQQによる受取配当とC社との取引により生じた支払利息は認めたのである。

⑸　上訴法廷判決

課税当局は，高等法院判決において，第33条第１項の適用において適正ではなかったとされたことに異議を申立て（CA 7/2013），納税義務者は，その資金調達の仕組み取引等が租税回避に当たるという判決に異議申立て（CA 8/2013）をしたのである。この判決では，AQQ社の配当所得と支払利子を否認している2007年の決定通知書は認められたが，この期間（2004年，2005年及び2006年）に支払われた還付金約960万ドル関する追加決定通知書は取り消された。

上訴法廷は次に掲げる５つの検討課題に関する判断を示した[6]。

① 第33条第１項の規定が適用可能か否か。

② AQQは，第33条第３項(b)に規定する適用除外に該当するのか。

③ 個別否認規定がGAARの適用を阻止できるのか。

④ コントローラーは租税上の便益に対抗するためにGAARを公平かつ合理的に執行できるのか。

⑤ コントローラーは，追加査定書を発行することで法第74条第１項に定める権限を越えることができるのか。

ここにおける焦点は，第33条第１項のGAAR適用要件と第33条第３項(b)のGAAR適用除外要件に関する裁判所の判断である。まず，第33条第１項の要件が満たされる場合，次に，第33条第３項(b)に規定する適用除外が適用ない場合は，③の個別否認との関連であるが，上訴法廷は，本事案の組織再編と金融取引に関して，GAARが適用となると判断している。このように，本事案では，シンガポールの最高裁に当たる上訴法廷がGAARの適用に関して初めての判断を示したことが注目されるのである。

(1) AQQ上訴法廷判決パラ35。

(2) Ernst & Young, op. cit., p. 68.

(3) シンガポール歳入庁（Inland Revenue Authority of Singapore：IRAS）の資料による。
（http://www.iras.gov.sg/irasHome/print.aspx）（2013年12月30日ダウンロード）

(4) AQQ v. Comptroller of Income Tax [2012] SGHC 249。シンガポールの裁判制度は，下級法廷（Subordinate Courts）と最高法廷（Supreme Court）に分かれている二審制である。最高法廷には，高等法院（High Court）と上訴法廷（Court of Appeal）がある。下級法廷には地区法廷（District Courts）があり，高等法院は，第一審裁判所からの上控を審理することになる（参考資料：在シンガポール日本大使館「シンガポールの司法制度の概要―特に刑事訴訟法を中心として―」2013年５月（www.sg.emb-japan.go.jp/Japanese/criminal.pdf）（2013年12月30日ダウンロード））。

(5) AQQ v. Comptroller of Income Tax [2011] SGITBR 1。この第一審判決の評釈は，KPMG（Tax Alert Issue 15, June 2011），PWC（Tax Bulletin AQQ v. Comptroller of Income Tax, June 2011）等がある。

(6) Irving Aw, "Court of Appeal Sets Out Approach For Assessing What Constitutes Tax Avoidance" March 2014.
（http://www.singaporelawwatch.sg/slw/attachments/39003/1403-05%20Tax.pdf#search='AQQ+tax+Case'）（2014年６月14日ダウンロード）

10　スイス

1　スイスの否認規定

スイスは制定法としてのGAARの規定はないが，一般否認規定に相当する判例法上の公理がある。連邦最高裁の判例としては，1933年12月1日の判決[1]がある。この公理に基づいて租税回避と判定されるためには，次に掲げる3つの要件を満たす必要がある。なお，この公理は，法人及び個人の双方に適用される。

① 納税義務者により選択された法形式が明らかに不適切であり，すべての場合において，経済的事実に対して不適切であること（客観的要件）。

② 選択された動機が税負担の軽減であること（主観的要件）。

③ 選択された方法が，多額の税の節減効果をもたらしていること（事実要素）。

スイスでは，納税義務者は，事前に課税当局からルーリングを得ることができる。また，スイスでは，1962年に，租税条約の濫用についてスイス独自に租税回避に係る法令（Anti-Abuse Decree 1962）を制定すると共に，1962年と1998年に当該法令に関して解説をする通達を出している。

2　スイスの税制

⑴　スイスの税制の特徴

スイスの税制の特徴としては，この国は連邦制であるが，税負担は，一般的に連邦税よりも州税等の地方税の負担が重くなっていることである。

⑵　スイスの法人税制

スイスは，26の州（cantons）から構成される連邦国家である。スイスでは，連邦税，州税，市町村民税の3段階における課税があるが，法人税制に関して上記⑴で述べた以外に次のような特徴がある。

① 州税が州により異なること（法律により州間の税率の調整を図ったが達成されていない）。

② 連邦税，州税，市町村民税がいずれも損金算入できるため実効税率が低くなる。

上記以外の税目としては，個人所得税，付加価値税（標準税率８％），資本税，印紙税等がある。

スイスは，スイスにおいて設立された法人（設立準拠法主義）又は外国において設立された法人であってもスイス国内において実質的に管理されている法人（管理支配地主義）のいずれかに該当する法人を内国法人としている。

内国法人の課税所得の範囲は，原則として全世界所得であるが，外国支店の所得及び外国不動産からの所得を除くことになっている。また，外国支店の損失は，内国法人の所得と相殺することができるが，この損失発生後７年間において，当該外国支店に生じた利益と相殺される場合，過年度において相殺した外国支店の損失相当額を居住法人の所得として加算することになる。外国法人は，スイス国内に恒久的施設を有する場合，国内源泉所得について課税となる。

連邦法人税の税率は，8.5％であるが，損金算入が認められることから実効税率は，7.8％となる。また，州により税率等が異なることから，スイスにおける法人の実効税率は，12％から24％の範囲ということになる。なお，スイスは締結している租税条約に係る租税回避防止規定を独自に制定している。

⑶　持株会社の税務

所定の要件（自ら事業活動を行わず他の法人の株式等の管理を目的とし，総資産の３分の２以上が適格投資又は３分の２以上が受取配当であること。）を満たす持株会社は，州税及び市町村民税が免除となる。

⑷　支配会社（domiciliary company）と準支配会社（mixed company）の税務

支配会社は，そのすべての事業活動を国外で行う会社で，スイス国内では事務的な活動のみを行う法人であり，その国外源泉所得に対して州税及び町村民税が免除される。準支配会社は，その事業活動の大半を国外で行い一部をスイス国内で行う法人であり，その収益及び費用の８割が国外源泉所得に係るものであることが要件となる。この要件を満たす準支配会社は，州税及び市町村民税が軽減される。

⑴　Federal Supreme Court, 1 December 1933, BGE 59 I 284.

11　スウェーデン

1　GAARに係る基礎データ

スウェーデンのGAARは，1980年に導入されたが，1993年に一度廃止されて，1995年から再導入されている[(1)]。

スウェーデン税制における否認規定は，上記のGAAR以外に，以下の２にその一部を掲げた個別否認規定と裁判における公理として進展した実質主義がある。

現行GAARの適用に当たっては，次に掲げる４つの要件すべてを満たす必要がある[(2)]。

① 取引が納税義務者に多大な税務上の便益をもたらす手続きの一部であること。

② 納税義務者が直接・間接に当該取引に参画していること。

③ 総合的に勘案して，税務上の便益が期待されることがその手続きの主たる理由であること。

④ 課税対象となる取引が，税法の趣旨を侵害していること。

このGAARの適用は法人及び個人のすべてに適用となる。

また，GAAR適用に関する納税義務者保護の施策としては，事前に独立した専門部署である税法担当部署（Tax Law Board）に対して問い合わせをしてルーリングの発遣を要請することができる。また，この部署に対しては，課税当局も照会できる。なお，GAAR適用に関する委員会制度はない。

2　スウェーデンの税制

⑴　法人税制

内国法人は，設立準拠法主義により判定され，そのすべての所得が課税となる。また，外国法人は，国内源泉所得のみが課税となる。2012年１月より法人税率は，従前の26.3％から22％に引き下げられている。なお，企業収益の25％まで準備金へ課税所得の計算上控除できることから，実効税率はさらに引き下げられることになる。

また，事業目的で所有する株式の譲渡収益は免税である。2010年１月より，この適用はパートナーシップの持分の譲渡にまで拡大している。国際税務に関する税制では，タックスヘイブン税制，移転価格税制は規定されているが，過少資本税制の規定はない。一般的な否認規定が多額の税務上の便益を得る取引等に対して適用となる。

⑵　その他の税

スウェーデンは，2004年に相続税と贈与税を廃止している。また，2007年1月以降，財産税（wealth tax）の課税はない。源泉徴収に関しては，利子所得及び使用料所得は源泉徴収課税がなく，租税条約の締結していない国に対する配当所得については，原則として，30%の課税となる。

⑴　Swedish Code of Statutes 1995： 575.

⑵　International Fiscal Association, 2010 Rome Congress, Tax treaties and tax avoidance； application of avoidance provision, Vol. 95a, pp. 752–753.

12　スペイン

1　GAARに係る基礎データ

スペインのGAARには，2つの公理が含まれている。すなわち，不一致（conflict）と架空取引（sham doctrines）である。前者の公理の適用により，課税当局は，正当な事業目的がなく，かつ，租税上の便益の実現のみを目的とした取引を不適切な取引として処分する。また，後者の公理の適用により，課税当局は，架空取引を否認して取引を再構成する。1990年代後半に，以下で述べる持株会社の税務に対して，GAARの適用が行われて，米国の商工会議所は，スペインの課税当局（State Tax Administration）に税務調査を手控えるように要望したことがある[(1)]。

2　スペインの税制

⑴　法人課税

スペインの内国法人は，設立準拠法主義或いは管理支配地主義により判定される。その他に，タックスヘイブン等に所在する事業体について，その資産の大部分が直接間接にスペイン国内になる場合で，その活動の大半をスペイン国内で行った場合等に該当するときは，内国法人という認定が行われる。内国法人の課税所得の範囲は全世界所得であり，基本税率は25％である。また，譲渡収益は，通常の法人所得として課税になる。

⑵　持株会社の税制

スペインに国外投資のための持株会社（entidades de tenencia de valores extranjeros or ETVE）を設置すると，国外子法人等からの配当及びこれらの法人の株式の譲渡益はスペインにおいて免税となる。さらに，持株会社がその利益を配当する場合，原則として，源泉徴収が免除される。この持株会社の適用を受けるための要件は次のとおりである。

①　外国子法人の出資は，最低5％であること。

②　外国子法人の株式保有期間が1年以上であること。

③　外国子法人はその所在地において税の納付をしていること。

④　外国子法人は，その所得の85％以上を国外の事業活動から取得している

こと。

(3) 否認規定

国際税務の分野では，2012年に過少資本税制が廃止されて，これに代わる過大利子税制が導入された。また，タックスヘイブン税制，移転価格税制等が規定されている。

スペインでは，租税回避に対して個別否認規定が規定されているが，そこでは，実質主義による否認が行われている。

なお，スペインでは，相続税と贈与税の課税がある。

(1) Collins, Anneli, “GAAR: the overseas experience” 27 September 2010.（http://www.taxjournal.com/tj/articles/gaar-overseas-experience-0）（2014年3月22日ダウンロード）

13　台　湾

1　GAARに係る基礎データ

台湾のGAARは，徴収法（Tax Collection Act 12-1）に次のように規定されている[1]。なお，この規定の適用は2009年５月以降である。

「第１条：租税に関連する法令において，当該法令は，課税の原則に及び関連する法令の目的に従って解釈されるものとする。そこでは，課税の実質という観点から，経済的目的と公平の原則の均衡が必要となる。
第２条：徴収当局の認識するところでは，租税の賦課を構成する要素及び事実は，実際の経済的関連性とそれに関連する利害の存在を基礎としている。租税上の便益を得るために，納税義務者が課税上の構成要素を回避するための法的形式を濫用して，通常の取引と同じ経済的便益を獲得する場合，当該活動は租税回避に区分される。
第３条：徴収当局は，前条の租税回避確認の立証責任を負い，第２条において租税の賦課の構成要素と事実を確定する責任がある。
第４条：納税義務者の義務は，法令により提出義務のある報告することに助力することであり，関連する法令により前段の規定から逃れることはできない。
第２，第３条のように，関連者間取引における納税義務者の義務及び納付税額の正確な計算において，徴収当局は，租税法の規定に従って，通常の取引或いは得られた情報に基づいて計算の調整をすることができる。納税義務者は，特定の取引に従事する前に，徴収当局に事前相談のための文書を提出することができ，徴収当局は回答をする義務がある。」

この上記の規定は，裁判において確立した公理である実質主義（substance over form）を制定法化したもので，４つの部分から構成されている。なお，この規定は，すべての税目とすべての納税義務者に対して適用となる[2]。

第１条では，租税法の解釈は，法令と関連法規の目的及び関連する取引の経済的実質を基礎に行われる，と規定している。

第２条では，徴収当局は，租税の賦課の基礎を経済的実質と実際の経済的便益を享受した者を特定する。

第３条では，租税の賦課に関して，徴収当局は立証責任を負うことが規定されている。

第4条では，第3条とは別に，納税義務者は徴収当局に協力することが規定されている。

2 台湾の税制

(1) 概 要

台湾の所得税(Income Tax)は，法人税に相当する営利事業所得税(Business lncome Tax)と個人所得税に相当する総合所得税(Individual lncome Tax)に区分されている。台湾の最近の税制の特徴の1つは，税率の引下げである。2009年度より営利事業所得税の税率が25%から20%に，2010年度よりさらに17%に引き下げられている。

内国法人は営利事業を営む者の主たる事務所が国内にある法人をいう。外国法人は，内国法人以外の法人をいう。台湾国内で営む営利事業者は，営利事業所得税を納める義務がある。内国法人の課税所得の範囲は，全世界所得課税であり，外国法人は，国内源泉所得についてのみ課税される。

(2) 移転価格税制

台湾所得税法第43条の1によって，「通常の処理に合致しない営業の調整」を規定していたが，関連者の範囲が明確ではなかったため，2004年12月30日に「移転価格審査準則」が公布され，所定の明細表の提出を定めるほか，税務調査に関し次のようなことが定められた。なお，上記準則は2017年に罰則に関して一部改正されている。

① 税務当局から要求された場合は，1月以内に移転価格報告関連資料を提出しなければならない。

② ①の提出，又は調査を拒否した場合，徴収法第46条に従い3,000元以上30,000元以下の罰金が科される。

③ 規定に従った処理をしない場合は，増差税額の2倍以下の罰金となる。

さらに，2005年12月に「関係者間取引資料標準」及び「移転価格報告を代替する関連者取引金額標準」の2種の通達を公布し申告の簡素化を図っている。

(1) Taxation Administration, Ministry of Finance, R.O.C.のHPより。
(2) International Fiscal Association, op. cit., pp. 234–235.

14　中　国

1　GAARに係る基礎データ

中国国内法におけるGAARに係る基礎データは次のとおりである。

⑴　法令上の根拠規定（2008年１月導入）

企業所得税法第47条は次のように規定している。「企業の課税所得或いは所得の金額が当該企業により実行された合理的な事業目的のない一連の仕組み取引（arrangements）の結果として減少する場合，課税当局は，合理的な方法により修正する権利を有する。」

⑵　関連通達

以下は，GAARに関連した中国国家税務総局の発遣した通達である。なお，各通達の訳文は，ネット上の資料を参考にした[(1)]。

① 国税発［2009］２：（特別納税調整実施弁法）第92条（一般的租税回避防止調査の状況）
② 国税発［2009］３：事業譲渡類似課税の納税義務者及び源泉徴収義務者に係る法規定
③ 国税発［2009］124：非居住者が租税条約の恩典を受けることを管理するための通達
④ 国税函［2009］601：受益者の判定に関する通達
⑤ 国税函［2009］698：非居住企業の事業譲渡類似課税に関する通達
⑥ 国税発［2010］75：中国・シンガポール租税条約（以下「中星租税条約」という。）の解釈に係る通達で，「者」，「居住者」の定義，「恒久的施設」の認定，配当等の投資所得，譲渡収益，自由職業所得及び給与所得等に関する解釈と適用に触れている。
⑦ 国税函［2010］290：非居住者が租税条約の恩典を受けることを管理するための補充通達
⑧ 国家税務総局公告［2011］24：非居住者の企業所得税管理の若干問題に関する公告
⑨ 国家税務総局公告［2012］59：上記③の論点を明確化するために不動産化体株式，事業譲渡類似課税について説明した通達

⑩　税総函［2013］82：ウォルマートによるトラストマート株式の買収に関する非居住者に対する企業所得税の徴税方法

2　中国税制の沿革

(1)　1980年及び1981年の改正

中国が国内状況の混迷を脱して経済開放政策に踏み切ったのは，1978年末である。翌1979年４月には経済特区（深圳・珠海・汕頭・廈門）の指定等が行われた。この経済特区は，関税の免除，所得税等の税制上の減免措置の適用等を図ることにより外資導入を目的にしたものである。

税制面では，中国における初めての外資に対する税法として，1980年に合弁企業の課税を定めた「中外合資経営企業所得税」が制定され，1981年に，外国企業の課税を定めた「外国企業所得税法」が制定されている。この時点で，中国における外資に対する課税は整備されたが，合弁企業と外国企業では前者を優遇する政策であった。

次の税制改正は，約10年後の1991年になるが，その間の1984年に，大連，天津，上海等の14都市が経済開発区に指定され，1988年２月に開催された党中央政治局第４回全体会議において承認された対外政策により，経済特別区，経済開発区，その周辺の沿岸都市，内陸部と解放の順序が定められた。

(2)　1991年及び1994年の改正

1991年７月から外資に対する新しい税制として「外国投資企業及び外国企業所得税法」が施行された。この改正により，従来「外国企業所得税法」により外国企業に適用されていた最高50％の税率が軽減され，合弁企業と同様に33％まで引き下げられた。また，この改正により移転価格税制が導入された。1994年税制改正では，工商統一税が廃止されて，国内企業及び外資系企業のすべてに増値税，営業税，消費税が課されることになった。

(3)　2008年の改正

2008年１月から企業所得税法が適用されることになった。同法は，内資企業と外資企業を区分することなく，統一して適用する点に特徴がある。また，これまで外資企業を中心に認められていた租税優遇措置について，これも内資企業と外資企業を区分することなし適用されることになったため，外資に対する税制上の優遇措置全体が縮小した。適用される税率は，従前の33％から25％に引き下げられた（国税と地方税を合わせた税率）。

この改正における国際税務分野の特徴は，タックスヘイブン税制，過少資本税制が新たに創設され，事前確認制度についても規定がなされた。また，中国居住企業の判定において，設立準拠法主義と管理支配地主義が併用されることになり，外国で設立された企業であっても，実質的な管理機構が中国国内に存在するような場合，中国居住企業と判定されることになる。

⑷　日中間の租税問題

日本と中国との間の租税条約（以下「日中租税条約」という。）は，中国にとって最も古い租税条約である。また，現行の日中租税条約は，中国が発展途上国の段階で締結されたことから，その内容が，現在の日中間の経済状況にそぐわない内容である。特に問題視されているのは，日米租税条約が，配当，利子，使用料所得に対する課税の減免を大幅に認めているに対して，対中投資及び貿易額は，米国のそれを上回る現状であるにもかかわらず，日中租税条約の投資所得に係る限度税率はいずれも10％である。

この租税条約を改訂するには，日中間に各種の懸案事項があることはもちろんであるが，それ以外に，中国から日本への直接投資が増加しない現実があり，日中租税条約の限度税率を引き下げると，中国側の税収減額が大きくなるということが原因といわれている。そのため，中国政府が租税条約改訂に意欲を示さないというのが消息筋の意見である。

3　GAARの概要

⑴　GAAR導入の背景

2008年に内外税制の一元化及び国際課税制度の充実という税制改正の一環として，GAARが導入された。参考文献は[2]，その背景として，中国における税務執行が租税回避に厳しく対応していることをあげている。また，租税条約等における情報交換が盛んになるのもこの時期である。さらに，上記の参考文献によれば，2011年現在の対中国投資を行っている主要国は，香港，英領バージン諸島，ケイマン諸島，サモア等の投資額が全体の72.6％に達していることから，企業所得税法第47条が規制対象として租税回避は，中国における租税優遇措置及び租税条約若しくは法人設立の濫用，タックスヘイブンの利用，その他合理的な理由のない一連の取引であった，としている。

中国の課税当局が2006年から５年間に租税回避を調査して追徴した税額の平均額は，380万元から1,460万元に増加し，その間，155件の事案を調査して12の事案では，追徴税額が１億元を超えた。2011年単年における租税回避事案の追徴額は239億元となった。

(2) GAARの法体系

GAARは，その適用範囲が広く，多数の税目に適用になることにその特徴があるが，中国も他の国と同様に，個別的否認規定がある。例えば，1991年税制改正で導入された移転価格税制，2008年改正で導入されたタックスヘイブン税制等がこれに当たる。これらの規定とGAARの関係であるが，上記参考文献では，GAARを最終手段（the last resort）と位置付けている。租税回避取引が個別否認規定では否認できないとき，最終的にGAARがこの事態を助ける役割を果たすのであり，適用の優先順位は，個別否認規定が優先適用となる。

また，企業所得税法第47条にGAARの規定はあるが，課税当局は，前出の多くの通達により租税回避に対する課税を強化しているのである。そこにある原則は，実質主義（substance over form）と経済合理的な事業目的（reasonable commercial purpose）の２つのテストである[3]。

4 国税函［2009］698（国家税務総局：非居住者企業の出資持分譲渡所得に対する企業所得税管理の強化に関する通知）の概要

(1) 中星租税条約

中国の締結している租税条約のうち，事業譲渡類似課税に関係するものとして，中星条約がある。現行の中星租税条約は，2007年７月署名，2008年１月から適用されているもので，2009年８月と2010年７月に議定書による改正が行われている。中星条約第13条（譲渡収益条項）第４項は，不動産化体株式に係る規定（企業の株式価値の主たる部分が直接間接に当該企業の所在地国の不動産により構成されている場合という規定である。）である。同条第５項は，事業譲渡類似課税に係る規定で，譲渡前12か月に25％以上の株式を直接・間接に所有していたという要件を満たす場合，譲渡株式の発行法人の所在地国に課税権があることを規定している。中国が所得源泉地国となると，企業所得税が10％課されることになる。

⑵　日中租税条約

日中租税条約には，事業譲渡類似課税に係る規定はないが，譲渡収益条項（同条約第13条）第４項に，第１項から第３項に規定のない譲渡収益については，源泉地国課税の規定があることから，日本企業が中国企業の株式を譲渡した場合は，25％の株式所有要件による条約免税の適用がなく，中国において課税ということになる。

⑶　不動産化体株式に係る解釈

中星租税条約第13条第４項の不動産化体株式に係る規定の解釈として，国税発［2010］75（以下「75号」という。）において，企業の株式価値の50％以上が直接間接に中国に存在する不動産による構成されている場合と解されていたが，国家税務総局公告［2012］59は，75号において示された解釈を敷衍して，企業の株式が譲渡される前３年のいずれかの時点において，直接，間接に中国国内の存在する不動産の価値が譲渡された株式価値の50％以上を占める場合をいう，と解している。

⑷　国税函［2009］698の概要

事業譲渡類似課税について，前出の中星租税条約第13条第５項の適用がある場合とは，シンガポール法人（中国非居住者）が中国法人の株式の25％以上を所有し，それを譲渡して所得を得た場合，中国において課税されるということである。

この課税については，租税条約に規定があるが，例えば，シンガポール法人Ａ社が，Ｘ国に100％子法人Ｂ社（中間持株会社）を有し，このＢ社が中国法人Ｃ社の株式を所有していたとする。Ａ社はＢ社の株式を第三者に譲渡して所得を得た場合，中国法人Ｃ社の資産の間接譲渡ということになる。このような間接譲渡について国税函［2009］698（以下「698号」という。）第６条に規定がある。上記の例を引用して説明すると，①中間持株会社の所在地国（Ｘ国）の実質税率が12.5％以下の場合，又は，②中間持株会社の所在地国（Ｘ国）がその居住者の国外源泉所得に課税をしていない場合，実質支配する非居住者（上記の例ではＡ社）に対して，当該株式譲渡契約日から30日以内に中国法人の主管税務機関に出資持分契約書，当該非居住者と中国法人間の資金，経営，売買等に関する関係書類の提出が義務付けられている。

698号の影響としては，中間持株会社の存在が中国課税当局により否認された場合，実質支配の非居住者に中国国内源泉所得があるとして課税となる可能性がある。その際の判断基準となるのは，本稿の冒頭で述べたGAAR適用の要件である，合理的な事業目的がなく，所得の減少を目的としたか否かである，なお，この取扱いは2008年１月１日から遡及適用されている。条文は下記の通りである。

（698号条文）[4]

第５条：国外投資側（実際支配側）が中国居住者企業の出資持分を間接譲渡する場合，譲渡される国外の株式支配している会社の所在国（地区）の実質税率が12.5％以下，又はその居住者の国外所得に対して所得税を徴税していない場合，出資持分譲渡契約締結日より30日以内に，出資持分譲渡される中国居住者企業所在地の主管税務機関に以下の資料を提出しなければならない。

① 出資持分譲渡契約書又は協議書

② 国外投資側とその譲渡される国外の株式支配している会社との資金，経営，売買等方面における関係

③ 国外投資側が譲渡する国外の株式支配している会社の生産経営，人員，財務，財産等の状況

④ 国外投資側が譲渡する国外の株式支配している会社と中国居住者企業の資金，経営，売買等の方面における関係

⑤ 国外投資方が譲渡される国外の株式支配している会社を設立することに合理的な商業目的を有することの説明

⑥ 税務機関が要求するその他関連資料。

第６条：国外投資側（実際支配側）が組織形式の濫用等の処理を通じて中国居住者企業の出資持分を間接譲渡し，かつ合理的な商業目的を持たずに企業所得税納税義務の回避を企図した場合，主管税務機関は税務総局に段階毎に税務総局に報告し，審査を経た後に経済実態に沿って当該出資持分譲渡取引について改めて位置づけを行い，税収協定に適用する国外の株式支配している会社の存在を否認する。

⑸ 国家税務総局公告［2012］59

59号は，2010年の75号の解釈を廃止して，中星租税条約におけるシンガポール居住者（以下「Ｓ」という。）による中国居住法人（以下「Ｔ社」という。）の持分保有とは，①名義人（個人，法人，その他の実体）を通じての保有する

場合，Ｓが実質的に持分リスクを負担する等の場合，直接保有とみなされる。②Ｓが10％以上の株式を保有している子法人を通じて間接的にＴ社株式を保有している場合，③Ｓと重要な利害関係がある関連者（所定の個人，法人等を含む。）の直接保有又は当該関連法人が10％以上株式を直接保有している他の子法人を通じて間接にＴ社株式を保有している場合，に変更されている。なお，この解釈は，中星租税条約に限定したものではなく，当該租税条約と同様の規定を有する租税条約の解釈にも適用されるものである。

5　国家税務総局公告［2017］37号

前出の国税函［2009］698等の非居住企業の源泉徴収に係る規定は，標題にある国家税務総局公告［2017］37号により廃止等の措置となり，この新規定は原則として2017年12月から施行されている。

6　間接譲渡におけるインドと中国の相違点

インド最高裁判決（2012年１月判決）により納税義務者側が勝訴してボーダフォン事案（以下「Ｖ事案」という。）では，インド法人株式を所有する中間持株会社の株式を実質支配非居住者（ケイマン法人）が譲渡して所得を得た事例である。納税義務者側は，当該取引が国外におけるケイマン法人株式の譲渡であり，インドの課税権は及ばないと主張した。これに対して，課税当局は，2007年２月の契約書及びその他の取引文書を解釈すると，インド源泉所得或いはインドに所在する資産若しくはインドに所在する資本資産の移転を通じて譲渡法人側に所得が発生或いは発生したものとみなされる結果から，譲渡者であるケイマン法人によるインド法人の権利の移転を含む複合取引であると主張し，原告に対して当該取引に伴う源泉徴収義務があると主張したのである。

この事案は，2010年９月８日のムンバイ高等裁判所判決では，課税当局側が勝訴していることから，2009年12月10日に発遣された698号がＶ事案の判決の影響を受けたとするには，時系列的に無理がある。

インドは，Ｖ事案敗訴を受けて国内源泉所得に係る規定を改正した。また，Ｖ事案の訴訟と並行して，GAAR導入を検討し，その適用は当初よりも延期されて2016年４月１日から適用となった。

中国は，国税発［2009］２（特別納税調整実施弁法）第92条にGAARの規定に基づいて租税回避の状況が存在する以下の企業に対して，一般的租税回避防止調査ができることを規定している。すなわち，調査委対象企業は，①優遇税制の濫用，②租税条約の濫用，③企業組織形式の濫用，④タックスヘイブンの利用による租税回避，⑤合理的な事業目的のないその他の計画，に該当するものである。この結果，インドとは異なり，中国では税法の規定上，間接譲渡の課税が可能であるが，間接譲渡に関する課税では，租税条約に事業譲渡類似の規定がある条約例が少ないこと，譲渡収益の課税権が原則として居住地国になること等の世界的な流れからして，今後，中国が現在の方針を維持するのかどうか注視する必要があろう。

7 ウォルマート事案

2013年３月に，国家税務総局は，多国籍企業による中国企業の持分の間接譲渡の事例に関して初めての文書（税総函［2013］82）を発遣した。この事案は，米国企業であるウォルマート社が，英領バージン諸島(BVI)に子会社(MMVI)を設立し，MMVIは，BVI法人である（BHCL）の所有する中国のスーパーマーケット企業（好又多）であるBVI法人（BCL）の株式の65％を買収した。中国課税当局は，698号に基づき，BCLに経営上の実体（「Business substance」）がないとして当該法人の存在を否認し，BHCLが中国国内企業の持分譲渡を直接行ったものと認定し，BHCLの持分譲渡利益に対し，10％の企業所得税を課したのである。

8 事例の検討

(1) 事 例

次の３つの事例において中国の課税関係はどうなるのか。

① 内国法人甲社は，中国に100％子会社Ａ社を保有している。甲社は，日本の内国法人に，Ａ社株式の25％を譲渡して譲渡収益を得た。

② 内国法人乙社は，シンガポールに子会社M社を保有し，M社は，中国に100％子会社Ｂ社を保有している。乙社は，M社株式を日本の内国法人に譲渡して譲渡収益を得た。

③ 内国法人丙社は，香港に子会社Ｙ社を保有し，Ｙ社は，中国に100％子会社Ｃ社を保有している。丙社は，Ｙ社株式を日本の内国法人に譲渡して

譲渡収益を得た。

(2) ポイント

① 日中租税条約における株式譲渡の課税関係

② 中星租税条約における株式譲渡の課税関係

③ 中国・香港租税条約における株式譲渡の課税関係

④ 国税函［2009］698の適用関係

⑤ 中国における課税方法

(3) 検　討

① 日中租税条約における株式譲渡の課税関係

日中租税条約第13条（譲渡収益条項）第4項に次のような規定がある。

「一方の締約国の居住者が1から3までに規定する財産以外の財産の譲渡によって取得する収益であって他方の締約国において生ずるものに対しては，当該他方の締約国において租税を課することができる。」

事例①の場合，一方の締約国の居住者（甲社）が第13条第1項から第3項までに規定のない株式の譲渡収益について，他方の締約国（中国）において生ずるものに対しては，当該他方の締約国（中国）において租税を課すことになる。日中租税条約における譲渡収益条項は，他の租税条約例の多くが，居住地国課税を規定しているのに対して，源泉地国課税を規定していることから，この場合，中国における課税が生じることになる。

② 中星租税条約における株式譲渡の課税関係

中星租税条約第13条（譲渡収益条項）第5項に，事業譲渡類似に係る規定があり，譲渡前12か月のいずれかのときに，直接間接に25％以上の株式保有の場合，当該株式の譲渡収益は，源泉地国で課税となる旨規定されている。

③ 中国・香港租税条約

中国・香港租税条約第13条（譲渡収益条項）第5項の規定は，同条第4項に規定されている不動産化体株式に係る規定を除いて，締約国の法人の株式の25％以上の株式の譲渡から生じる収益については，当該法人の居住地国において課税となるというものである。

④ 国税函［2009］698の適用関係

前出の同通達の第5条及び第6条は，冒頭の事例の②と③の場合に適用されることになる。すなわち，中国企業の株式を非居住者が直接所有するのではなく，非居住者と中国企業の間にシンガポール或いは香港の持株会社が介在し，非居住者は，中国企業の株式ではなく中間の持株会社の株式を譲渡することにより，結果として，中国企業の資産の所有権が移転するという間接譲渡となる。このような間接譲渡に対して，当該通達は，実質支配をしている非居住者に対して，中間持株会社等の情報を中国の主管税務機関に報告すると共に，中間持株会社等の保有が合理的な商業目的に基づくものか否かが検討され，租税回避目的であるという判断が下されると，中間持株会社等の存在が否認されることになる。

⑤　中国における課税方法

事例の①は，中国において課税となり，②及び③は，①の課税を回避するためのものとすれば，当該通達の適用からみて，中間持株会社等に合理的な商業上の目的がある場合を除いて，①と同じ結果になる可能性が高いといえる。また，課税方式であるが，株式の譲渡先が中国企業の場合は源泉徴収，それ以外は申告納税により10％の税率の適用ということになる。

(1)（http://www.nacglobal.net/category/series/law-translate/gsh/）（2014年7月5日 ダウンロード），（http://www.jris.com.cn/attachments/2316_%E5%9B%BD%E7%A8%8E%E5%87%BD［2009］698%E5%8F%B7%EF%BC%88%E6%97%A5%E6%96%87%EF%BC%89.pdf#search=' %E5%9B%BD%E7%A8%8E%E5%87%BD%EF%BC%BB2009%EF%BC%BD698）（2014年7月5日ダウンロード）

(2) WANG MINGRU, MOF OF CHINA, "GAAR CHINA'S LEGISLATION AND PRACTICE" Fourth IMF-Japan High-Level Tax Conference（http://www.imf.org/external/np/seminars/eng/2013/asiatax/pdfs/china2.pdf#search='GAAR%2CChina%27s+legislation+and+practice'）（2014年1月16日ダウンロード）

(3) Ross, Lester & Zhou Kenneth, "Application of China's General Anti-Avoidance Rules (GAAR): Lessons Learned from Recent Enforcement Cases, October 26, 2010.（http://www.wilmerhale.com/pages/publicationsandnewsdetail.aspx?NewsPubId=94907）（2014年7月5日ダウンロード）

(4)（http://www.jris.com.cn/attachments/2316_%E5%9B%BD%E7%A8%8E%E5%87%BD［2009］698%E5%8F%B7%EF%BC%88%E6%97%A5%E6%96%87%EF%BC%89.pdf#search=' %E5%9B%BD%E7%A8%8E%E5%87%BD%EF%BC%BB2009%EF%BC%BD698）（2014年7月5日ダウンロード）

15　ドイツ

1　GAAR変遷史に係る基礎データ

ドイツにおけるGAARは，その歴史も古く，また，日本の税法等に大きな影響を及ぼしている。以下は，ドイツにおけるGAARに関連した事項に関する変遷史の一部である[(1)]。

・1871年：ドイツ帝国の成立により租税法体系の整備
・1914年６月：第一次世界大戦勃発となるオーストリア王子夫妻の狙撃事件
・1918年：戦時非常税法（1918年７月26日法）
・1918年11月：第一次世界大戦終戦
・1918年：ライヒ財政裁判所が設立され，後年，連邦財政裁判所，憲法裁判所となる。
・エルツベルガー（Erzberger）の財政改革
・1919年12月13日制定：ライヒ租税通則法（Reichsabgabenordnung（RAO））第４条（経済的観察法：wirtschaftliche　Betrachnungsweise）「租税法律の解釈に当たっては，その目的及び経済的意義並びに諸関係の発展を考慮しなければならない」（法解釈原則を定めた規定）
・1919年12月22日公布，同23日施行：ライヒ租税通則法（Reichsabgabenordnung）第５条（GAAR）[(2)]

第５条の条文は次の通りである。

第５条第１項：民法の形式及び形成可能性の濫用によって，納税義務を回避し，又は軽減することはできない。

第５条第２項：第１項の規定にいう濫用は，次の各号の要件を全て満たす場合に，認められる。

第１号：法律が経済的事象，事実及び事情を，これらに相応する法的形成において，課税の対象とする場合に，租税を回避するために，これらに相応しない異常な法形成を選択し，又は法律行為を行うこと。

第２号：当該関係の状況及び行為の様式により，経済的事象，事実及び事情に相応する法的形成を選択した場合と経済的に基本的に同じ効果が，当事者に対し達成されること

第３号：選択した方法に伴う法的不利益が，現実に意義を有せず，又はわずかの意義を有するにすぎないこと

・1922年４月：Wirthの財政改革

・1923年８月：Lutherの租税政策（インフレーション損害の除去）

・1925年８月：Schlieben Popitzの財政改革

・1931年：ライヒ租税通則法第10条（1919年ライヒ租税通則法第５条の引継ぎ）

・1933年１月：ナチス政権成立

・1934年10月の税制改革：租税調整法（Steueranpassungsgesetz）が制定され，1931年租税通則法第９条（1919年租税通則法第４条）は租税調整法第１条に移行した(3)。

租税調整法第１条の規定は次の通りである(4)。

第１条第１項（削除）

第１条第２項：租税法律の解釈に当たっては，国民思想，租税法律の目的及び経済的意義，ならびに諸関係の発展を考慮しなければならない（経済的観察法の規定）（金子宏『租税法　第19版』113頁）。

第１条第３項：要件事実の認定についても，前２項と同様とする。

・1934年10月16日公布：租税調整法第６条（GAAR）

第１項：民法の形式及び形成可能性の濫用によって，納税義務を回避若しくは軽減することはできない。

第２項：濫用が存在する場合には，経済的事象，事実及び事情に相応する法的形成の場合と同様に，租税を徴収する（解釈：租税回避が認定されたときは，相応な法的形式に引き直して課税関係を形成することを規定している。）。

第３項：無効とみなされる措置に基づき納付した租税がある場合は，第２項の規定により納付すべき金額及び納税義務者の他の未納額にこれを充当し，かつ，充当なしえない範囲においてこれを還付する。無効の最終的確認がなされた翌年が経過した後は，納税義務者は，充当，又は還付を求めることができない。

・1934年法人税法第６条に隠れた利益処分（verdeckte Gewinnausschüuttung）が初めて規定された。

・1976年：租税調整法（1934年法）は1976年に廃止されている。この規定は租税通則法（Abgabenordnung）第42条（以下「AO第42条」という。）に引き継がれているが，租税調整法第１条第２項，第３項の規定は租税通則法（AO）に引き継がれていない。
・1977年：租税回避の否認（AO第42条・旧租税調整法第６条）の理論的根拠とされた経済的観察法は廃止された。

このGAARであるAO第42条は，法の取引形態選択可能性の濫用により租税法規を回避することができない。また，濫用が存在する場合，取引の経済的実体を適切に反映する取引形態から発生する租税に係る請求権が発生する，という規定である。

以上の変遷をまとめると，GAARに関しては，次のような改正が行われたのである。

①　1919年制定のライヒ租税通則法第５条
②　①は，1931年制定のライヒ租税通則法第10条に引き継がれた。
③　1934年制定の租税調整法第６条に引き継がれたが1976年に廃止。
④　1977年にAO第42条が制定され，2008年に一部改正（Jahressteuergesetz 2008）されて現在に至っている。

このGAARの変遷と並行して，租税法の解釈原則を定めた規定である経済的観察法の変遷は次の通りである。

①　1919年ライヒ租税通則法第４条に規定される。
②　1931年の租税通則法第９条に改正される。
③　1934年に租税調整法第１条（第２項及び第３項）に移行した。
④　1977年に経済的観察法は廃止された。

2　ドイツの法人税法

ドイツの法人課税の概要は次の通りである。

(1)　納税義務者

法人税の納税義務者となるのは，株式会社，有限会社，株式合資会社，協同組合，相互保険会社，法的に独立した存在である組合及び財団及び人格なき社団等であり，パートナーシップは所得等がパススルーして各パートナー段階で課税となる。居住法人と非居住法人との区分は，ドイツ国内に法律上の住所又は管理支配地があるか否かを基準としている。

⑵ 課税所得の範囲

居住法人は，無制限納税義務者として全世界所得がドイツにおいて課税となる。ドイツ国内に恒久的施設（PE）を有する外国法人は，制限納税義務者として国内源泉所得のみが課税所得の範囲となる。また，管理支配をドイツ国内で行われている外国法人は，ドイツ居住法人として取り扱われる可能性がある。

⑶ 受取配当

居住法人が他の居住法人から受け取る配当は，株式の保有割合或いは保有期間にかかわらず2001年１月１日以降に開始する事業年度から非課税となった。ただし，受取配当金の５％は，非課税所得の関連費用とみなされ損金不算入となった。居住法人が外国法人から受け取る配当も，居住法人からの配当と同様，非課税となり，配当金額の５％相当額が損金算入できないのも同様である。

⑷ 法人税率等

2008年の改正により，法人税率及び地方税の営業税率の引下げと課税標準の拡大等が行われた。その結果，法人税率は，留保或いは配当の区分なしに，課税所得に対して一律15%となった。さらに旧東ドイツ地域への財政的支援を目的として連帯付加税が1995年に導入されており，個人所得税及び法人税を課税標準として5.5%の税率で課されるものである。そして，ドイツ国内で事業を行うすべての法人が納税義務者となる地方税である営業税がある。営業税の基本税率は3.5%であるが，これに各市町村が定める率を乗ずることにより税率が算定される。営業税の平均税率は約14%であり，法人税，連帯付加税及び営業税を加算した法人の所得に係る実効税率は23%～33%となっている。

3 GAARに係る基礎データ

ドイツは，英米の判例法により確立した公理による租税回避否認というアプローチではなく，また，大陸法系のフランス，オランダのように，私法における権利濫用の法理を利用するアプローチとも異なっている。

ドイツでは，租税法の解釈原則を定めた規定である経済的観察法が，1919年ライヒ租税通則法第４条に規定されたことは前述の通りであるが，この法解釈の原則は，私法に定義されているものではない。現行では，この経済的観察法は廃止され，現在は，AO第42条が租税回避否認規定となっている。

⑴　判例によるGAAR適用の規準

司法では，AO第42条の適用に関して次の４つの条件を定めている[5]。

①　納税義務者により選択された取引の法的形式が適切でなく，非関連の第三者であれば，同じ状況下において取引を行わないことが推定できる場合，その取引は不適切とみなされる。

②　納税義務者により選択された形式が，適切に行われた取引と比較した場合，有利な課税関係をもたらす場合。

③　形式の選択に正当性を認めることができない場合。

④　納税義務者の主観的要因として，納税義務者の意図するものが，税負担の軽減である場合。

以上のことから，取引が不適切で，かつ，租税回避の目的のみで取引が行われた場合，AO第42条が適用となる。対象となる取引が上記の４要件を満たす場合，当該取引は租税回避と解釈されることになる。しかし，ドイツにおける税務訴訟では，裁判所は，最初に文理解釈をする方法が採用され，税法の法理の解釈が最初で，そして特定の状況が加味されて解釈される。このアプローチが適切でない場合に，取引の実態の検討が行われる。したがって，AO第42条が適用となるのは，租税回避が行われたという合理的な疑いがある場合に限られることになる。

⑵　ドイツ課税当局によるGAAR適用のガイドライン

ドイツの課税当局は，GAARの適用を決定する次のガイドラインを公表している[6]。

①　意図された経済的成果が不適切となる法的構造が選択されていること。

②　通常であれば得ることができない租税上の便益を選択された取引等では，得ていること。

③　得られた租税上の便益が通常では得ることができないものであり，かつ，

④　納税義務者が，選択された取引等に対して租税以外の正当な商業上の理由を示すことができない場合。

課税当局が最初の①から③までの要件を立証し，納税義務者が④の要件を立証できない場合，当該取引等は否認されることになる。

⑶　ルーリング[7]

税務執行において，課税当局は，GAARの規定を広義に解釈する傾向になる。

納税義務者への救済手段としては，課税当局がルーリングを発遣している。ただし，匿名による申請は認められず，納税義務者は，氏名等を明らかにすると共に，取引の詳細についても開示する必要がある。

ルーリング発遣の期限は，特に定めはないが，通常であれば，3か月程度を要し，結果の如何にかかわらず，有料である。

4 デラウエア（Delaware）事案

この事案は，連邦財政裁判所（Bundesfinanzhof：BFH）による2002年5月20日判決の事案である[(8)]。

この事案の事実関係は次の通りである。米国の企業グループに支配されているドイツ法人（以下「独法」という。）が，米国デラウエア州に法人（以下「米国子法人」という。）を設立した。独法は，米国子法人への出資のため，ドイツにある銀行から融資を受け，当該融資に係る支払利子を損金として控除していた。米国子法人の目的は，米国企業グループの関係法人に試験研究等の資金提供をすることであった。独法の税務上の便益は，米国子法人の出資の原資である借入金の支払利子が損金として控除できること（ドイツにおける利子率は米国よりも高率であり有利であった。），受取配当がドイツで無税であったことである。なお，米国子法人は，事務所を有し，電話及びファックスの設備があり，パートタイムの会計担当の使用人がいた。

裁判所は，米国子法人が実体のあるものということに疑義があると明言していない。そして，このスキームが濫用に当たるものではないという判断を示し，課税当局にショックを与えたのである。この事案は，独法が直接，米国関係会社に資金の融資をすれば，当該融資に係る受取利子が生じ，独法で課税となる。そのため，米国子法人を設立して配当の形で資金をドイツに還流されたのである。

5 2008年のGAARの改正

2008年のGAARの改正（2008年1月1日から施行）は，濫用という概念を明確化することであった。この改正法の特徴は次の3つである[(9)]。

① 不適切な租税計画は濫用を構成する。

② 濫用の認定に対して，納税義務者は，特定の計画に正当な事業目的があ

ることを示すことで反論をすることができる。

③　GAARは，個別否認規定の適用に劣後する。

この上記①における，不適切な租税計画という判定は，適切とみなされる租税計画と当該租税計画を比較して，租税上の便益がある場合，法律上の根拠を有するか否かを課税当局が立証し，根拠がない場合は適切な租税計画に引き直して税額を追徴するというものである。

また，2008年改正後のGAARについての論考では，改正前の第42条第２項が改正後に第42条第１項に組み込まれ，第42条第２項が追加され，その効果としては，実際に選択された法形成に代って，相当する法形成が認定され，これが課税の基礎となる。ただし，この認定は，税法上に限られ，民事上の効力を否定するものではないとされている[10]

(1)　歴史全般については，野津高次郎『独逸税制発達史』有芳社　1948年。経済的観察法に関しては，岩﨑政明「租税法における経済的観察法―ドイツにおける成立と発展―」『筑波法学』第５号　1982年３月を参照した。

(2)　須貝脩一・中川一郎「ライヒ租税法」『税法学』５号。

(3)　租税調整法に関する研究としては，中川一郎「ドイツ税法調整法の研究―租税基本法制定のため―」『税法学』43-45号，47-49号。

(4)　租税調整法第１条第３項と同第６条関係については，清永敬次『租税回避の研究』ミネルヴァ書房　第１編第２章，第５章参照。

(5)　Grauberg, Tambet, op. cit., pp. 144-145.

(6)　Chance, Clifford, op. cit., p. 11.

(7)　Ibid. p. 11.

(8)　Kessler, Wolfgang and Eicke, Rolf, “Closer to Haven? New German Tax Planning Opportunities” Tax Notes International May. 8 2006, pp. 510-511.

(9)　Kessler, Wolfgang and Eicke, Rolf, “Germany's New GAAR- ‘Generally Accepted Antiabuse Rule’?” Tax Notes International Jan. 14 2008. p. 153.

(10)　今村隆「主要国の一般的租税回避防止規定」本庄資『国際課税の理論と実務』大蔵財務協会　2011年８月　671-675頁。

16　ニュージーランド

1　GAARに係る基礎データ

ニュージーランドのGAARは，その創設が世界で最も古い規定で，1878年制定の土地税（Land Tax Act）第62条が最初であり，1891年にこの法律が土地・所得税法（Land and Income Tax Assessment Act 1891）に拡大して，同法第40条にGAARの規定が移項している。

その後，1976年所得税法の第99条にGAARの規定が置かれ，現行の所得税法は，2007年制定（Income Tax Act 2007：以下「2007年法」という。）であるが，GAARに関連する規定は，同法BG1に租税回避が，同法GA1に課税当局の権限に係る規定が，そして，YA1に租税回避と租税回避の仕組み取引等（tax avoidance arrangement）に関する定義がある。さらに，租税管理法（Tax Administration Act 1994）の141EB条及び141EC条には，租税回避のプロモータに関する罰則規定がある。

ニュージーランドの内国歳入庁（Inland Revenue Department）は，2007年法におけるBG1及びGA1に関する検討草案（Interpretation Statement, Draft Tax Avoidance and the Interpretation of Sections BG 1 and GA 1 of the Income Tax Act 2007：以下「検討草案」という。）を2011年12月に公表している。この検討草案に対して，ニュージーランド会計士協会（New Zealand Institute of Chartered Accountant）は，その見解を示す文書（Submission on Tax Avoidance and the Interpretation of Sections BG 1 and GA 1 of the Income Tax Act 2007）を2012年６月に公表している。

2　ニュージーランドの税制

(1)　法人課税の概要

ニュージーランドにおいて設立されるか，管理支配が同国内で行われている法人は，内国法人となり，全世界所得が課税となる。それ以外の外国法人は，国内源泉所得のみが課税範囲である。法人税率は，内国法人及び外国法人共に28％であり，譲渡収益税（Capital Gains Tax）の課税はなく，所定の同収益は通常の法人税率により課税される。

⑵　その他の税

ニュージーランドでは，間接税として財・サービス税（Goods and Services Tax（GST））が税率15％で課税される。また，雇用者がその使用人に対して給付する現物給与に対してフリンジ・ベネフィット税（Fringe Benefit Tax）が雇用者に課され，その基本税率は49.25％である。

相続税は，1992年12月17日に廃止され，贈与税も2011年10月１日後に廃止されている。

3　GAARに関連する最高裁判決

内国歳入庁は，1990年２月に，旧法である1976年所得税法第99条の機能に関する見解を公表している。その後，2004年に，後継となる文書の作成を準備したが，2008年に２つのGAARに関する最高裁判決が出たことから，検討草案の公表は2011年にずれ込んだのである。

ニュージーランドの裁判制度は，地方裁判所（district courts），高等法院（The High Court），控訴裁判所（The Court of Appeal），そして最高裁の順序となっているが，裁判となった事案の金額等が大きな場合は高等法院を第一審とする場合がある。

ここにいう最高裁判決は，次の２つである。

① Ben Nevis Forestry Ventures Ltd. v. Commissioner of Inland Revenue, 2008年12月19日最高裁判決（国側勝訴）[2008] NZSC 115,, [2009] 2 NZLR 289, (2009) 24 NZTC 23, 188.（以下「BN事案」という。）

② Glenharrow Holdings Ltd. v. Commissioner of Inland Revenue, 2008年12月19日最高裁判決（国側勝訴）[2008] NZSC 116, [2009] 2 NZLR 359, (2009) 24 NZTC 23, 236.

上記①の事案は，法人税に関する事案であるが，②は，財・サービス税に関する事案である。

そして，上記①に続く判例としては，Ian David Penny and Gary John Hooper v. Commissioner of Inland Revenue, 2011年８月24日最高裁判決（国側勝訴）[2011] NZSC 95.（以下「P & H事案」という。）がある。

4　BN事案

本事案は，1997年における課税事象が対象となるため，適用される所得税法は，1994年所得税法BG1条の規定である。

⑴　事実関係

Ben Nevis Forestry Ventures Ltd.（以下「X」という。）は，森林事業に投資する事業体である。1997年に，Trinity 3（以下「T」という。）が土地を購入し，その土地の50年間の占有をXに認め，そこで，Xは森林育成を行うことになった。Tは，50年間の1ヘクタール当たりプレミアムとして205万NZドルと，1ヘクタール当たり50NZドルのライセンスフィーをXから受け取ることになった。この土地は，484ヘクタールであったことから，Tは，年間9億9,200万NZドルを2048年まで受け取ることになった。Xは，Tに対する債務の支払のため，年間9億9,200万NZドルの約束手形を発行した。その結果，Xは，1ヘクタール当たり50NZドルのライセンスフィーを損金として控除し，プレミアムの年間償却費1ヘクタール当たり41,000NZドルを計上した。結果として，Xは，年間1ヘクタール当たり41,050NZドルの損失を他の所得と通算することが可能となった。

⑵　適用法令

1994年所得税法のBG1の規定は，次の通りである。

「⑴　租税回避の契約等は，所得税の適用上，内国歳入庁長官の意向に反したものとして無効となる。

⑵　内国歳入庁長官は，Part G（租税回避及び市場外取引）の規定に従って，租税回避の契約等から得た租税上の便益を妨げることができる。」

⑶　判　決

第一審，控訴審と同様に，最高裁はこの取引を租税回避として，GAARの適用を認めた。

⑷　判決の意義

この判決が与えた影響は，GAAR適用の限界に関するものである。納税義務者は，課税に関する選択をすることができる。例えば，納税義務者が内国法人の形態と外国法人の形態を選択することは可能である。その結果，課税所得の範囲が異なることになる。

判決では，納税義務者が最良の課税上の便益を得るための自由があり，これらは認められたものであるが，GAARの規定にあるものは認められないとしている。この選択の原則がこの判決により認められたのである[1]。

⑸　小　括

この事案は，森林育成によるタックス・シェルターの一形態といえる。森林は，その樹木を伐採して所得を得るまで長期間がかかるが，それまでの間，費用がかかるのである。この費用を他の所得と通算できるのであれば，節税効果は大きいといえる。これと同様のスキームとして，肉牛への投資がある。肉牛が育つまで間の飼育に要した費用を損失として他の所得と通算できれば，これらの費用の額と肉牛売却益で赤字になったとしても，節税額がこの赤字を上回れば，採算が取れるのである。

本事案の意義は，最高裁が税法の許容する租税回避と許容できない租税回避（GAAR）の適用について判断をした事例ということになる。人為的な取引は租税回避を示すというBN事案の判決のアプローチは，P＆H事案の判決においても踏襲されている。

5　P&H事案

⑴　事実関係

本事案の事実関係は次の通りである（課税年度は2002年度から2004年度）。

① Ian David Penny（以下「P」という。）とGary John Hooper（以下「H」という。）は共に整形外科医である。

② Hと妻は信託を設定し，妻，子，孫を受益者とした。この信託は，Hの設立した法人の株式を所有し，Hは同法人の1人役員であった。Hは，法人に「のれん」330,000ドルを含む332,473ドルで事業を譲渡した。

③ Hの利子及び税額控除前の営業利益額は，1999年度が659,000ドル，2000年度が651,000ドルであり，2001年度から2004年度の間，最高額が712,000ドル，最低額が556,000ドルである。Hは，この期間に法人から年間120,000ドルの給与を受け取っていた。

④ 2001年度から2004年度の間，当該信託は228,000ドルから392,000ドルの配当を受け取り，その一部が3人の娘に分配され，それぞれが納税した。信託に留保した金額は，自宅，別荘，預金のために使われた。

⑤　Pは1997年に法人（POS）を設立した。Pは同法人の1人株主であった。さらに，同年，Pは別法人（OSCL）を設立し1人役員となった。OSCLの全株式は，Pの家族信託により所有されていた。信託受益者は，Pと配偶者，子供，孫であった。Pの事業は144,310ドル（100,000ドルの「のれん」を含む。）でPOSに譲渡され，2か月後の1997年4月にOSCLに「のれん」を100万ドルに増額して譲渡された。

⑥　1999年度と2000年度の利子，税額及び報酬控除前の営業利益額は，825,000ドルと633,000ドルであった。Pの各年度の引き出し額は302,000ドルと125,000ドルであった。2001年度から2004年度の営業利益額は655,000ドルと832,000ドルの間であり，その間，Pの報酬は年間100,000ドルであった。

⑦　Pは2004年末までに信託から1,236,000ドルの前渡金を受け取り，妻の離婚手当と子供の教育費に充てている。

⑵　判　決

下級審からの本事案判決は次の通りである。

①　Penny v. CIR [2009] 3 NZLR 523 (HC)（納税義務者側勝訴）

②　CIR v. Penny & Hooper CA201/2009 [2010] NZCA 231（控訴審判決：国側勝訴）

この判決は，個人事業を法人化することを租税回避と認定するのではなく，法人からの報酬を低額にしたことを租税回避としたことである。そして，この判決に影響として，内国歳入庁は，2008年3月発行のRevenue Alert RA08/01と2010年6月発行の同RA10/01を撤回して，新たに同RA11/02を発行したことである。この新通達は，信託或いは法人を利用して個人の役務提供所得を分散することに関して，租税回避と課税当局が判断する状況を説明したものである。

⑴　Littlewood, Michael, "Ben Nevis Forestry Ventures Ltd. and Others v. CIR; Glenharrow Ltd. v. CIR-New Zealand's new Supreme Court and Tax Avoidance" British Tax Review Issue 2, 2009. pp. 173–174.

17　ブラジル

1　GAARに係る基礎データ

ブラジルのGAARは，2001年10月1日付で制定された補充法（Complementary Law）第104を根拠として，連邦租税法（National Tax Code）第116条に規定されている。その規定内容は次の通りである。

「課税当局は，通常の法令上の手続きの下では，課税関係において想定できない事柄を目的として効果する法的行為或いは取引を否認することができる。」

このGAARの規定は，通常の税務調査において適用される。そして，ブラジルの場合は，アドバンス・ルーリング制度及びGAARの執行をチェックする委員会制度もない(1)。

2　ブラジルの税制

(1)　租税の体系

ブラジルの租税は，1988年に制定された憲法によって基本的な体系が規定され，租税に関する規定は，補充法によって定められている。また，現行の憲法以前に制定された租税法は，補充法にある規定と同等の取扱いとなる。租税は，国（連邦税），州（州税），市（市町村民税）の三者が課していて，租税の種類は60以上ある。連邦税としては，個人所得税，法人税，工業製品税，輸入税，輸出税，農地所有税，金融取引税等がある。また，州税としては，商品流通サービス税，自動車保有税，相続譲渡税などがあり，市町村民税には，都市不動産所有税，生存者間不動産譲渡税，サービス等がある。

(2)　納税義務者と課税所得の範囲

法人税の納税義務者として，ブラジル国内に本店を有するブラジルの法律により設立された法人が内国法人となる。外国法人は，それ以外の法人である。

内国法人の課税所得の範囲について，1996年1月1日以降，全世界所得に対して課税されている。

(3)　法人の税負担

法人税の基本税率は15%である。ただし年間の課税所得が24万レアル（月2万レアル）を超えていれば，その超えた分の税率は10%加算されるので25%となる。さらに，社会負担金が９％課される。したがって，年間課税所得が24万レアルを超える企業に対しては，利益の34％が税金及び社会負担金として課されることになる。

3　トピックス（鉄鉱石の世界最大手ヴァーレ社の課税問題）

ブラジルの課税当局は，2001年に成立した法律に基づいて，海外子会社の所得について所得税と社会保障税の支払を求めたが2012年３月６日同社は異議申立てをした。処分額は1996年まで遡及して300億レアル（約170億ドル）である[2]。

その後，2013年11月に，同社はこの問題で223億レアル（約9,700億円）を支払い，課税当局と和解することで合意している。

(1)　Ernst & Young, op. cit., pp. 36–37.
(2)　(http://jp.wsj.com/layout/set/article/content/view/full/404373)（2014年４月２日ダウンロード）

18　フランス

1　GAARに係る基礎データ

(1)　オランダGAARとの異同

フランスのGAARは，オランダのGAARとその性格において近い存在といわれている[(1)]。

オランダのGAARには，制定法と最高裁判例により確立した公理（fraus legis）があり，後者は，ある種の権利濫用防止を意味するものである。オランダは，制定法が手続上煩雑である等を理由として，判例法により確立した公理が税務執行上においても使用されている。フランスの租税手続法（French code of tax proceedings）第64条（以下「第64条」という。）がGAARの規定であるが，フランスの場合は，課税当局により権利の行使がこの規定の適用に限定されていることである。この点でオランダのGAARと異なることになる。

(2)　規定と適用範囲

第64条の規定は，法の濫用（abus de droit）に関して規定したもので，1941年に制定法化されている。課税当局は，取引が課税関係から濫用に当たるとみなされる場合，その取引を否認することができる。この法の濫用の範囲は，判例法により判断され，直接税及び間接税に適用となる[(2)]。

フランスの行政裁判所は，地方行政裁判所（Tribunal administratif），行政控訴院（Cour administrative d'appel），コンセイユ・デタ（Conseil d'État）は，上告審（以下「上告審」という。）であり，上記の1941年制定法は，この上告審において進展した公理を制定法化したものである。

(3)　フランスにおける租税回避否認の法理

フランスでは，上述の第64条の規定の他に，経営上の異常な行為（the abnormal act of management：acte anormal de gestion）及び契約等を再分類できる課税当局の権限等がある。そして，1972年以降，国際税務に関する租税回避に係る規定が整備されている[(3)]。

2　フランス税制の概要

以下は，フランスの税制の概要と個別否認規定の一部に関する記述である。

⑴　概　要

フランスの法人税率は，1993課税年度から33.33%になっている（2022年以降25%の予定）。さらに，所定の法人税額の3.3%が社会保障付加税として課されことになり，これらを含めた2006年１月１日以後のフランスにおける法人の実効税率は，34.43%となっている。

⑵　納税義務者等

法人税の納税義務者は，株式会社（SA），有限会社（SARL）及び株式を発行しているリミテッド・パートナーシップ等である。合名会社（SNC）及び合資会社（SCS）は，その出資者が納税主体となるのが原則であるが，選択により会社が納税主体となることもできる。

⑶　課税所得の範囲

法人の居住形態は，法令上特に定めがないが，フランス国内に登記上の住所を有しているか又は実質的な管理支配を行っている場合は，フランス居住法人となる。この居住法人の課税所得の範囲は，事業所得の場合，原則として，属地主義によりフランス国内源泉所得のみが課税され，投資所得については全世界所得に対し課税される（国外源泉所得非課税方式）。

この事業所得のフランス国内源泉所得については，フランス国内に事業を行う場所，代理人が存在するか又はフランス国内で完全な事業サイクル（complete business cycle）が遂行されたか否かを基準として判定される。ただし，例外として，①大蔵大臣の許可により国外の支店及び子会社と連結する場合の国外所得，②所定の要件（10%又は25%所有要件）を具備するタックス・ヘイブンに所在する法人のうち，適用除外となる場合を除き，合算の対象となる国外所得，③租税条約によりフランスに課税権が配分された国外所得も居住法人の課税所得に含まれる。

⑷　移転価格税制

フランスの一般租税法第57条がこの税制の根拠規定である。内国法人及び外国法人の支店が高額買入又は低廉譲渡等により利益を国外に移転した場合，課税当局はその法人の所得を更正することができる。ただし，課税当局は，内国法人等と外国法人が，特殊な支配従属の関連にあることを証明し（その外国法人がタックスヘイブンに所在する場合を除く。），さらに利益が外国法人に移転していたことも証明しなくてはならない。

⑸　タックスヘイブン税制

従前は，フランス親会社が，軽課税国（所得に対して課される税負担がフランスで課される税負担の３分の２未満の国）の外国子会社の10％以上の持分を所有するか，当該外国子会社に2,280万ユーロ以上投資していることが特定外国子会社等の要件であったが，2006会計年度から，税法第209Ｂ条の規定により，フランス親会社が軽課税国（所得に対して課される税負担がフランスで課される税負担の２分の１未満の国）所在の外国子会社等の株式の50％以上を直接間接を問わず所有している場合に当該法人は特定外国子会社等とされ，株主持分要件は５％であるが，その利益はフランスで法人税の課税対象とされる。この場合，特定外国子会社等の稼得した利益はフランスの親会社に配当されたものとみなされる。

⑹　過少資本税制

税法第212条に同税制が規定されている。

⑺　低税率国所在の非居住者に対する支払

低税率国（フランスの法人税率である33.33％の50％未満となる16.66％の未満の国等）所在の非居住者に対する利子，使用料，人的役務提供の対価等の支払は，支払法人が当該取引は正当なものであることを証明しない限り，損金に算入されない（フランス手続法第238条Ａ）。

⑻　出国税

2011年３月３日以降，他国の居住者になり，かつ，フランス法人の株式の１％を超える所有又は株式等の価値の総額が130万ユーロを超える場合，出国時に所得税と社会保障税の納税義務が生じることになった。この税は，出国税納付後８年間にその所有株式を実際に譲渡したときに，税額控除又は還付になる。ただし，出国者が他のEU加盟国の居住者となる場合はこの課税がない。

3　GAARの適用と解釈

⑴　濫用判定の要件

課税当局は，以下の２つの要件のいずれかが該当する場合，取引を否認する権限を有することになる。

①　取引を真正なものに引き直すことができる場合，その取引は偽りの取引（sham）に該当する。

② 取引は，偽りではないが，法の精神に合致せず，納税義務者が通常の取引であれば負担すべき税額の回避或いは軽減のみを目的としている場合（権利濫用（fraus legis）に基づく法の濫用）

この場合の権利濫用と判断されるのは，第1に租税目的のみの取引であり，かつ，第2に，法の趣旨等に反する方法により法規定を適用している場合である。これらの場合，課税当局が納税義務者と立法者の意図するところを明らかにすることになる。

⑵ GAARの解釈

フランスでは，GAARの適用に関して所定の手続きが必要であり，かつ，課税当局及び裁判所においてもその使用が制限的である。

課税当局はGAARに関する立証責任を負い，さらに，納税義務者或いは事案を検討する法の濫用に関する第三者委員会（Comité de l'abus de droit fiscal：以下「委員会」という。）のいずれかからの異議申立てを受けることになる。この委員会決定により，その決定が納税義務者支持の場合は課税当局に立証責任が，逆の場合は，納税義務者に立証責任が課されることになる。この委員会の判断は拘束性がなく，課税当局は，委員会の判断が課税当局に反していても，また，裁判所の判断が委員会とは異なる場合であっても（ただし，この状況はまれである。），委員会の判断に従うことはない。

⑶ アドバンス・ルーリング制度

課税当局による否認を回避するためには，取引を行う前に課税当局に判断に必要な情報を提供することにより，ルーリングの発遣を要請することができる。この場合の必要な情報は，取引の明細，取引関係者の住所氏名，取引関係者間の関連，取引関係書類の写し等が含まれ，納税義務者からの要請後6か月間に課税当局から回答がない場合，課税当局は暗黙の了解を与えたものと推定されることになるが，この制度は，実務上の利用が少ない。

⑷ GAARの適用

前出の税制の概要の項で述べたように，フランスでは，多くの個別否認規定があり，これらの規定とGAARの適用関係については，個別否認規定の適用が優先し，GAARの適用が最終のものとなる。GAARが適用される場合，課税当局は，取引を性格の引き直し或いは否認をすることができる[(4)]。

4　租税回避に関する事例

⑴　シュナイダー（Schneider Electric）事案

フランス法人であるシュナイダー社は，スイスに子法人を有していた。フランス課税当局は，当該子法人の取得した所得について，タックスヘイブン税制を適用して，シュナイダー社に対して課税をした。この課税は，フランス・スイス租税条約の事業所得条項に抵触するという争いがあり，フランスの上告審は，この課税について，当該租税条約に違反するという判決を出したのである。この事例は，日本におけるグラクソ事案（最判平成21年10月29日）において納税義務者側から主張されて注目を集めたのである。

⑵　アズナブール（Aznavour）事案

この事案は，国内法と租税条約に関連した上告審判決（2008年３月28日）である。この原告（Charles Aznavour：以下「X」という。）は著名な歌手でスイス居住者である。

Xは，1989年４月18日に，パリでショーを行い，興行主のフランス法人は，この出演料40万フランをプロモータである英国法人に支払った。仏英租税条約或いはフランス・スイス租税条約では，スイス居住者である芸能人に対してフランス法人から英国法人に対する支払にフランスが課税することが規定されている。英国法人が同芸能人に対して支払をしない場合も同様の課税関係である。本事案では，英国法人はフランス国内に支店，事務所等の恒久的施設（PE）を保有していない。この事案は，法の濫用或いは脱税に該当しなかった。

フランスでは，税法第155A条が規定されており，フランスの課税当局は，法の濫用或いは脱税に係る規定を適用する必要がなかった。同規定では，次の３要件のいずれかに該当する場合，フランス非居住者がフランスで行った役務提供について，フランスで課税となる。

①　当該芸能人が直接，間接に中間法人（interposed person）を支配している場合

②　中間法人が役務提供以外の産業上，商業上の活動を主として行っていないこと

③　中間法人がタックスヘイブンに所在していること

上告審は，上記の②が本事案では該当するという判断を示した。

フランス・スイス租税条約第19条では，フランスにおける芸能活動により取得した金額は，フランスで課税できることが規定されている。

また，上告審は，Xが英国法人から報酬を受け取ったか否かを重要視していなかった。その理由は，法人に対して支払った金額は，租税条約の適用により，芸能人に対して支払ったものとみなされるからである。フランス国内法では，中間法人に対する支払は芸能人の所得と推定しているのである[5]。

(3) 米国系外食産業の事案

2012年以降，英国或いは米国において，米国系IT企業，コーヒー販売企業等の租税回避が話題となり，OECDを中心としたBEPS（「税源浸食と利益移転」）に対する対策が検討されているが，2014年１月に，米国系外食産業（以下「M社」という。）のフランスにおける租税回避が報道され，同社はこの報道内容を否定している[6]。

この報道によると，2009年以降，M社は30億ドルを超える税額について租税回避をしており，同社は，フランスの課税当局から税務調査を受けている。同社はフランス国内に1,200を超える店舗を有し，その本部はパリの近郊にある。報道では，同社は，ルクセンブルクに子法人を有し，フランチャイズ契約及び無形財産に係る使用料が同子法人に対して10億ドル以上支払われている。ちなみに，フランスの法人税率は33.33％であるが，ルクセンブルクの法人税率は21％である。

ルクセンブルク子法人の利益は１億7,200万ドル，税額は320万ドルである。

(1) Grauberg, Tambet, op. cit., p. 146.
(2) Chance, Clifford, op. cit., pp. 9–11.
(3) International Fiscal Association, op. cit., p. 313.
(4) Chance, Clifford, ,op. cit., pp. 9–11.
(5) Bidaud, Herve and Lalios, Edouard, “Tax Treaties Versus Antiabuse Measures in France”, tax notes international, Vol. 51, Number 12, Sep. 22, 2008, pp. 1037–1038.
(6) （http://www.bloomberg.com/news/2014-01-22/mcdonald-s-firmly-refutes-report-of-french-tax-evasion.html）（2014年８月11日ダウンロード）

19　ベルギー

1　GAARに係る基礎データ

⑴　GAARの概要

ベルギーのGAARの規定は，1993年に創設されている。これらは，所得税法第344条第１項，登録税法第18条，相続税法第106条にそれぞれ規定された。しかし，これらの規定が十分に適用できなかったことから，2012年に，GAARの規定が改正されている。

⑵　ベルギーGAARの特徴

ベルギーの場合は，隣国のオランダとは租税回避否認の法理が異なっている。オランダは，制定法ではなく，判例法により確立した権利濫用の公理を租税回避に対して適用しているが，ベルギーの場合は，私法上の取引を尊重して，租税法においてもこれを認めるという原則がある。

同国憲法第170条は，租税法律主義を定めていることから，租税法の解釈は厳格な文理解釈であり，類推解釈の類は認められない。ベルギーの最高裁（Cour de Cassation）は，権利濫用の法理及び経済的実質の公理の使用を禁止している。裁判所は，取引がみせかけのものかどうかを判断している。結果として，租税回避となる場合は，課税当局が取引をみせかけであると立証した場合，或いは，納税義務者による租税回避の意図を立証した場合である。このことは，私法上の取引の意義が，租税法上の取引の意義の解釈に優先することである[(1)]。

⑶　第344条第１項の規定

所得税法第344条第１項の規定は次の通りである。

「当事者が行う１つの行為或いは分離した行為であるが，併せれば同じ活動を実現することになるという法的性格は，第340条により認められた前提或いはその他の証拠により，その性格が租税回避を目的としていることを課税当局が決定する場合に，所得税担当の課税当局を拘束しない。ただし，納税義務者が，財政上或いは経済的に正当な必要性があることを証明する場合はそのかぎりでない。」

この条文については，次のように解釈できるのである。納税義務者の選択した取引は，真正であるが，その目的が租税回避である場合を適用対象としている。課税当局は，取引自体を否認することはできないが，納税義務者により選択された法的性格を否認することはできるというものである。この立証責任は課税当局側にある。

上述したように，この規定は租税回避防止規定としてその有効性は低かったのである(2)。

2　ベルギー税制の概要

⑴　納税義務者と課税所得の範囲

法人の居住形態の判定基準は，管理支配地主義又は本店所在地主義であり，居住法人は全世界所得が課税所得となり，非居住法人はベルギー国内源泉所得のみが課税所得となる。ただし，ベルギーの租税条約相手国に所在する支店等の恒久的施設に帰属する所得は，国外源泉所得となる配当，利子，使用料等の投資所得を除き，国外所得免税方式により課税されないことになる。

⑵　受取配当（資本参加免税）

資本参加免税の要件を満たす関係会社からの受取配当に関して，ベルギー法人及び外国法人のベルギー支店等は95%を免税とすることができる。資本参加免税の要件は，次の通りである。なお，金融機関及び保険会社の場合は，以下の②の要件のみを満たせば資本参加免税を受けることができる。

① 配当受領法人が配当支払法人の株式の10%又は250万ユーロの出資をしている場合で，かつ，

② 配当受領法人が配当支払法人の株式を１年以上所有し，これらの株式が財務諸表に計上されている場合。

この資本参加免税は，ベルギーの税制と比較して「著しく有利な税制」の適用を受ける国（EU加盟国を除く。）に所在する子会社からの受取配当については適用されない。この場合の「著しく有利な税制」とは，次のいずれかに該当する場合である。

① 会社の利益に適用される名目税率が15%未満であること

② 課税所得に対する実効税率が15%未満であること

⑶　法人税率

法人税の基本税率及び外国法人に対して適用となる税率は，29%（2020年），

2020年以降25％である。そして，付加税としての２％が一般税率に加えられることから，実効税率は29.58％となる。なお，中小法人の場合は，軽減税率が適用となる。

⑷　みなし利子控除（Notional Interest Deduction）

この制度は，2005年に導入されたもので，ベルギー法人及びベルギー国内に支店等の恒久的施設又は不動産を有する外国法人は，税法上，事業活動に使用する資本（資本金，留保利益，準備金，繰越損益等）を借り入れたものとみなしてその利息相当額の損金算入を認めるものである。利率は，適用前年のベルギー国債（10年償還）の利率が使われる。ベルギーは，隣国のオランダと経済上の競争があり，オランダのよりも高い法人税率の負担を緩和するために，この制度を適用しているのである。

(1)　Grauberg, Tambet, op. cit., p. 145.
(2)　International Fiscal Association, op. cit., p. 130.

20 ポーランド

1 GAARに係る基礎データ

ポーランドのGAARの沿革は，次の４つの時期に区分される。

第１期は，1991年から2003年までの期間で，判例により確立した公理に基づいて処理が行われた時期である。

第２期は2003年で，同年に，一般租税法（General Tax Act）第24ｂ条第１項にGAARが規定されたが，2004年５月に裁判において違憲と判断されてこの規定は，無効となった。

第３期は，違憲判決を受けて，2006年に一般租税法第199ａ条が改正されたのであるが実施されるに至っていない。

第４期は，2016年７月15日からGAARが施行され，少額基準等の適用除外の規定はあるが，税務当局は主たる目的が税負担の軽減である場合，これを否認する権限を得たことになる。

2 ポーランドの税制

ポーランドは2004年５月にEUに加盟している。そのために，付加価値税（VAT）等にその影響が表れている。

(1) 法人税制

ポーランドの内国法人は，設立準拠法主義又は管理支配地主義により判定され，全世界所得及び譲渡収益が課税対象となる。内国法人以外の外国法人は，国内源泉所得が課税対象である。パートナーシップについては，その居住地国において法人として扱われている外国パートナーシップの場合を除いて，原則として，パススルー課税である。法人税の税率は19%，ポーランド支店から外国本店への利益送金に関する課税はない。譲渡収益税の税率は19%である。また，連結納税制度があり，連結親法人が直接に95%以上の株式を保有している場合この制度が利用できる。

(2) その他の税

付加価値税の標準税率は2011年１月より23%であり，軽減税率等の適用がある。

21　ポルトガル

1　GAARに係る基礎データ

ポルトガルのGAARは，1999年に導入された一般租税法第38条第２項である。なお，GAAR導入前の同国の租税裁判では，実質主義に基づく判決が出されていた。

このGAAR適用条件は，次の通りである。

① 納税義務者が人為的或いは不正な手段及び法形式の濫用していることが明らかな場合。

② 租税負担の減免或いは繰延べを主たる目的としている場合。

③ ①或いは②の場合，これらの手段及び形式の使用はできず，租税上の便益の適用も受けられない。

ポルトガル最高裁は，GAARの導入以前（1998年11月判決）に，法の趣旨に基づいて所得の種類を引き直す判決を出している[1]。

2　ポルトガルの国内税法

マカオは，450年間ポルトガルの海外領土であったが，1999年12月20日に中国に返還されて，現在，香港と同様に特別行政区となっている（マカオの法人税率は９％～12％と香港よりも低い。）。ポルトガルとマカオの間には1999年に租税条約が締結されている。

法人所得税の適用上，内国法人は，国内に登録或いは事業上の管理の場所を有する法人であり，全世界所得が課税範囲となる。また，内国法人以外の外国法人は，ポルトガル国内源泉所得が課税となる。2011年における法人税率（内国法人，外国法人とも同じ。）は，21％である。さらに，地方税の付加税が所得に応じて３％，５％，７％が課される。

国際課税の面では，1995年以降，過少資本税制，タックスヘイブン税制及び移転価格税制等が導入されている。

(1)　International Fiscal Association, op. cit., pp. 653-654.

22 香 港

1 GAARに係る基礎データ

香港のGAARは，内国歳入法（Inland Revenue Ordinance：略称「IRO」），Chapter 112にある以下の規定である。この香港の規定は，英国の海外領土であったシンガポールと同様で，1922年制定の植民地所得税令（Model Colonial Territories Income Tax Ordinance 1922）第22条Bをベースにした1947年所得税令（Income Tax Ordinance 1947）第29条が香港GAARの基礎である。

(1) 第61条（否認対象となる取引と処分）

この規定は1947年に創設された規定である。

「査定担当者（assessor）は，税負担を減少させる或いは減少させるであろうとする取引が，人為的（artificial）或いは虚偽（fictitious）である，若しくは，財産の処分が実際に行われたものでないと判断する場合，査定担当者は，当該取引或いは処分を否認することが可能となり，その場合，納税義務者は，税を追徴されることになる。」

上記の規定に若干のコメントを付すと，香港は賦課課税制度を採用していることから，納税義務者が税務当局に申告書を提出する。税務当局は，提出された申告書に記載された金額等に基づき納税額と納税日を記載した賦課決定通知書を発行する。申告した金額が認められない場合，査定者により課税所得と認定された金額が賦課決定通知書に記載されることになる。

(2) 第61A条の概要

この規定は，1986年に追加された規定である。この規定の要旨は，次の３点である。

① 取引が行われたこと。

② この取引により租税上の便益（tax benefit）を得る効果があること。

③ 取引の関与する者の唯一或いは主たる目的が租税上の便益を得ることであったこと。

そして，唯一或いは主たる目的の判定を行うための７つの条件を同条第１項に(a)から(g)まで規定している。

また，上記の租税上の便益については，同条第３項に定義があり，租税債務の回避或いは繰延べ，若しくは税額の減少が租税上の便益である。また，同項には，取引の定義もあり，複合した取引（scheme）も取引に含まれている。

第1項は，(a)取引の方法，(b)取引の形式と実質，(c)法令適用の結果と取引による結果，(d)適用対象者における財務上の変化，(e)適用対象者の関連者における財務上の変化，(f)通常の独立企業間取引では発生しない権利と義務が当該取引により生じたか否か，(g)外国法人に取引への参加，に関して，対象者自身或いは他の者と共同して，租税上の便益を得ることを唯一或いは主たる目的であると結論付けられる場合，この条文が適用となる。

第2項では，第1項適用の場合，査定者への権限はコミッショナー代理により行使される。また，コミッショナー代理は，権限の移譲がない場合であっても，対象者の租税債務を査定することができるのは次の場合である。(a)取引或いはその一部が実行されていないと想定される場合，(b)コミッショナー代理が租税上の便益に対策を講じることが適切と判断する場合，である。

第3項では，租税上の便益は，租税回避，課税繰延べ，金額の控除を意味する。

上記第2項の適用条件としては，①スキームの運用を含む取引が行われたこと，②当該取引が対象者に対して租税上の便益を与える効果があること，③第61A条第1項に規定された7つの項目を通じて取引を検討し，当該取引が，当該納税義務者にとって租税上の便益を得ることを唯一或いは主たる目的として行われことが明らかな場合，である。

(3)　第61B条（租税回避のための損失の利用）

第61条及び第61A条がGAARの規定であるが，第61B条は，株主構成の変更が損失の利用のみ或いは主たる目的としている場合，当該損失の通算は否認されることが規定されている。

2　香港に関する基礎データ

香港のこれまでの沿革は次のとおりである。

① 香港島は，1842年の南京条約により英国の植民地となり，九竜半島の先端部が1860年の北京条約によりが英国領土となり，新界等の租借については英国が1898年7月1日から99年間にわたり租借してきた。

② 1990年4月に，中国全国人民会議において香港特別行政区基本法が成立

③ 香港は，1997年７月１日に中国に返還され，中国政府は，香港返還後50年間（2047年までの期間），香港の現状維持することを表明した。なお，マカオは，450年間ポルトガルの植民地であったが，1999年12月20日に中国に返還されて，香港と同様に特別行政区となっている。

3 香港の税制

香港の税制の概要は次のとおりである。

① 香港の税制で，法人が課税対象となる主たる税目は，法人税（事業所得税）と資産所得税（資産の賃貸料等に課される税）であり，香港に地方税はない。

② 香港は賦課課税制度が採用されており，課税当局から送付された申告書をその発行日から１月以内に提出しなければならない。一般的には，この提出された申告書に基づいて税額と納付日が定められ，これを記載した賦課決定通知書が発行される。

③ 香港における事業年度は，原則として４月１日～３月31日であるが，法人は，事業年度を定めることができる。

④ 香港は，国内源泉所得のみを課税所得とする属地主義の税制を採用していることから，原則として，国外源泉所得は非課税である。

⑤ 内国法人又は外国法人，居住者又は非居住者は課税上同等の扱いとなる。

⑥ 事業所得は営業活動から生じたものに限定され，事業所得以外の所得となるキャピタルゲインは非課税となる。

⑦ 受取配当は，その支払法人が内国法人及び外国法人のいずれであっても非課税となる。

⑧ 法人所得に対する税率は16.5％，法人以外の場合は15％である。なお，個人の給与所得の最高税率は17％である。

⑨ 非居住者に対する源泉徴収は，使用料（映画，テレビフィルム等の使用，特許権等の使用から生ずる所得）所得に課される。利子と配当に対する源泉徴収課税はない。使用料の源泉徴収税率は，支払額の30％を所得とみなして，その16.5％の税率を適用するので，支払額の実質4.95％となる（100×30％×16.5％＝4.95％）⇒香港の締結している租税条約において香港源泉の投資所得に関する源泉徴収における限度税率の適用はない（租税条約

の届出不要)。

⑩　香港政府が租税条約を締結している国(2014年12月末現在の発効ベース)は，オーストリア，ベルギー，ブルネイ，カナダ，チェコ，フランス，ジャージー，ハンガリー，インドネシア，アイルランド，日本，ジャージー，クウェート，リヒテンシュタイン，ルクセンブルク，中国（旧条約：1998年，現条約：2006年署名，2008年及び2010年一部改正)，マレーシア，マルタ，メキシコ，オランダ，ニュージーランド，ポルトガル，カタール，スペイン，スイス，タイ，英国，ベトナム，である。

4　香港のGAARの特徴

⑴　GAARの早期の導入

香港は，法人税率が16.5%という軽課税国でありながらGAARが1947年という他国に比しても早い時期から導入されている。1947年当時の宗主国であった英国の税法には，GAARの規定はなかった。

前出の第61条に続いて，1986年に第61条Ａ及びＢを追加して規定しているが，その背景は，租税回避として明らかなもの，計画的なものを無効にすることにあった。そして，1986年改正の第61Ａ条の規定は，当時のオーストラリアのGAAR（1936年制定法PART IVA）と類似している。

⑵　適用除外規定，審査委員会

前出１に記述した規定にもある通り，香港のGAARの規定は，条文上に是認される場合の適用除外規定はなく，執行においても，GAARの執行を事前に審査する委員会もない。

⑶　ガイドラインの公表

香港の課税当局（Inland Revenue Department：略称「IRD」）は，2002年４月１日以降適用される税法適用のガイドライン（Departmental Interpretation and Practice Notes：略称「DIPNs」：以下「ガイドライン」という。)をIRDのウェブ上に公開している。そして，IRDは，e-mailにより新たに公開されるDIPNsに係る助言を行っているが，この場合，①企業，団体，個人名，②事業登録番号（business registration number)，③e-mailのアドレス，④担当者の氏名と電話番号を通知することになる。

⑷ アドバンス・ルーリング制度

1998年4月以降，IRO第88A条に基づいてアドバンス・ルーリングを発遣することになり，第61A条及び第61B条についても，アドバンス・ルーリングの適用対象となっている。

5 ガイドラインの概要

2006年1月作成のガイドライン№15の(C)に第61条，(D)に第61A条に関するIRDの説明がある。以下は№15の記述の要約である。

⑴ 第61条

この規定の趣旨は，追加して租税を課す規定ではなく，IROの他の規定による租税債務を保護する役割である。この規定はニュージーランドのGAARの規定と類似したものである。英国の判例（Seramco Limited Superannuation Fund Trustee v. ITC (1977) AC287）において，Diplock卿が人為的（artificial），虚偽（fictitious）について判示している。それによると，人為的とは文脈により広い意味で使用される可能性のある用語であり，虚偽取引とは，表面的には取引当事者にみえるが，実行することをしないものをいう，としている（ガイドライン・パラ27）。第61条により取引が否認される場合とは，査定担当者が取引当事者の決済，関係等の実質を念査して，その後に新たな査定を行う場合である。

⑵ 第61A条

第61A条は，取引を否認或いは再構成する権限をIRDに与えたが，税の追徴を行うことを規定したものでなかった点で第61条と共通している。この規定の趣旨は，租税回避として明らかなもの，計画的なものを無効にすることにあったが，節税効果のある通常の取引までも抑制するというものではなかった（同パラ30）。この条項は，前出1⑵に掲げた3つの要件を満たす場合，調査責任者（Assistant Commissioner）は，租税上の便益を否認することになる。

⑶ 第61条と第61A条との関連

この2つの条項は，取引を否認する権限を有する点で同様であるが，判例[(1)]では，2つの条項の適用は併用できることを判示している。

⑷ ラムゼイ原則適用の可否

ラムゼイ原則とは，1981年の英国のラムゼイ事案判決（本書Ⅲ・3参照）により確立したもので，①事前に準備された一連の取引，②租税回避のみを目的として商業上の目的を持たない特別な段階を挿入していること，をラムゼイ事案貴族院判決における原則としたものである。この実質的な解釈が香港の判例[2]においても採用されている。

⑸　適用判例

給与所得税に係る事案[3]では，第61条，第61Ａ条等の適用が争点となった。この事案の原告はＦ社の支配的株主であり役員である。Ｆ社は1991年から1995年の間，自動車販売会社Ｓ社（原告及びＦ社の特別関係者ではない。）との間にサービス提供契約を締結し，Ｓ社は，月次の報酬，手数料及び特別賞与等を支払っていた。

調査担当者（Assistant Commissioner）は，Ｓ社と原告の間にＦ社が介在することは，その唯一或いは主たる目的が租税上の便益を得ることであるという見解に立って，第61Ａ条を適用して，Ｓ社からＦ社への支払について，給与所得税（Salaries Tax）を賦課した。原告は異議審査庁（Board of Review）及び下級審のいずれもその請求が認められず，最高裁に上告した。

この事案は，取引が人為的か否かの判断を巡るものであるが，取引を行う経済合理性（commercial realism）の有無がその判断の基準とされた。結果としてこの上告は棄却されている。なお，2013年における第61条及び第61Ａ条に係る審査請求事案として，①Turner Entertainment Networks Asia, Inc. for Muse Communication Co., Ltd. v. CIR他がある（D21/12，D22/12，D23/12，D24/12）。また，前出のガイドラインには，第61条，第61Ａ条に関連する判例が掲げられている。

6　香港居住者が国外の仲介者（Offshore Intermediary）を経由して所得を得た場合の課税関係

前出３の香港の税制で述べたように，香港は国内源泉所得のみを課税所得とする属地主義の税制を採用していることから，原則として，国外源泉所得は非課税である。例えば，香港居住者が国外に子会社，支店，事務所等を置くことなく国外の顧客と取引を行い所得を取得し利益として記帳した場合は，当該居住者の所得として香港において課税となるが，当該居住者が国外に仲介会社を置き，当該仲介会社が顧客と直接に取引を行うことになる場合の課税関係はどうなるのか，という問題がある。この後者の場合，国外仲介会社は顧客との取引による利益（以下「仲介会社国外事業所得」という。）を取得する。香港居住者は，仲介会社からの配当と経営指導等の対価を受領する。この仲介会社は，香港において事業活動を行わず，事業上の拠点としての支店等の恒久的施設も有していない。このような条件であれば，仲介会社国外事業所得は香港において課税とならない[(4)]。

7　Ngai Lik Electronics社事案（2009年7月24日最終法院判決）

⑴　事案の概要

香港の税制においては，賦課課税制度が採用されている。したがって，納税義務者は，課税当局から税額通知書を受け取るが，この決定に不服のあるときは異議審査庁（Board of Review）に申立てをすることができる。さらに，裁判となる場合は，高等法院（High Court, Court of First Instance），控訴院（Court of Appeal），最終法院（Court of Final Appeal）という順序となる。

Ngai Lik Electronics社事案（以下「本事案」という。）における異議申立てから裁判の過程は次の通りである。判決であるが，①から③までは納税義務者が敗訴，④は納税義務者勝訴となっている。この結果，本事案が移転価格課税と関連があることから，香港内国歳入局は，2009年12月に移転価格のガイドライン（Departmental Interpretation Practice Note 46）を公表している。

① 異議審査庁：2007年2月22日裁決（(2007—2008) 22IRBRDCaseNo D83/06）

② 高等法院：2007年12月11日判決（HCIA 5/2007）

③ 控訴院：2008年10月2日判決（CACV22/2008）

④ 最終法院：2009年7月24日判決（FACV No. 29 of 2008）

⑵　事実経過

本事案の事実経過は次の通りである。なお，本事案の修正対象となる事業年度は1991/92から1995/96の5事業年度である。

① 原告は，1981年に香港で設立され，音響機器の製造販売を行っている。原告は，1987年に製造拠点を中国本土の深圳と東莞市に移転した。

② 原告は香港を動かずに事業を継続し，加工委託をした中国本土の企業は，

Din Wai社（以下「D」という。）とShing Wai社（以下「S」という。）である。これについて筆者としてコメントすると，これは来料加工という形態であり，DとSは，労働者と建物等を提供し，原告が原材料等を支給して中国本土において製品組立等を行うのである。

③　1990/91の事業年度について監査法人が助言を行い，製品製造原価の1.25％は国外源泉所得関連であり，香港では課税にならないとして，課税当局に請求したところこれが認められた。

④　Sは，1991年3月19日に香港に法人（S香港）を設立し，S香港は，Sの資産と負債を引き継いだ。Dは，1991年8月2日にBVI（英領バージン諸島）にBVI法人（DWE）を設立し，同法人はDの資産負債を引き継いだ。また，Ngai Wai Plastic社（NWP）とShing Wai Limited（SWL）は，NWPが1991年8月12日，SWLが1992年3月12日にBVIに法人を設立した。

⑤　1992年6月29日に，バミューダに持株会社（NLH）が設立された。その傘下に，S香港，DWE，NWP，SWLが入った。NLHは，1992年9月25日に香港証券取引所に上場した。

⑥　DWEが原告に音響機器を供給する。SWLはDWEにワイヤ等を供給する。DWEは，NWPからプラスチック等を購入する。そして，1993年4月1日に，SWLはS香港を買収した。

以上の組織再編の結果，バミューダの持株会社（NLH）は，原告法人株主により支配され，その傘下に，DWE(BVI法人)，NWP(BVI法人)，SWL(BVI法人）が入り，原告は香港法人のままである。これは，親法人を海外に移転させることで，グループ全体の税負担軽減を図るというCorporate Inversion Transactionの手法を利用したものと思われる。

⑦　取引の形態は，原告が注文を受注すると，DWE（中国本土で50名のデザイン担当者と1,400から1,600名の労働者を雇用している。）に注文をする。DWEで製造する際の部品の60～70％はSWLとNWPから供給される。残りの部品は第三者からの購入である。

⑧　SWLとNWPの製品の96％超は，DWEに販売され，完成された製品は原告を通じて販売される。なお，1991/92から1995/96の原告の利益（単位＄）は次の通りである。

	1991/92	1992/93	1993/94	1994/95	1995/96
原告の利益	7, 079, 557	10, 293, 760	7, 584, 713	1, 378, 063	3, 980, 578

⑨　原告の当初申告額と課税当局による修正額は次の通りである。修正額提示後，原告側から利益の50％は国外源泉所得であるとして，下記の修正額を50％とする再修正が2000年６月26日の処分により確定した。また，原告側は，この事案にGAARの規定（第61Ａ条）の適用はないと主張した。

	1991/92	1992/93	1993/94	1994/95	1995/96
原告申告額	2, 215, 495	8, 732, 329	4, 268, 207	4, 547, 092	5, 697, 538
修正額	16, 500, 719	53, 218, 112	56, 916, 120	28, 170679	54, 453, 370

⑶　第61Ａ条の概要

第１項は，⒜取引の方法，⒝取引の形式と実質，⒞法令適用の結果と取引による結果，⒟適用対象者における財務上の変化，⒠適用対象者の関連者における財務上の変化，⒡通常の独立企業間取引では出現しない権利と義務が当該取引により生じたか否か，⒢外国法人に取引への参加，に関して，対象者自身或いは他の者と共同して，租税上の便益を得ることを唯一或いは主たる目的であると結論付けられる場合，この条文が適用となる。

第２項では，第１項適用の場合，Ｘ款により与えられた査定者への権限はコミッショナー代理により行使される。また，コミッショナー代理は，権限の移譲がない場合であっても，対象者の租税債務を査定することができるのは次の場合である。⒜取引或いはその一部が実行されていないと想定される場合，⒝コミッショナー代理が租税上の便益に対策を講じることが適切と判断する場合，である。

第３項では，租税上の便益は，租税回避，課税繰延べ，金額の控除を意味する（最終法院判決パラ33）。

上記第２項の適用条件としては，①スキームの運用を含む取引が行われたこと，②当該取引が対象者に対して租税上の便益を与える効果があること，③第61Ａ条第１項に規定された７つの項目を通じて取引を検討し，当該取引が，当該納税義務者にとって租税上の便益を得ることを単一或いは主たる目的として行われことが明らかな場合，である（同パラ34)。上告側弁護士によれば，本事案では，上記の条文に規定する租税上の便益は得ていないことから，上記の条文の適用はないと主張されている。

⑷　本事案の争点と判決

この事案の争点は，原告に帰属すべき利益が，タックスヘイブンに設立された関係会社に配分されていることである。そして，租税上の便益は，タックスヘイブンであるBVIへ法人を移転した後に，同法人との移転価格による操作で所得をBVI法人に移転したのである。判決としては，上告人であるNgai Lik Electronics社の請求が認められ，第61A条に基づく修正処理は適正ではなく，修正額は取り消されている。

（本事案の参考事項）

① 香港・中国租税条約は1998年（旧条約），2006年（新条約）であることから，本事案に対する租税条約の影響はない。

② 香港では，国外製造，国内販売の場合，利益は50％ずつに分割する。

③ 例えば，来料加工の利益が10，中国における原価が10とすると，香港では，10の50％である５に税率を課す。中国も５であるが，中国に恒久的施設（PE）を認定したのであれば，原価10の10％である１が利益とみなされ，１に税率（25％）が課されることになる。

⑴　Cheung Wah Keung v. Commissioner of Inland Revenue, Court of Appeal, Civil Appeal No. 154 of 2002.

⑵　Collector of Stamp Revenue v. Arrowtown Assets Ltd, FACV No. 4 of 2003.

⑶　Cheung Wah-keung v. Commissioner of Inland Revenue, 5 HKTC 698 (2002).

⑷　RELEVANT TO ACCA QUALIFICATION PAPERS F6 (HKG) AND P6 (HKG) AND PERFORMANCE OBJECTIVED 15 AND 16.
（http://www.accaglobal.com/content/dam/acca/global/pdf/sa_oct11_hk_tax.pdf#search='ACCA%2C+Hong+Kong+tax%2C+outbound+investments'）（2014年５月24日ダウンロード）

23 南アフリカ

1 GAARに係る基礎データ

⑴ 概 要

南アフリカの現行のGAARは，所得税法（Income Tax Act 1962）第80Ａ条から80Ｌ条に規定され，2006年11月２日以降から適用されている。このGAARの規定の中心となるのは，「認められない租税回避の仕組み取引（impermissible tax avoidance arrangements）」という概念であり，これに関する規定は，第80Ａ条に規定されている。

⑵ 認められない租税回避の仕組み取引（impermissible tax avoidance arrangements）

南アフリカの課税当局（South African Revenue Service）が，1962年所得税法第103条に規定したGAARは，改正前のGAARの規定であり，その検討試案（Discussion Paper: Tax Avoidance and section 103 of the Income Tax Act, 1962）において，「認められない租税回避の仕組み取引」が検討されている。

検討試案における説明では，この用語は，人為的に計画された取引であり，経済的実体がなく，税法の抜け道を操作又は利用することを意図したものと理解されていた[(1)]。この規定は，1996年に第103条第１項が改正され，2006年の改正に至ったのである。

改正後の第80Ａ条では，旧法の第103条に規定されていた「認められない租税回避の仕組み取引」の概念を拡張したのである。そして，課税当局がGAARを適用して否認する条件が示された。その条件は，租税上の便益を得ることが唯一或いは主たる目的であるときは，「認められない租税回避の仕組み取引」と認定されることになる。この場合，次の要件（tainted elements）が満たされる必要がある[(2)]。

① 事業との関連が乏しい場合。

② 真正な事業上の目的では採用されることのない手段或いは方法により租税回避の仕組み取引が行われたこと（旧法の第103条では，異常性（abnormality）という用語が使用されている。）。

③ 租税回避の仕組み取引が商業上の実体を欠いている場合。

⑶　遡及の有無

南アフリカの税法は，遡及適用に関して厳格であり，例えば，GAARの施行前に契約を行い，施行後に取引された場合は，当該取引に対してGAARの規定の適用はない。

⑷　GAARの執行

納税義務者が行った取引等が，GAARに規定する「認められない租税回避の仕組み取引」に該当するか否かについて，課税当局に対して事前確認を行う制度はない。

2　南アフリカの税制

⑴　法人課税

内国法人の判定は，設立準拠法主義又は管理支配地主義により行われる。内国法人の課税所得の範囲は全世界所得である。外国法人は，国内源泉所得のみの課税である。法人税率は28%である。内国法人の譲渡収益は，譲渡収益税（capital gains tax）が法人税率の３分２である18.648%で課税となる。

⑵　国際税務

国際税務に関連する規定としては，過少資本税制，移転価格税制，タックスヘイブン税制等がある。また，2014年から本部会社（headquarter company）の優遇税制が導入されている。

⑶　租税回避対抗策

移転価格等の個別規定の他に，南アフリカは，GAARを規定している。この規定の適用対象は，上述の「認められない租税回避の仕組み取引」である。これは，課税上の便益を得ることを唯一或いは主たる目的として，真正な取引では採用されない方法により，商業上の実質を書き，税法のその他の規定の誤った使用或いは濫用である。また，裁判所は，実質主義（substance over form）を採用している。

⑴　South African Revenue Service, Discussion Paper: Tax Avoidance and section 103 of the Income Tax Act, 1962, November 2005.

⑵　(http://sataxguide.wordpress.com/taxing-matters-general-anti-avoidance-rule/)（2014年３月21日ダウンロード）

24 ルクセンブルク

1 GAARに係る基礎データ

⑴ 概　要

ルクセンブルクのGAARは，Luxembourg Adaptation Law（Steueranpassungsgesetz：“StAnpG”）の第５条及び第６条に規定があり，第６条第１項及び第２項には，次のような規定がある。

「租税は，私法の下における形式或いは法的解釈の濫用により租税を免れ，或いは軽減することはできない。濫用の場合，租税は，経済的諸事情を適切に法的解釈することを基礎として課されるものとする。」

GAARの規定は，個人所得税，法人所得税，地方事業税，純財産税という直接税に対して適用される。

このルクセンブルクのGAARは，租税上の便益を得るために税負担を免れ，或いは軽減するために法の濫用を規定しているのである。その際，納税義務者が濫用の意図を持っていたか否かは重要ではなく，取引における経済的な理由の欠如が検討対象となる。

⑵ GAAR執行における安全装置

各国のGAARの執行では，GAARに基づく課税処分に関して委員会に事前に審査を依頼する方式，或いは，GAARの執行に関して納税義務者の予測可能性を担保するために事前にルーリングを発遣する方式等があるが，ルクセンブルクの場合は，原則として，ルーリングの発遣が禁止されている。それにもかかわらず，納税義務者は，課税当局に対して事前照会文書（Tax Clearance Letter）を提出する場合が多い。この場合，提出された取引等の内容が法律上及び管理上問題がないものであれば，通常であれば，１月～２月で課税当局からの承認を得ることができる。この場合は，納税義務者は，すべての関係ある資料を提出することになる。

⑶ GAARの適用

GAARが適用されると，税額は法の濫用がなかったとした場合に引き直して調整されることになる。また，法人段階でみなし配当が認定されるような場合，その受益者についても調整が行われることになる。個別否認規定とGAARの関連では，個別否認規定が優先適用されることになる。

ルクセンブルクでは，事前照会文書を利用して課税当局の承認を得ることが多く，GAARが適用となる事例は少ない(1)。

2　ATADの影響

本書のⅠにおいて述べているATAD（EU Anti-Tax Avoidance Directive）がEU指令として出されたことで，2019年1月以降の適用に際してATADと国内法との調整が必要になった。

①　利子損金算入制限ルール

②　出国課税ルール

③　GAAR

④　外国子会社合算税制

⑤　ハイブリッド・ミスマッチ

上記のうち2020年1月施行となる②を除いて，他は，2019年1月から施行ということになる。

なお，2017年5月29日に改正されたATAD2（(EU) 2017/952）に関する国内法改正は未着手の状態である。

3　ルクセンブルクの税制

(1)　法人課税

法人の居住形態は，本店所在地主義及び管理支配地主義により判定され，内国法人は，全世界所得がルクセンブルクで課税となる。その際に，租税条約を締結していない国の源泉所得に課された外国法人税については，国内法により外国税額控除の適用がある。外国法人は，内国法人以外の法人であり，国内源泉所得が課税となる。

法人税の最高税率は17％で，雇用財団に対して支払う7％の付加税が課される。これらの国税以外に市町村民税が課される。さらに，2013年1月から，ミニマム税が500ユーロから20,000ユーロ（この金額に雇用財団に対する付加税が加算される。）の範囲で課税される。外国法人の支店及び不動産保有法人は，ミニマム税の課税がない。

⑵ 課税上の優遇措置

ルクセンブルクの税制の特徴は，所定の投資を行う事業体等に対して課税上の優遇措置を講じていることである。同国は，1992年（平成４年）改正前のわが国のタックスヘイブン対策税制においても，「特定事業所得軽課税国」にルクセンブルクの持株会社が規定されていた。この持株会社（1929年７月31日制定の法律に適格なもの）は法人税が免除されていた（この制度は2006年以前に設立された法人に限定して適用となり，2010年末まで経過措置が有効であった。）。例えば，粗鋼生産量で世界第２位のアルセロール社（Arcelor）は，ルクセンブルクに本社（持株会社）を置く鉄鋼メーカーである。

2010年改正後の持株会社（sociétés de participations financières：SOPARFI）の課税では，原則として，同法人は，ルクセンブルクの内国法人として通常の課税となるが，資本参加免税の措置がある。また，SOPARFIの場合，配当の源泉地国とルクセンブルクが租税条約を締結している場合，或いは，配当の源泉地国が他のEU加盟国である場合，前者では，租税条約による源泉徴収の減免，後者の場合は親子間配当の源泉地国免税を規定したEU指令（90/435/EEC）により，源泉地国における課税が免除されると共に，資本参加免税制度により，SOPARFIの受取配当及び株式等の譲渡収益の課税はない。

この1929年持株会社とは別の形態である家族資産管理会社（略称：SPF）は，個人資産を管理運営する投資会社であるが，法人課税，地方事業税及び財産税のいずれも課税免除である。さらに，非居住者は，同会社からの支払配当及び株式の譲渡益に対して課税を受けることはない。ただし，資本登録税として払込資本の0.25％の課税があり，税額の上限は，125,000ユーロである。

1929年持株会社とは別に，課税は免除されないが，資本参加免税等を活用できる金融持株会社（Soparfi）は存続している。この資本参加免税は，所定の要件（株式所有割合10％以上又は出資額が120万ユーロ以上等）を満たす場合，子会社等からの受取配当，株式譲渡益等及び源泉徴収の課税を免除するというものである。

⑶ 日本とルクセンブルク租税条約

1992年３月６日に署名された日本・ルクセンブルク租税条約では，同租税条約第25条（持株法人）において，日本居住者からルクセンブルク持株会社に支払われる投資所得に対して租税条約上の減免は適用されないことが規定されている。また，2013年7月にルクセンブルクの家族資産管理会社（SPF）に対して租税条約の特典を認めないことで合意している。

(1)　Chance, Clifford, op. cit., pp. 8–9.

25　その他の国の動向

1　EU加盟国の動向

すでに述べたATAD１により，EU加盟国は，2019年１月以降，GAARを国内法として規定することになった。

EU加盟国（2020年末現在：27か国）

アイルランド	イタリア	英国(2020年離脱)	エストニア
オランダ	オーストリア	キプロス	ギリシャ
クロアチア	スウェーデン	スペイン	スロバキア
スロベニア	チェコ	デンマーク	ドイツ
ハンガリー	フィンランド	フランス	ブルガリア
ベルギー	ポルトガル	ポーランド	マルタ
ラトビア	リトアニア	ルーマニア	ルクセンブルク

上記のうち，本書でGAAR導入国として取り上げなかった，エストニア，キプロス，ギリシャ，クロアチア，スロバキア，スロベニア，チェコ，デンマーク，ハンガリー，フィンランド，ブルガリア，マルタ，ラトビア，リトアニア，ルーマニアの諸国は，ATAD1により，2018年末までに国内法にGAARを導入することになった。

2　チリにおけるGAAR導入

チリは，2014年９月制定の改正法（Tax Reform Law No. 20780）によりGAARの規定を創設した。

26　英国系国別GAAR関連用語の整理

国名等(導入年)	関 連 用 語	要 件 等
EU	artificial arrangement	人為的なこと（artificiality）の５つの判断規準
アイルランド（1989年）	Tax avoidance transaction results of the transaction	３つの判断規準
アーロンソン委員会報告（2011年）	abnormal arrangement responsible tax planning	arrangementは，計画（plan）と黙約（understanding）を含む。
英国(2013年)	tax arrangements abusive（濫用）	濫用：３つの判断規準
インド（2017年）	impermissible avoidance arrangement	３つの要件
オーストラリア（1915年）	scheme：合意（agreement），仕組み取引（arrangement），黙約（understanding），約束（promise），事業（undertaking）を意味する。	tax benefitを得ている場合と得ていない場合の要件が列挙されている。
カナダ（1988年）	avoidance transaction	tax benefit, tax consequences, transaction の定義
シンガポール（1988年）	Arrangement：scheme, trust, grant, covenant, agreement, disposition transactionを意味し，実効性のあるすべての手段（steps）を含む。	
ニュージーランド（1878年）	tax avoidance arrangement	
香港（1947年）	transaction, artificial, fictitious the relevant person	
南アフリカ（2006年）	impermissible tax avoidance arrangements	

27　英国系国別GAARの否認要件

各国のGAARの否認要件は次のとおりである。

国名等	否　認　要　件
EU	人為的なこと（artificiality）の次に掲げる５つの判断規準のいずれかに該当する場合 (a)　仕組み取引を構成している個々の段階における法的な特徴が，全体として仕組み取引の法的実質と不一致の場合 (b)　仕組み取引が合理的な事業行為において通常使用されない方法により行われている場合 (c)　仕組み取引が相殺,無効の効果を持つ要素を含んでいる場合 (d)　締結された取引が循環型である場合 (e)　仕組み取引が大きな租税上の便益を成果とし，その租税上の便益が納税義務者或いは現金の流れに支障をきたすものではない場合
アイルランド	①　商業的な実体がなく（no commercial reality）税負担を回避又は減少させるもの ②　人為的に控除又は税額控除の創出を主として意図された取引
英国	濫用（abusive）とされる判断規準は，次のとおりである。 ①　仕組み取引の実質的な成果が税法規定の立法趣旨にある原則と合致しているか否か ②　その成果を生み出す過程が目論まれ或いは異常な手段を含むのか ③　仕組み取引が税法規定の欠陥を探し出すことを意図したものか否か
インド	impermissible avoidance arrangementは仕組み取引であるが，それは，租税上の便益を得ることが主たる目的とする仕組み取引である。かつ，次の要件がある。 ①　一連の取引が第三者間では通常生じない権利及び義務を作り出すこと ②　税法の規定の誤った使用或いは濫用から直接，間接に生み出されたものであること ③　事業上の目的（commercial substance）を欠くか又は欠いているとみなされる場合

オーストラリア	①　所得税法第177A条に規定するスキームが存在すること ②　適用除外となる場合を除いて，納税義務者が租税上の便益を得ていること ③　スキームに関与した者の目的が租税上の便益を得ることであること
カナダ	2005年10月最高裁判決（カナダ・トラスト事案）において示されたGAAR適用規準 ①　租税上の便益存在の有無 ②　取引が租税回避取引に該当し，租税上の便益を生み出しているか ③　租税上の便益を生む租税回避取引が法の濫用か
シンガポール	コントローラーが仕組み取引（arrangement）の目的又は効果が直接，間接に，次に該当する場合或いは認定する場合は否認されることになる。 ①　いずれかの者により納付又は納付するであろう要件を変更する場合 ②　本法に基づいて納税又は申告をする責任からある者を解放する場合 ③　本法によりいずれかの者に課される又は課されるであろう債務を減額又は回避する場合
ニュージーランド	1994年所得税法のBG1の規定は，次のとおりである。 ①　租税回避の契約等は，所得税の適用上，歳入庁長官の意向に反したものとして無効となる。 ②　歳入庁長官は，Part G（租税回避及び市場外取引）の規定に従って，租税回避の契約等から得た租税上の便益を妨げることができる。
香港	査定担当者（assessor）が，税負担を減少させる或いは減少させるであろうとする取引が，人為的或いは虚偽である，若しくは，財産の処分が実際に行われたものでないと判断する場合
南アフリカ	税務上の便益を得ることが唯一或いは主たる目的であるときは，「認められない租税回避の仕組み取引」と認定されることになる。この場合，次の要件が満たされる必要がある。 ①　真正な事業上の目的では採用されることのない手段或いは方法により租税回避の仕組みが行われたこと（旧法の第103条では，異常性（abnormality）という用語が使用されている。） ②　租税回避の仕組みが商業上の実体を欠いている場合

Ⅵ　参考文献

（英文文献：全般）

・Bank, Steven A. and Stark, Kirk J., Business Tax Stories, Foundation Press 2005.

・BEPS（OECD）.

① 税源浸食と利益移転への対応（Addressing Base Erosion and Profit Shifting）2013年２月12日。なお，この報告書については，租税研究2013年５月号に居波邦泰氏による訳が掲載されている。

② BEPS行動計画（Action Plan on Base Erosion and Profit Shifting）2013年７月19日。

・Brockman. Keith, "Strategizing International Tax Best Practices"（http://strategizingtaxrisks.com/2013/08/07/ey-2013-survey-gaar-historytrends-tax-treaty-vs-domestic-law-application/）（2014年１月13日ダウンロード）.

・Caron, Paul L., Tax Stories, Foundation Press 2003.

・Chance, Clifford, "Tackling tax avoidance: a comparative study of general anti-abuse rules across Europe," June 2013（http://www.smittlish.com/uploads/files/gaar_survey_paper_lr_6018391.pdf#search='Luxembourg+taxation%E3%80%81GAAR'）（2014年３月19日ダウンロード）.

・Cooper, Graeme S（ed.）., Tax avoidance and the rule of law, IBFD 1997.

・Ernst & Young, GAAR rising, Mapping tax enforcement's evolution, February 2013（http://www.ey.com/Publication/vwLUAssets/GAA_rising/$FILE/GAAR_rising_1%20Feb_2013.pdf#search='E%26Y%2C+GAAR'）（2014年２月19日ダウンロード）.

・Grauberg, Tambet, "Anti-tax-avoidance measures and their compliance with community law" JURIDICA INTERNATIONAL XVI/2009.

・International Fiscal Association, 2010 Rome Congress, Tax treaties and tax avoidance; application of avoidance provision, Vol. 95a.

・Kiyoshi Nakayama, "General Anti-Avoidance Rules in Asian Countries"

IMF.
Fiscal Affairs Department, April 3, 2013 Tokyo（http://www.imf.org/external/np/seminars/eng/2013/asiatax/pdfs/nakayama.pdf#search='Kiyoshi+Nakayama%2CIMF'）（2014年３月21日ダウンロード）.
・KPMG, "Global Tax Disputes Update"（September 2013）（https://www.kpmg.com/Global/en/IssuesAndInsights/ArticlesPublications/global-tax-disputes-update/Pages/september-2013.aspx）（2014年１月13日ダウンロード）.
・Lang, Michael, Avoidance of Double Non-Taxation, Linde Verlag, 2003.
・OECD, Addressing Base Erosion and Profit Shifting, Feb. 12, 2013.
・OECD, Action Plan on Base Erosion and Profit Shifting, July 19, 2013.
・PwC, "Recent global developments in general anti-avoidance rules" Oct. 14, 2016.
・Simpson, Edwin & Stewart, Miranda, Sham transactions, Oxford University Press 2013.

（和文文献：全般）

・浅川雅嗣編著『コンメンタール　改訂日米租税条約』大蔵財務協会。
・占部裕典『租税法における文理解釈と限界』慈学院出版　2013年。
・大淵博義『法人税法の解釈の検証と実践的展開　第Ⅰ巻』税務経理協会　2013年。
・大淵博義『法人税法の解釈の検証と実践的展開　第Ⅱ巻』税務経理協会　2014年。
・金子宏『租税法　第18版』弘文堂　2013年。
・金子宏『所得概念の研究』有斐閣　1995年。
・金子宏『課税単位及び譲渡所得の研究』有斐閣　1996年。
・金子宏『所得課税の法と政策』有斐閣　1996年。
・金子宏・佐藤英明・増井良啓・渋谷雅弘『ケースブック租税法』弘文堂　2004年。
・金子宏『租税法理論の形成と解明　上巻』有斐閣　2010年。
・金子宏『租税法理論の形成と解明　下巻』有斐閣　2010年。

・川田剛『ケースブック　海外重要租税判例』財経詳報社　2010年。
・川田剛『節税と租税回避・判例にみる境界線』税務経理協会　2009年。
・岸田貞夫（編著）『判例法人税』税務経理協会　2009年。
・清永敬次『租税回避の研究』ミネルヴァ書房　1995年。
・小松芳明『租税条約の研究［新版］』有斐閣。
・小松芳明『逐条研究　日米租税条約［第３版］』税務経理協会。
・吉良実『実質課税論の展開』中央経済社　1980年。
・国税庁『国税課税関係判例要旨集Ⅳ』昭和22年～平成７年。
・酒井克彦『所得税法の論点研究』財経詳報社　2011年。
・酒井克彦『裁判例からみる法人税法』大蔵財務協会　2012年。
・品川芳宣『法人税の判例』ぎょうせい　2004年。
・島谷博・古川稔・小堺克己『外国法人課税の実務と理論』税務研究会出版局　1984年。
・税制調査会『税制調査会答申　国税通則法の制定に関する答申の説明（答申別冊）』1961年。
・租税法研究会『租税法総論』有斐閣　1958年。
・谷口勢津夫『租税回避論』清文社　2014年。
・中里実『タックスシェルター』有斐閣　2002年。
・松田直樹『租税回避行為の解明』ぎょうせい　2009年。
・水野忠恒『租税法』有斐閣　2003年。
・八ッ尾順一『租税回避の事例研究　五訂版』清文社　2011年。
・矢内一好『租税条約の論点』中央経済社　1997年。
・矢内一好『移転価格税制の理論』中央経済社　1999年。
・矢内一好『詳解日米租税条約』中央経済社　2004年。
・矢内一好『米国税務会計史』中央大学出版部　2011年。
・矢内一好『現代米国税務会計史』中央大学出版部　2012年。
・矢内一好『英国税務会計史』中央大学出版部　2014年。
・渡辺徹也『企業取引と租税回避―租税回避行為への司法上および立法上の対応』中央経済社　2002年。

（和文論文：全般）

・青山慶二「国際租税における租税回避否認論」『税務事例』41巻７号　2009年。
・岩﨑政明「租税法における「濫用」概念―国際課税における租税回避否認とEUにおける濫用禁止原則」金子宏編『租税法の発展』所収　有斐閣　2010年。
・今村隆「租税回避行為の否認と契約解釈⑴～⑷」『税理』42巻14号，同15号，43巻１号，同３号。
・今村隆「租税回避についての最近の司法判断の傾向（一・二完）」『租税研究』684号，686号　2006年。
・今村隆「租税回避についての最近の司法判断の傾向⑴」『租税研究』2006年10月。
・今村隆「租税回避とは何か」『税務大学校論叢40周年記念論文集』所収　2008年。
・今村隆「主要国の一般的租税回避防止規定」本庄資編著『国際課税の理論と実務　73の重要課題』所収　大蔵財務協会　2013年。
・岡村忠生「租税回避行為の規制について」『税法学』553。
・金子宏「租税法と私法」『租税法理論の形成と解明』上巻所収。
・谷口勢津夫「私法上の法形式の選択と課税」『租税判例百選　第４版』別冊ジュリストNo. 178。

（『税務大学校論叢』収録：租税回避関連論文：掲載順）

・茂木繁一「税法における実質主義について―その総論的考察―」６巻　1972年。
・品川芳宣「税法における信義則の適用について―その法的根拠と適用要件―」８巻　1974年。
・堺澤良「判例からみた租税法律主義と私法の交錯」11巻　1977年。
・村上泰治「同族会社の行為計算否認規定の沿革からの考察」11巻　1977年。
・平野嘉秋「租税回避行為とその規制策に関する考察㈠―タックス・シェルターを素材としての日米比較―」25巻　1995年。
・小田信秀「所得税における同族会社の行為計算否認を巡る諸問題」33巻

1999年。
・安岡克美「租税回避行為の否認のあり方について—任意組合等を利用した租税回避スキームを中心にして—」39巻　2002年。
・松丸憲司「租税回避に対する法人税法132条等の行為計算否認規定のあり方」51巻　2006年。
・松田直樹「租税回避行為への対抗策に関する一考察—租税回避スキームの実態把握法の検討を中心として—」52巻　2006年。
・山崎昇「匿名組合と国際税務」52巻　2006年。
・居波邦泰「タックス・シェルターに対する税務行政のあり方—日本版LLPへの対応を考慮に入れて—」52巻　2006年。
・酒井克彦「不動産所得を利用した商品型タックス・シェルターに対する課税—所得税法26条の解釈論と廃止論—」52巻　2006年。
・山崎昇「課税庁からみた国際的租税回避否認についての研究ノート」52巻　2006年。
・橋本秀法「我が国タックス・ヘイブン税制と租税条約の関係—租税条約締約国に所在する子会社への参加に起因する所得に対するタックス・ヘイブン課税の適用の可否—」54巻　2007年。
・松田直樹「実質主義と法の濫用の法理—租税回避行為の否認手段としての潜在的有用性と限界」55巻　2007年。
・清水一夫「租税回避行為否認訴訟の実証的研究—裁判所の認定から原処分時対応の留意点を探る—」55巻　2007年。
・村井泰人「同族会社の行為計算否認規定に関する研究—所得税の負担を不当に減少させる結果となる行為又は計算に土江—」55巻　2007年。
・長谷部啓「パス・スルー課税のあり方—組合事業における組合員の課税問題とその諸問題—」56巻　2007年。
・長谷部啓「外国事業体と国際課税を巡る問題—外国租税法上の法人概念の相違に起因する諸問題」59巻　2008年。
・清水一夫「課税減免規定の立法趣旨による「限定解釈」論の研究—外国税額控除控除事件を出発点として—」59巻　2008年。
・今村隆「租税回避とは何か」『税務大学校論叢40周年記念論文集』2008年。
・谷口勢津夫「ドイツにおける租税回避の一般的否認規定の最近の展開」『税

務大学校論叢40周年記念論文集』2008年。
・井出裕子「同族会社等の課税に係る一考察―同族会社の行為計算否認に係る対応的調整を中心に―」62巻　2009年。
・原武彦「非居住者課税における居住性判定の在り方―出国税（Exit Tax）等の導入も視野に入れて―」65巻　2010年。

（判例集）

・「租税判例百選」『別冊ジュリスト　No. 17』1968年２月。
・「租税判例百選（第二版）」『別冊ジュリスト　No. 79』1983年３月。
・「租税判例百選（第三版）」『別冊ジュリスト　No. 120』1992年12月。
・「租税判例百選（第４版）」『別冊ジュリスト　No. 178』2005年10月。
・「租税判例百選（第５版）」『別冊ジュリスト　No. 207』2011年12月。
・「戦後重要租税判例の再検討」『税務事例創刊400号』2003年２月。
・「最新租税判例60」『税研』Vol. 25 No. 3　2009年12月。
・国税庁「税務訴訟資料」。

（和文文献：同族会社の行為計算否認）

・市丸吉左ェ門『最新法人税の理論と実務』税務経理協会　1952年。
・岩﨑政明「租税回避の否認と法の解釈適用の限界―取引の一体的把握による同族会社の行為計算否認―」金子宏編『租税法の基本問題』有斐閣　2007年。
・大蔵省編纂『明治大正財政史』第６巻　経済往来社　1957年。
・大沼長清『現代税務全集―24　同族会社の税務』ぎょうせい　1984年。
・柏谷宏治『同族会社の行為・計算否認論』文久書林　1983年。
・片岡政一『税務会計原論』文精社　1937年。
・財務省主税局編『改正税法のすべて　平成18年版』大蔵財務協会　2016年。
・武田昌輔・原一郎・田中治・舩田健二・大江晋也・成道秀雄・野田秀三・上松公雄『同族会社の行為計算の否認規定の再検討』財経詳報社　2007年。
・田中勝次郎『所得税法精義』厳松堂　1930年。
・田中勝次郎『判例を中心としたる所得税の諸問題』厳松堂　1940年。
・田中二郎『租税法（第３版）』有斐閣　2001年。
・前尾繁三郎『新しい法人税の話』原書房　1950年。

・松沢智『租税実体法（増補版）』中央経済社 1990年。

（和文論文：同族会社の行為計算否認）

・石川克彦「相続税における同族会社の行為計算の否認に関する一考察」『税務大学校論叢』第39号 2002年。
・岩﨑政明「租税回避の否認と法の解釈適用の限界―取引の一体的把握による同族会社の行為計算否認―」金子宏編『租税法の基本問題』所収 有斐閣 2007年。
・清永敬次「税法における同族会社の行為計算の否認規定(1)―大正12年所得税法及び大正15年所得税法」『法学論叢』第72巻第1号 1962年。
・清永敬次「同族会社の行為計算の否認」『別冊ジュリスト 租税判例百選』No. 17 1968年2月。
・武田昌輔「同族会社と行為計算の否認」『財政経済弘報』第595号 1956年。
・武田昌輔「同族会社における租税回避の類型」『財政経済弘報』第597号 1956年。
・武田昌輔「同族会社における租税回避の類型（続）」『財政経済弘報』第599号 1956年。
・武田昌輔「同族会社の行為又は計算の問題点」『財政経済弘報』第602号 1956年。
・武田昌輔「判決からみた同族会社の行為又は計算の否認」『財政経済弘報』第613号 1957年。
・村井泰人「同族会社の行為計算否認規定に関する研究～所得税の負担を不当に減少させる結果となる行為又は計算について～」『税務大学校論叢』第55号 2007年7月。
・村上泰治「同族会社の行為計算否認規定の沿革からの考察」『税務大学校論叢』第11号 1977年。
・森川正春「同族会社の行為・計算の否認規定について」『杉村章三郎古希祝賀税法学論文集』所収 三晃社 1970年。
・矢部俊雄『会社の改正所得税・営業収益税・資本利子税とその実際』文精社 昭和2年。
・山田二郎「行為計算の否認規定の適用をめぐる諸問題」『杉村章三郎古希祝

賀税法学論文集』所収　三晃社　1970年。
・匿名「脱税の総本山・保全会社物語」『会計』Vol. 17 No. 6　大正14年。

（ダブルアイリッシュ&ダッチ・サンドウィッチ関連）

・Council Directive 2003/49/EC,3 June 2003.
・Farivar, Cyrus, "Silicon Valley fights to keep its Dutch Sandwich and Double Irish loopholes, Taxes on tech firms are " going to go up and they are squealing like stuck pigs." Jan. 21 2014（http://arstechnica.com/business/2014/01/silicon-valley-attempts-to-slow-new-global-tax-avoidance-reform-proposals/）（2014年８月５日ダウンロード）.
・Google 2.4% Rate Shows How $60 Billion Lost to Tax Loopholes By Jesse Drucker Oct 21, 2010（http://www.bloomberg.com/news/2010-10-21/google-2-4-rate-shows-how-60-billion-u-s-revenue-lost-to-tax-loopholes.html）（2014年８月５日ダウンロード）.
・Loomis, Stephen C., "The Double Irish Sandwich: Reforming Overseas Tax Havens" St. Mary's Law Journal, Vol. 43. 2012.（http://www.stmaryslawjournal.org/pdfs/loomis_recent_development.pdf#search='Loomis%2C+Stephen+C%2C+The+Double+Irish+Sandwich'）（2014年８月５日ダウンロード）.
・The New York Times, "How Apple Sidesteps Billions in Taxes" April 28, 2012.
・明石英司「グローバルな節税スキームの検証（上）」『税務弘報』2013年12月。
・明石英司「グローバルな節税スキームの検証（下）」『税務弘報』2014年１月。
・太田洋「海外企業買収と地域統括会社のタックス・プランニング」『租税研究』2013年１月。
・日本経済新聞　2012年７月23日朝刊。
・村岡欣潤・大和順子・加藤雅規「米国多国籍企業による無形資産の国外移転を含むグローバルな企業再編」『国際税務』第31巻第11号　2011年11月。
・山川博樹　「税源浸食と利益移転」『国際税務』2014年１月号別冊　7-11頁。
・渡辺久美子「アップルの節税戦略」『国際税務』第32巻第７号　2012年７月。

（米国）

・ABA Tax Section Corporate Tax Committee, "The Economic Substance Doctrine" March 31, 2010.
・Department of the Treasury, The Problem of Corporate Tax Shelters, Discussion, Analysis and Legislative Proposals, July 1999.
・Hariton, David P., "The Compaq case, Notice 98-5, and tax shelters: the theory is all wrong" Tax Notes, January 28, 2002.
・Joint Committee on Taxation, "General Explanation of Tax Legislation enacted in the 111th Congress" March 2011, JCS-2-11. p. 370.
・Klein Willia, A. and Stark, Kirk J., "Compaq v. Commissioner-where is the tax Arbitrage ? " Tax Notes, March 11, 2002.
・Likhovski, Assaf, "The Story of *Gregory*: How are Tax Avoidance Cases Decided ? " including Bank, Steven A., Stark, Kirk J. Business Ta Stories, Foundation Press, 2005.
・Marcuse, Paul, "Six Years of National-Socialistic Practice in Taxation" Tulane Law Review Vo. 13 (1938-1939), p. 558.
・Shaviro, Daniel N. and Weisbach, David A., "The fifth circuit gets it wrong in Compaq c. Commissioner" Tax Notes, January28, 2000.
・浅沼潤三郎「アメリカにおける租税回避の理念(1)～(21)」『税法学』154号～179号　1963年～1965年。
・一高龍司「タックス・シェルターへの米国の規制と我が国への応用可能性」『フィナンシャル・レビュー』2006年７月。
・岡村忠生「税負担回避の意図と二分肢テスト」『税法学』543。
・岡村忠生「マッコンバー判決再考」『税法学』546。
・岡村忠生「グレゴリー判決再考―事業目的と段階取引―」『税務大学校論叢40周年記念論文集』2018年６月。
・須貝脩一「米国判例にあらわれた実質主義(3)」『税法学』177号　1965年９月。
・田中英夫『英米法総論・上』東京大学出版会　2004年。
・渕圭吾「アメリカにおける租税回避法理の意義と機能(1)」『学習院大学法学会雑誌』第38巻第２号　2003年。
・矢内一好『米国税務会計史』中央大学出版部　2011年。

・矢内一好『現代米国税務会計史』中央大学出版部　2012年。
・矢内一好「米国税法における経済的実質原則(1)」『商学論纂』第54巻第1・2合併号　2012年12月。
・矢内一好「米国税法における経済的実質原則(2)」『商学論纂』第54巻第3・4合併号　2012年12月。
・矢内一好「租税回避対策に関する日米比較」『企業研究』第22号　2013年2月。
・矢内一好「米国税法における経済的実質原則(3)」『商学論纂』第54巻第5号　2013年3月。

（英国）

・HMRC, "Study of a General Anti-Avoidance Rule" 6 December 2010.
・Royal Commission on the Income Tax, 1920.
・Royal Commission on the taxation of profits and income, Final Report 1955.
・Sabine, B. E. V., A short history of Taxation, Butterworths 1980.
・清永敬次「税法における実質主義—英国判例の場合—」『法学論叢』第7巻第3号，同第4号。
・福家俊朗「イギリス租税法研究序説—租税制定法主義と租税回避をめぐる法的問題の観察—」『東京都立大学法学会雑誌』第16巻第1号，同第2号，第17巻第1号，同第2号，第18巻第1号，同第2号　1975年～1978年。
・渡辺徹也「英国判例における実質課税原則の変遷」『税法学』503。
・渡辺徹也「英国判例における実質課税原則の変遷(2)」『税法学』504。

（アイルランド）

・Clarke, Peter, "Introduction of Exports Sales Relief - A 50 Year Review" (http://www.accountancyireland.ie/Archive/2006/February-2006/Introduction-of-Exports-Sales-Relief---A-50-Year-Review/)（2014年3月2日ダウンロード）.
・Galvin, Turlough and Hunt, Emer, "The Supreme Court's first ever GAAR decision" 24 April 2012（http://www.lexology.com/library/detail.aspx?g=72ebd194-6963-442e-910d-9168aa736ac8）（2014年8月6日ダウンロード）.

・Office of the Revenue Commissioners Guidance Notes, Part 33 Anti-Avoidance, Chapter 2 Miscellaneous 811, Transactions to avoid liability to tax.

（インド）

・Final Report on General Anti Avoidance Rules（GAAR）in Income-tax Act, 1961（http://finmin.nic.in/reports/report_gaar_itact1961.pdf#search='Final+Report+on+General+Anti+Avoidance+Rules+%28GAAR%29+in+Income+tax+Act%2C1961'）（2014年８月５日ダウンロード）.
・居波邦泰「インドのボーダフォン判決に係る考察（上）―ボンベイ高裁判決の分析―」,「同（下）―インド最高裁判決の分析―」『税大ジャーナル』第18号，第19号。
・手塚崇史「インド・Sanofi事件判決の検討～インド法人株式のいわゆる間接譲渡と租税条約の適用関係～」『国際税務』Vol. 33 No. 12。

（オーストラリア）

・ATO Practice Statement Law Administration PS LA 2005/24, "Application of General Anti-Avoidance Rules".
・Cassidy, Julie, "Peabody v FCT and Part IVA" Revenue Law Journal Vol. 5 1995.
・今村隆「オーストラリア一般否認規定の研究」『駿河台法学』第24巻第１・２合併号　2010年。
・今村隆「主要国の一般的租税回避防止規定」本庄資『国際課税の理論と実務』所収　大蔵財務協会　680頁。

（オランダ）

・Grauberg, Tambet, "Anti—tax—avoidance measures and their compliance with community law" JURIDICA INTERNATIONAL XVI/2009.・R.H.C. Lusia, Regulation of corporation tax avoidance in the Netherlands, Electronic Journal of Comparative Law, vol. 14. 3（http://www.ejcl.org/143/art143-12.pdf#search='Dutch+Supreme+Court%2C+tax+avoidance'）（2014年１月13日ダウンロード）.

・今村隆「租税回避とは何か」『税務大学校論叢40周年記念論文集』所収。
・今村隆・川村祐紀「租税法における濫用の法理―欧州司法裁判所と我が国の最高裁判所における判決を比較して―」『法学紀要』53巻。
・渡辺裕泰『国際取引の課税問題』社団法人日本租税研究協会。

（カナダ）

・Fitzsimmons, Timothy, "Canada Revenue Agency Provides Update On Rulings And GAAR At Toronto Centre CRA & Professionals Group Breakfast Seminar" June 7 2013（http://www.mondaq.com/canada/x/243752/Audit/Canada+Revenue+Agency+Provides+Update+On+Rulings+And+GAAR+At+Toronto+Centre+CRA+Professionals+Group+Breakfast+Seminar）（2014年1月31日ダウンロード）.
・Jinyan Li and Thaddeus Hwong, "GAAR in Action: An Empirical Exploration of Tax Court of Canada Cases (1997-2009) and Judicial Decision Making" Canadian Tax Journal (2013) 61: 2, p 329.
・今村隆「一般否認規定についてのカナダ最高裁判例の研究」『駿河台法学』21-2　2008年。
・今村隆「カナダの一般否認規定についての同国判例とその含意」『税務事例』第41巻第1号　2009年1月。

（韓国）

・Lone Star's "eat and run" in S. Korea By Yoo Seungki, 2011-11-19（http://news.xinhuanet.com/english2010/indepth/2011-11/19/c_131257688.htm）（2014年3月19日ダウンロード）.

（シンガポール）

・Irving Aw, "Court of Appeal Sets Out Approach For Assessing What Constitutes Tax Avoidance" March 2014（http://www.singaporelawwatch.sg/slw/attachments/39003/1403-05%20Tax.pdf#search='AQQ+tax+Case'）（2014年6月14日ダウンロード）.

（スペイン）

・Collins, Anneli, "GAAR: the overseas experience" 27 September 2010（http://www.taxjournal.com/tj/articles/gaar-overseas-experience-0）（2014年３月22日ダウンロード）.

（中国）

・Ross, Lester & Zhou Kenneth, "Application of China's General Anti-Avoidance Rules（GAAR）: Lessons Learned from Recent Enforcement Cases, October 26, 2010（http://www.wilmerhale.com/pages/publicationsandnewsdetail.aspx ? NewsPubId＝94907）（2014年７月５日ダウンロード）.
・WANG MINGRU, MOF OF CHINA, "GAAR CHINA'S LEGISLATION AND PRACTICE" Fourth IMF-Japan High-Level Tax Conference（http://www.imf.org/external/np/seminars/eng/2013/asiatax/pdfs/china2.pdf#search＝'GAAR%2CChina%27s＋legislation＋and＋practice'）（2014年１月16日ダウンロード）.

（ドイツ）

・Kessler, Wolfgang and Eicke, Rolf, "Closer to Haven ? New German Tax Planning Opportunities" Tax Notes International May. 8 2006.
・Kessler, Wolfgang and Eicke, Rolf, "Germany's New GAAR - 'Generally Accepted Antiabuse Rule' ? " Tax Notes International Jan. 14 2008.
・岩﨑政明「租税法における経済的観察法―ドイツにおける成立と発展―」『筑波法学』第５号　1982年３月。
・須貝脩一・中川一郎「ライヒ租税法」『税法学』５号。
・谷口勢津夫「ドイツにおける租税回避の一般的否認規定の最近の展開」『税務大学校論叢40周年記念論文集』。
・中川一郎「ドイツ税法調整法の研究―租税基本法制定のため―」『税法学』43号～45号，47号～49号。
・野津高次郎『独逸税制発達史』有芳社　1948年。

（ニュージーランド）

・Littlewood, Michael, "Ben Nevis Forestry Ventures Ltd and Others v CIR; Glenharrow Ltd v CIR—New Zealand's new SupremeCourt and Tax Avoidance" British Tax Review Issue 2, 2009. pp. 173-174.

（フランス）

・Bidaud, Herve and Lalios, Edouard, "Tax Treaties Versus Antiabuse Measures in France", tax notes international, Vol. 51, Number 12, Sep. 22, 2008, pp. 1037-1038.
・Grauberg, Tambet, "Anti—tax—avoidance measures and their compliance with community law" JURIDICA INTERNATIONAL XVI/2009 (http://www.juridicainternational.eu/public/pdf/ji_2009_1_141.pdf#search='Grauberg%2C+Tambet%2C+%E2%80%9C+Anti%E2%80%90tax%E2%80%90avoidance+measures+and+their+compliance+with+community+law').

（ベルギー）

・Quaghebeur, Marc, "More Guidance on Belgium's General Antiabuse Rule" Tax Notes International ,Sep. 10 2012.

（コモンローにおける租税回避を否認する原則）

①　business purpose（事業目的）
②　step transaction（段階取引）
③　substance over form（実質主義）
④　sham transactions（みせかけ取引）
⑤　economic substance（経済的実質）

以上があるとされている（Likhovski, Assaf, "The Story of Gregory: How are Tax Avoidance Cases Decided ? " including in, Bank Steven A and Stark Kirk J. (ed.) Business Tax Stories, Foundation Press (2005). p. 101）。

Ⅶ　各国の課税当局の英語表記一覧

アイルランド	Irish Tax and Customs
アメリカ	Internal Revenue Service
イギリス	HM Revenue and Customs
イタリア	Italian Revenue Agency
インド	Department of Revenue
インドネシア	Directorate General of Taxes
オーストラリア	Australian Taxation Office
オランダ	Tax and Customs Administration
カナダ	Canada Revenue Agency
韓国	National Tax Service
シンガポール	Inland Revenue Authority of Singapore
スイス	Federal Department of Finance
スウェーデン	Swedish Tax Agency
スペイン	National Tax Agency
台湾	Taxation Administration, Ministry of Finance, R.O.C.
中国	The State Administration of Taxation
ドイツ	Federal States' Fiscal Authority
日本	National Tax Agency
ニュージーランド	New Zealand Inland Revenue
ブラジル	Federal Revenue Service

フランス	Tax Administration
ベルギー	Belgium Fiscal Administration
ポーランド	Ministry of Finance
ポルトガル	Portuguese Tax Department of the Ministry of Finance
香港	Inland Revenue Department
南アフリカ	South African Revenue Service
ルクセンブルク	Luxembourg Inland Revenue

著者紹介

矢内　一好（やない　かずよし）
国際課税研究所首席研究員　博士（会計学）（中央大学）
中央大学大学院商学研究科修士課程修了
昭和50年から平成２年東京国税局に勤務，産能短期大学助教授，日本大学商学部助教授，教授を経て平成14年以降中央大学商学部教授。税務大学校講師，専修大学商学研究科非常勤講師，慶應義塾大学法学研究科非常勤講師（いずれも平成30年３月末退職）。

（著書：単著のみ）
・『国際課税と租税条約』ぎょうせい　平成４年（第１回租税資料館賞受賞）
・『租税条約の論点』中央経済社　平成９年（第26回日本公認会計士協会学術賞受賞）
・『移転価格税制の理論』中央経済社　平成11年
・『連結納税制度』中央経済社　平成15年
・『詳解日米租税条約』中央経済社　平成16年
・『解説・改正租税条約』財経詳報社　平成19年
・『Ｑ＆Ａ国際税務の基本問題～最新トピックスの検討』財経詳報社　平成20年
・『キーワードでわかる国際税務』中央経済社　平成21年
・『米国税務会計史』中央大学出版部　平成23年
・『現代米国税務会計史』中央大学出版部　平成24年
・『改正租税条約のすべて』財経詳報社　平成25年
・『英国税務会計史』中央大学出版部　平成26年
・『一般否認規定と租税回避判例の各国比較～GAARパッケージの視点からの分析』財経詳報社　平成27年
・『コンパクト解説　日本とアジア・大洋州・米州・旧ソ連諸国との租税条約』財経詳報社　平成28年
・『コンパクト解説　日本とヨーロッパ・中東・アフリカ諸国との租税条約』財経詳報社　平成28年
・『Ｑ＆Ａ　国際税務最新情報』財経詳報社　平成29年

・『解説　BEPS防止措置実施条約』財経詳報社　平成30年
・『租税条約はこう変わる！BEPS条約と企業の国際取引』第一法規　平成30年
・『日本・国際税務発展史』中央経済社　平成30年
・『日本・税務会計形成史』中央経済社　令和元年
・『税務会計基礎概念史』中央経済社　令和２年

（その他）
・「米国租税条約の研究」『税務大学校論叢』第19号及び「国際連盟におけるモデル租税条約の発展」『税務大学校論叢』第20号で日本税理士連合会研究奨励賞受賞（平成元年），その他共著，論文多数。

一般否認規定と租税回避判例の各国比較　第２版
―「事後的対処法」と「予防的対処法」―

平成27年２月23日　初　版発行
令和３年５月31日　第２版発行

著　者　矢　内　一　好
発行者　宮　本　弘　明

発行所　株式会社　財経詳報社

〒103-0013　東京都中央区日本橋人形町1-7-10
電　話　03（3661）5266（代）
ＦＡＸ　03（3661）5268
http://www.zaik.jp
振替口座　00170-8-26500

落丁・乱丁はお取り替えいたします。　印刷・製本　勝美印刷

Printed in Japan 2021

ISBN　978-4-88177-478-6